KB233343

영화 드라마 속
살아있는
스페인어 표현
15000

영화 드라마 속

살아있는
스페인어 표현 15000

인쇄일 2015년 3월 11일
발행일 2015년 3월 20일

저　　자 임보영 편저 / 성초림 감수
발 행 인 윤우상
책임편집 윤병호, 최준명
발 행 처 송산출판사
주　　소 서울특별시 서대문구 통일로 32길 14 (홍제동)
전　　화 (02) 735-6189
팩　　스 (02) 737-2260
홈페이지 http://www.songsanpub.co.kr
등록일자 1976년 2월 2일. 제 9-40호
북디자인 DesignDidot 디자인디도

ISBN　　978-89-7780-223-0 13770

이 도서의 국립중앙도서관 출판예정도서목록(CIP)은 서지정보유통지
원시스템 홈페이지(http://seoji.nl.go.kr)와 국가자료공동목록시스템
(http://www.nl.go.kr/kolisnet)에서 이용하실 수 있습니다.
(CIP제어번호 : CIP2015006778)

영화 드라마 속

살아있는 스페인어 표현 15000

임보영 편저 · 성초림 감수

송산출판사

모국어를 잘하는 사람이 외국어도 잘한다.

사람에 따라 다르겠지만 모국어의 언어구사능력이나 유창 정도가 외국어 실력향상에 상당한 연관이 있다고 한다. 모든 외국어에 접근하는 학습과정을 들여다보면 대체로 외국어에 우리말을 하나하나 대입하여 익히는 것을 알 수 있다. 이렇듯 외국어를 배운다는 것은 단순히 그 외국어만의 나홀로 학습이 아닌 우리말과의 상호작용을 통해 이루어지고 있다는 사실은 시사하는 바가 크다. 그래서 사람을 만나 자연스럽게 주고받는 일상적인 우리말을 고스란히 외국어와 연결하여 활용하는 새로운 교수법의 개발이 절실한 시점이다.

우리말로 생각하고 바로 찾아 스페인어로 말한다.

이 책은 일상생활의 기본회화는 물론 10대, 20대, 성인의 대화에 이르기까지 실생활에서 이뤄지고 있는 표현을 우리말 가나다순에 맞춰 스페인어 표현 15,000개를 담았다. 언제 어디서나 표현하고 싶은 말이 있거나 스페인어권 사람과 짧은 만남의 대화를 진행하고자 할 때 바로 우리말로 열어서 스페인어를 확인할 수 있는 즉석 통번역본이면서 회화와 작문을 겸한 다용도의 '한국어−스페인어 표현 보물상자'다.

입에서 입으로 통용되는 구어체를 배우자.

언어에도 무거운 것이 있고 가벼운 것이 있다. 스페인어권 사람의 입에서 입으로 통용되는 구어체의 가벼운 언어표현을 배우는 것이야말로 자연스런 의사소통을 앞당기는 확실한 방법이라고 생각한다. 언제 어디서나 이 책을 옆에 끼고 상황에 맞는 적절한 스페인어를 찾아서 당당하게 스페인어권 사람과 마주하기를 바란다. 그러는 가운데 말문이 열리고 스페인어가 막힘 없이 술술 나오는 놀라운 현실이 펼쳐지리라는 생각만으로도 그 동안 내내 힘들었던 작업에 많은 위안이 될 것 같다. 내용 중 저자의 능력적인 한계로 인해 많은 부분에 오류가 있음을 인정한다. 앞으로 지속적인 수정 보완을 통해 보다 완벽한 "영화 드라마 속 살아있는 스페인어 표현 15000" 을 약속 드리며 저자의 미진한 성과가 스페인어 회화능력을 제고하는데 조금이나마 보탬이 되었으면 한다.

  끝으로 이 책이 니오기까지 많은 도움을 주신 여러 선생님늘께 깊은 감사의 말씀을 드린다. 스페인어 보급에 지대한 관심을 갖고 이 책의 출판을 허락해주신 윤우상 사장님과 윤병호 과장님, 최준명 대리님께도 아울러 감사를 드린다.

2014년 9월 28일
편저자

1. 이 책은 우리말로 찾아 바로 스페인어를 확인할 수 있도록 한국어–스페인어 대조형식을 갖춰서 우리말 가나다순서로 배열하였다.

2. 한국어를 A 스페인어를 B라고 보았을 때 A→B의 표현에 초점을 맞췄기 때문에 B→A 상황에서라면 항상 맞는 표현이 아닐 수도 있음을 유의하자.

3. 스페인 한림원은 몇 해 전 지시대명사와 지시형용사를 구분해오던 악센트를 없앴다.

성	지시대명사	지시형용사	의미
남성	éste	este	이것, 이사람
여성	ésta	esta	
남성	ése	ese	그것, 그사람
여성	ésa	esa	
남성	aquél	aquel	저것, 저사람
여성	aquélla	aquella	

이뿐만 아니라 sólo (부사) / solo (형용사)를 구분해오던 악센트와 숫자 사이에 들어갈 경우 숫자 0과 구분하기 위해 써오던 ó의 악센트도 없앴다. 하지만, 이 책에서는 스페인어 초보자가 보다 쉽게 이들을 구별하고 익힐 수 있도록 기존 규정을 적용했다.

예 119쪽. "뭐야 그 놈?" ¿Quién es ése?
248쪽. "새해에는 무슨 소망이 있습니까?"의 대답 중 Sólo deseo tener salud.

4. 이 책의 우리말 부분은 주어 없이 간단하게 표현이 되어있다. 따라서,
   문장의 주어를 누구에 맞추느냐에 따라 스페인어 표현이 여러 가지로
   달라진다. 저자는 이 책의 학습자가 하고자 하는 말을 표현할 수 있도
   록 대부분 1인칭 주어로 스페인어 표현을 적었으며 1인칭이 아닌 주어
   를 택한 문장은 별도로 표기했다. 상황에 따라 스페인어 표현이 여러
   가지로 달라질 수 있다는 점을 다시 한 번 강조한다.

5. 또한, 우리말은 구체적인 목적어 없이도 표현이 가능하지만 스페인어
   는 그렇지 않다. 목적어가 필요한 타동사의 경우 중성목적어 (lo)를 써
   서 치리했다.

   예 20쪽. 가지고 오겠습니다. Lo voy a traer.

6. 스페인어의 형용사는 성에 따라 그 형태가 달라진다. 이 책에서는 모
   두 남성형으로 처리했으며 남성과 여성이 주고 받는 대화에서 여성이
   녹음한 부분만 여성 형용사로 처리했다.

7. 숫자의 경우 학습자가 쉽게 읽을 수 있도록 아라비아 숫자가 아닌 글로
   표현 했다.

   예 334쪽. "얼마나 합니까?"의 대답 중 Unos trescientos dólares.

[영화 드라마 속 살아있는 스페인어 표현] 학습방법

Step1 전체내용을 읽으면서 살아있는 언어표현을 느껴보세요.

이 책은 우리말로 생각하고 바로 찾아 스페인어로 말하는데 많은 도움이 되는 참으로 방대한 내용을 담고 있습니다. 학습자는 먼저 소설 읽듯이 처음부터 끝까지 한 번 쭉 읽어본 후 사전식 배열을 활용하여 마음에 드는 표현을 읽히면서 원어민의 어감을 느껴보세요.

Step2 한국어 표현을 보고 스페인어로 말해보면서 노트에 정리해보세요.

이 책은 영화 드라마 대본을 집중분석하고 이를 우리말 가나다순서로 배열하여 다양한 스페인어 표현을 확인할 수 있도록 찾기 쉽게 정리되어 있습니다. 영화 드라마 속에서 보았던 살아있는 표현들처럼 달달 외워서 말해보거나, 그때그때 말하고 싶었던 스페인어 표현만 따로 모아서 노트에 정리해 활용해 보세요.

Step3 자투리 시간을 활용하여
한국어-스페인어 동시 녹음 Mp3를 꾸준히 들으세요.

　　　　15,000여개 예문을 우리말과 스페인어를 동시 녹음한 MP3 CD가 제공됩니다. 원어민의 음성을 들어보면 보석 같이 빛나는 표현이 쏟아지며, 한번만 들어봐도 스페인어에 빠지는 마력(魔力)이 있습니다. 라디오로 드라마를 듣는 것처럼 부담감 없이 꾸준히 반복해서 들으세요.

·본 교재에 사용된 부호·

- ☞ : 찾아보기
- [ ] : 예문의 상황설명
- ➡, ⬅ : 두 사람의 대화연결
- // : 한국어 및 스페인어 예문구분

차례

가!

¡Vete! (가버려!) // ¡Fuera! (나가!)
// Vaya para allá. (저쪽으로 가세요.)
// Por favor, salga de aquí.
(제발 여기서 나가 주세요.)

가겠습니다.

① [참석] Voy a ir.
② [자리를 뜸] Me voy. = Ya me retiro.

가격이 너무 비쌉니다.

① [본질] Es muy caro.
② [주관적 의견] Está muy caro.

가고 싶습니까?

① ¿Quiere salir de aquí?
(여기에서 나가고 싶으세요?)
// ¿Salimos de aquí?
= ¿Nos vamos de este lugar?
(이곳에서 나갈까?)
➡ Sí, quiero salir de aquí.
// Sí, quisiera salir. (네, 나가고 싶어요.)
② ¿Quieres ir a pasear mañana?
= ¿Te gustaría dar un paseo mañana?
(내일 바람 쐬러 갈까?)
➡ Sí, vamos a caminar por el río.
= Bueno. Vamos mañana a caminar por el río. (그래요, 내일 강가에 걸으러 갑시다.)
③ ¿Adónde quiere ir la próxima vez?
= ¿Adónde le gustaría ir la próxima vez?
(다음엔 어디에~)

가고 싶은 데가 있습니까?

¿Algún lugar en particular que quieras ir?
= ¿Quieres ir a algún lugar en especial?
// ¿Tienes pensado el lugar al que quieras ir?
(가고 싶은 곳 생각해 봤어?)

➡️ ⓐ Sí, hay un lugar que quisiera visitar.
(가고 싶은 데가 한군데 있습니다.)

ⓑ No, ningún lugar en especial.
(특별히 가고 싶은 곳은 없어요.)

ⓒ Aún no lo he pensado.
(아직 생각 안 해 봤어요.)

가고 있는 중입니다.

Estoy en camino.

간신히

A duras penas = Apenas = Por los pelos
(가까스로. 겨우)

// Llegaron a casa a duras penas.
(그들은 ~ 집에 도착했다.)

// Tomé el autobús por los pelos.
(~버스를 탔다.)

가까운 병원을 찾고 있습니다.

Estoy buscando un hospital cercano.

➡️ Camine tres cuadras por esta calle. Encontrará un hospital a su mano derecha.
(이 길 따라 세 블럭만 걸어 가세요. 그러면 오른쪽으로 병원이 나옵니다.)

가까운 지하철 역은 어디 있습니까?

¿Dónde está la estación del metro más cercana?

가까이 다가오지 마!

① ¡No te me acerques!
// No te acerques, que me tiro de acá
= Si te acercas, me arrojo.
(가까이 다가오면 뛰어내린다.)

② Quiero estar solo. (혼자 있고 싶어요.)

가까이 와봐!

¡Acércate!

가운데로 와봐.

Acércate al centro.

가는 데까지 데려다 줄게요.

Lo llevo hasta donde vaya.

가도 됩니까?	① [어디를 가고 싶을 때] ¿Puedo ir? ② [어떤 장소에서 나가고 싶을 때] ¿Puedo salir?
가득 따라 드리겠습니다.	Le voy a llenar su vaso. (컵을~)
가득 채워주세요.	Lleno, por favor.
가든지 남든지 마음대로 해!	Decídete si te vas a quedar o no. ¡Como tú quieras!
가던 길이나 가시지!	① [길] ¡Mejor sigue tu camino! ② [참견] ¡No te metas! (끼어들지 마!)
가래침 뱉기 금지	[경고문] PROHIBIDO ESCUPIR
가려고 합니다.	① [자리를 뜸] Ya me voy. = Me retiro. ② [방문계획] Planeo visitar. = Pienso ir. = Voy a ir.
가려던 참이었습니다.	[거의 자리를 뜨려던 찰나] Ya me iba. = Estaba por irme.
가려워.	Tengo comezón.
가로막아!	¡Bloquéalo! = ¡Impídelo!
가르쳐주세요.	① [학습, 지도] Enséñemelo. ② [답을 원할 때] Dígame la respuesta.
가리지 마세요.	[시선] No me tape la vista, por favor.

| 가만! | ¡Espera! = ¡A ver! = ¡Un momento! |

| 가만 좀 내버려 둬! | ¡Déjame estar solo! = ¡Déjame en paz! |

가만두지 않을 거야, 당신을!

① [용서치 않음] No te voy a perdonar.
// Si mi mamá se entera, no nos va a perdonar. (엄마가 알면 우리 용서하지 않으실 거야!)
② [복수를 다짐] Te voy a vengar.
// Te advierto que no te voy a perdonar para la otra. (또 그러면~)
// Esa persona no nos va a dejar en paz. (그 사람은 우리를 가만두지 않을 거야!)

가만 있어!

① [말참견] ¡No intervengas!
 = ¡No te metas! // ¡Tú cállate! (넌 입닥쳐!)
② [동작] ¡No te muevas! = ¡Quieto!
 = ¡Detente! (움직이지마!)
③ [말대답 제지] ¡No digas nada!

가만있어 봐!

[잠시 대기] ¡Espérate! = ¡Espera!
// ¡Espera! Déjame pensar. (가만 있어봐 생각 좀 하게.)

가망 없어.

① [희망] No hay esperanza.
② [가능성] ¡Es imposible! (불가능해!)

가망 있습니까?

¿Hay esperanza?

가면 안됩니다.

[어떤 장소에]
① [허가] No puede ir.
② [권고] No debe ir.

가면서 길을 안내해 드릴께요.

Mientras caminamos le enseño el camino.

가방 조심해!

[백팩] ¡Cuidado con tu mochila!

가방 가지고 슈퍼에 들어가도 됩니까?	¿Puedo entrar al supermercado con mi bolsa?
가방은 보관함에 넣어 주세요.	Guarde su bolsa en el casillero, por favor.
가방을 들어 주실래요?	① ¿Me ayuda a cargar la bolsa? ② [잠시] ¿Me sostiene la bolsa?
가버렸습니까?	¿Ya se fue? = ¿Se ha ido? (그 사람~)
가본적 있습니까?	¿Ya había estado allí? // ¿Había ido antes? ➡ ⓐ Sí, una vez estuve en ese lugar. = Lo he visitado una vez. (한 번 가본적 있습니다.) ⓑ No lo he visitado aún. (가본적 없습니다.) ⓒ Nunca he visitado ese lugar. (한 번도 가본적 없습니다.)
가서 누워있겠습니다.	Voy a ir a descansar. (쉬러 갈게요.) // Voy a estar acostado. (누워 있을게요.)
가서 물어봐.	Ve a preguntar.
가서 일보세요.	Vaya y ocúpese en sus asuntos.
가서 자라!	¡Vete a dormir! = ¡Ve a dormir!
가서 전하세요.	Vaya y avíselo.
가셨습니다.	① [죽음] Falleció. = Murió. ② [자리를 뜸] Se fue. = Se marchó.
가스 안 끄고 나왔네!	¡Salí sin cerrar la llave del gas!
가슴이 아픕니다.	Me duele el corazón.

가시는 길 순조롭길 바랍니다. // 가시는 길 편안 하시길 바랍니다.	[여행길] Espero que tenga un buen viaje. = ¡Buen viaje!
가야 합니까?	① [누군가 자리를 뜰 때] ¿A fuerza se tiene que ir? (꼭~) // ¿A qué hora tiene que ir? (몇 시에~) ② ¿Cuánto falta para llegar? (얼마나 더~) ➡ Faltan unos diez minutos. (대략 10분이요.) ③ ¿Cómo llego ahí? (거기에 어떻게~) ➡ Tome el metro. (지하철을 타세요.)
가요!	¡Vamos! (같이~)
가운데로 좀 지나가겠습니다.	Voy a pasar por el medio.
가위, 바위 보!	¡Piedra, papel o tijera!
가위, 바위, 보로 정하자!	Decidámoslo con piedra, papel o tijera.
가을 단풍이 아름답습니다.	Las hojas otoñales son hermosas.
가이드가 필요 합니다.	Necesito un guía.
가장 가까운 길로 갑시다.	Vamos por el camino más corto.
가장 중요한 일입니다.	Esto es lo más importante. (이것이~)
가전 제품을 보러 갑시다.	Vamos a ver electrodomésticos.
가정교사	Maestro particular = Tutor privado
가정부가 필요합니다.	Necesito una empleada doméstica.
가져갑니까?	¿Cómo me lo llevo? (어떻게~) // ¿Por qué se lo lleva? (그가 왜~)

| 가져다 쓰세요. | Lléveselo para que lo use. |

가져다 주세요.

Tráigamelo, por favor.
// Tráigame un vaso de leche, por favor.
(우유 한 잔~)

가져다 줄게요.

Se lo llevo.

가족들에게 안부 전해주세요.

Salude a su familia de mi parte.

가족은 다 편안하죠?

¿Toda su familia se encuentra bien?

가족은 몇 식구 입니까?

¿Cuántos son en su familia?

가 주세요.

[택시]
Lléveme a ~
// Lléveme a esta dirección. (이 주소로 ~.)

가증스러운 인간!

¡Qué abominable persona!
= ¡Qué detestable!

가지 나무에 가지가 난다.

Uno cosecha lo que siembra.

가지고 가실 겁니까?

[패스트푸드점에서] ¿Es para llevar?
➡ ⓐ Sí, es para llevar. (예, 가지고 갑니다.)
   ⓑ Es para comer aquí. (여기서 먹을 겁니다)

가지고 갈 물건 잘 챙기세요.

No se olvide de llevar todas sus cosas.

가지고 오겠습니다.

Lo voy a traer.

가지고 오는걸 깜박 했습니다.

Se me olvidó traerlo.

가지고 와!

¡Tráelo!

| 가지고 개! | ¡Llévatelo! |

| 가지도 못하면서 뛰려고 한다. | Empieza a gatear y quiere correr. |

| 가지 마세요. | [장소에서 떠남] No se vaya. = Quédese. |

| 가지 마시고 함께 식사 합시다. | Quédese para cenar juntos.
// Quédese a cenar con nosotros. (우리와)

관련표현
*dcsayuno (아침·식사)
comida (점심식사)
cena (저녁식사) |

| 가출했습니다. | Se escapó de casa.
= Se fugó de casa. (그녀가~)
➡ ¿Cómo es posible? (그럴 리가요?) |

각

| 각별히 조심하세요. | Tenga mucho cuidado. |

| 각자 계산합시다. | Que cada uno pague lo suyo. |

간

| 간 좀 더 하세요. | Agregue más condimentos.
= Falta sazonar un poco más. |

| 간다. | [떠남] Me voy. |

| 간단하게 말하세요. | Hable con más sencillez. |

간단한 일이 아닙니다.	No es sencillo. // No es nada sencillo. (전혀~)
간단합니다.	Es sencillo. = Es simple. // Es muy sencillo. = Es muy simple. (매우~)
간섭하지 마세요	No se entremeta en esto. (이 일에~)
간식을 먹고 싶습니다.	Quiero tomar la merienda.
간식으로 빵을 먹었습니다.	Merendé un pan. = En la merienda comí un pan.
간신히 합격했습니다.	A duras penas aprobé.
간에 기별도 안 갑니다.	[음식] No me llena.
간장 있습니까?	¿Tiene salsa de soja? = ¿Hay salsa de soja?
간장에 찍어야 합니다.	Hay que mojarlo en salsa de soja.
간지럼 태우지 마세요.	No me haga cosquillas.

갈

갈 겁니다.	① [자리를 뜸] Me voy a ir. ② [참석] Voy a asistir. = Voy a ir.
갈 데는 있습니까?	¿Tiene adónde ir?
갈수록	Cada vez más.
갈수록 싫어져.	Cada vez más me desagrada.
갈피를 못 잡겠어.	No sé qué decidir. = No sé qué hacer. = No puedo tomar la decisión.

감기 걸렸어요.	① [심하지 않음] Estoy resfriado. ② [심함] Tengo gripe.
감기에 걸린 것 같습니다.	Parece que estoy resfriado.
감동 많이 받았습니다.	Me conmovió mucho. // Fue muy emcionante.
감사는 제가 해야지요.	Debería agradecerle yo.
감사 드려야 할지 모르겠습니다.	No sé cómo agradecerle. (어떻게~)
감사합니다.	Gracias. // Le agradezco mucho. = Muchas gracias. = Muchísimas gracias. (정말~) ➡ De nada. = Por nada. = No hay por qué. = No hay de qué. (천만에요. // 별말씀을요!)

갑니까?	① [자리를 뜸] ¿Se va? ➡ ⓐ Me voy. (갑니다.) ⓑ No me puedo ir. (못 갑니다.) ⓒ No me voy. (안 갑니다.) ② ¿Por qué se va tan rápido? (왜 이리 빨리~) // ¿Por qué no se queda un rato más? (왜 좀 더 있지 않고요?)
갑시다!	¡Vámonos!

갔 

갔다 올게요.	Voy y vengo.
갔다 왔습니다.	Ya estoy de vuelta.
갔습니다.	① [어떤 장소에] Fui a ~. ② [자리를 뜸] Ya se fue. = Ya se marchó. (그는 ~)
갔었습니다.	[그 장소에] Estuve ahí. = Había ido ahí.

강

강도야!	¡Es un ladrón!
강 심장 이네!	¡Qué corazón de hierro!
강요하지 마세요.	No me exija. (저에게~)
강요한적 없어요.	Nunca lo he exigido. (절대 당신에게~)

같

같은 걸로 주세요.	[주문] Deme lo mismo, por favor.
	= Lo mismo para mí, por favor.
	// Deme lo mismo que pidió ella. (그녀와 ~)
	// Deme lo mismo que aquello. (저것하고 ~)
	➡ En seguida se lo traigo.
	(잠시만 기다려 주세요.)

| 같은 학교 출신입니다. | Somos de la misma escuela. |
| | // Me di cuenta de que somos de la misma escuela. (알고 보니~) |

같이 가겠습니까?	¿Quiere venir conmigo?
	➡ ⓐ No, no quiero. (싫습니다.)
	ⓑ No, gracias. (아니요, 괜찮습니다.)
	ⓒ No tengo tiempo. (시간이 없어요.)

| 같이 갑시다. | Vamos juntos. |
| | // Acompáñeme. (저와 같이 가주세요.) |

개

~개	① [한 개] un / una + 단수 명사
	un libro (책 한 권), una manzana (사과 한 개)
	[두 개] dos + 복수 명사
	dos libros (책 두 권), dos manzanas (사과 두 개)
	[세 개] tres + 복수 명사
	tres libros (책 세 권), tres manzanas (사과 세 개)
	② Dos de estos / estas (이 것 두 개)

| 개 같은 놈 | [속어] ¡Hijo de puta! |

| 개교 기념일 입니다. | Es el aniversario de la fundación de la escuela. |

관련표현

*Escuela primaria (초등학교)
 Escuela secundaria (중학교)
 Bachillerato (고등학교)
 Universidad (대학교)

개를 좋아합니까?

¿Le gustan los perros?
➡ ⓐ Sí, me gustan. (좋아합니다.)
　ⓑ No, no me gustan. (싫어합니다.)

개었습니다.

Se ha despejado el cielo. (날씨가~)

～개월 정도 됩니다.

Hace ~ meses que ~. = Llevo ~ meses ~.
Hace seis meses que estudio español.
= Llevo seis meses estudiando español.
(스페인어를 공부한 지 6개월 정도 됩니다.)

관련표현

*un mes (1개월)
dos meses (2개월)
tres meses (3개월)
cuatro meses (4개월)
cinco meses (5개월)
seis meses (6개월)
siete meses (7개월)
ocho meses (8개월)
nueve meses (9개월)
diez meses (10개월)

개판이야.

Es un desorden total.

객실

Habitación

거기 가만히 있어.

No te muevas de ahí. = Quédate quieto ahí.

거기 서!	① [자리를 잡음] Ponte ahí. ② [멈춤] ¡Párate! = ¡Detente!
거꾸로 해야지!	¡Al revés!
거들어 주세요.	Ayúdeme. = Écheme una mano. (도와주세요.)
거봐!	¿Ya ves? // ¿Ves? Te lo dije. (거봐, 내가 말했지!) // ¿Ya ves? Te has resfriado. (거봐, 감기 걸렸지!)
거스름돈 여기 있습니다.	Aquí tiene su cambio.
거스름돈 필요 없습니다.	Quédese con el cambio.
거시기 말인데,	[알려주고 싶음] ¿Sabes qué?
거의 다 됐습니다.	Ya casi está listo.
거저 드립니다.	Se lo doy gratis. = Se lo regalo. (무료로 드립니다).
거저먹으려고!	[물건] ¡Te lo quieres quedar gratis!
거절합니다.	[청을] Se lo niego.
거지 됐구나!	[돈을 다 잃음] ¡Se quedó sin nada de dinero! = ¡Quedó en la ruina! (그 사람~)
거짓말!	¡Mentira!
거짓 말이야!	¡Es mentira!
거짓말하지 마세요.	No mienta. // No mienta más. (더 이상~) = Deje de mentir.
거칠어요!	Es un brusco. (그 사람 행동이~) // Es un grosero. (말이 ~)

걱정 끼쳐드려서 죄송합니다.	Disculpe por causar preocupaciones.
걱정 됩니다.	Me preocupa.

걱정 있습니까?

① [고민] ¿Tiene alguna preocupación?
= ¿Está preocupado por algo?
➡ No tengo nada de preocupaciones.
(그런 것 없어요)

② ¿Por qué tiene tantas preocupaciones?
(걱정이 왜 그렇게 많아요?)
➡ Gracias por preocuparse por mí.
(저를 걱정해 주서서 고마워요)

걱정하지 마세요.

No se preocupe.
// No se preocupe mucho. (너무~)
// No se preocupe por mí. (저를~)
// Por favor, tranquilícese. (제발 안심하세요.)
// No pasó nada. No se preocupe.
(아무일도 아니에요. ~)

걱정할 필요 없습니다.

No hay necesidad de preocuparse.
= No es necesario preocuparse.
// No es para preocuparse. (걱정 할 만한 일이 아님)
// Si es por mí, no se preocupe. (저 때문이라면~)
// No se preocupe. Estoy con usted.
(걱정마세요. 곁에 제가 있습니다.)

걱정했습니다.

Me he preocupado. = Estuve preocupado.

건강은 어떻습니까?

① ¿Cómo está de salud?
➡ ⓐ Estoy bien. (건강합니다)
   ⓑ Sigo igual. = Como siempre. (똑같지요 뭐.)
   ⓒ No estoy bien de salud. (건강이 안 좋습니다.)
   ⓓ Estoy mucho mejor.
      (많이 좋아졌습니다.)
② Espero su pronta recuperación.
   (건강을 빨리 회복 하시길 바랍니다.)
③ La salud es lo más importante.
   (건강이 제일입니다.)
④ Fumar perjudica a la salud.
   (흡연은 건강을 해칩니다.)

건강 하세요.

Le deseo mucha salud.

건강하시고 아름답게 사세요.

Le deseo salud y que tenga una vida plena.

건강하시고 장수하세요.

Le deseo salud y longevidad.

건달

Vago = Gamberro (양아치)

건들지 마세요.

① [물건] No lo toque.
② [성질] No me provoque.
   // No me moleste. (귀찮게 하지 마세요.)
③ [경고문] PROHIBIDO TOCAR

건망증도 있습니다.

① Soy olvidadizo. = Tengo mala memoria.
   = Se me olvidan fácil las cosas.
② [기억상실] Tengo amnesia.
   = Tengo pérdida de memoria.

건망증이 심해졌습니다.

Mi falta de memoria se ha empeorado.

// Era tan olvidadizo que siempre le costaba
encontrar las gafas. (그는 건망증이 너무 심해서
항상 안경을 찾는데 어려웠다.)

건방져!	① ¡Qué impertinente! // ¡Qué arrogante! (오만해!) ② Fue castigado por impertinente. (그는 건방져서 벌을 받았다.) ③ Su comentario fue impertinente. = Dijo un comentario impertinente. (그가 건방진 말을 했다.)
건방진 것!	¡Impertinente!
건배!	¡Salud!
건배합시다.	Brindemos. = Vamos a brindar. // Brindemos por los novios. = Les propongo un brindis por los novios. (신랑신부를 위해서 건배합시다.)
건의가 있습니까?	¿Alguna opinión? = ¿Alguna sugerencia?
건의에 반대합니다.	Me opongo a su opinión. = Estoy en contra de su opinión.
건조 합니다.	① [일반적으로] El tiempo es muy seco. (날씨가 너무~) ② [현재] El tiempo está muy seco.

걸

| 걸립니까? | ¿Cuánto se demora? (얼마나~?)
➡ ⓐ Se tarda unos quince minutos caminando.
(걸어서 15분쯤 걸립니다.)
ⓑ Me demoré más de una hora en arreglarlo.
(고치는데 1시간 이상 걸렸어요.)
ⓒ Se tarda cinco horas en llegar a Busan.
(부산까지 다섯 시간 걸립니다.) |

| 걸어서 갑니다. | Me voy caminando. |

| 걸어 주세요. | Vuelva a llamar más tarde, por favor.
(나중에 다시~) |

| 걸을 수 있습니까? | ¿Puede caminar?
➡ ⓐ Sí, claro. (그럼요.)
　　ⓑ Puedo caminar. (걸을 수 있습니다.) |

| 걸핏하면 | A cada rato. |

검

| 검사해 봅시다. | Vamos a examinarlo. |

| 검토해 보겠습니다. | Lo voy a revisar.
// No se apure. Lo voy a revisar. (걱정마세요. ~) |

겁

| 겁 안 난다야! | ① No me da miedo.
② [반어법] ¡Ay, qué miedo! |

| 겁 안 나요. | No me da miedo para nada.
= No me atemoriza para nada. (하나도~) |

| 겁나요. | Me da miedo. = Tengo miedo. |

| 겁쟁이! | ¡Miedoso! = ¡Cobarde! |

| 겁이 많구나! | ¡Qué miedoso eres! = Eres un miedoso. |

게으름 피우지 마세요.	No sea perezoso. = No sea flojo.
게임 때문에 할 일을 소홀이 하지 마세요.	No deje sus responsabilidades olvidadas por jugar.
게임은 끝났습니다.	① [놀이] Se acabó el juego. ② [축구·야구등] Se acabó el partido.
게임이 안 됩니다.	① [상대가 약함] No puede contra mí. (나랑은~) ② [상대가 강함] Es fuerte el oponente.

겨울 날씨는 춥습니다.	En invierno hace frío.
겨울 방학은 12월 말 입니다.	A finales de diciembre comienzan las vacaciones de invierno.
겨울은 춥습니까?	¿Hace frío en invierno? ➡ No hace mucho frío. (별로 춥지 않습니다.)
겨울이 지나지 않았는데 봄이 오겠는가?	¿Cómo llegaría la primavera si aún no termina el invierno?
겨자를 넣어 주세요.	[첨가] Póngame la mostaza, por favor.

견딜 수 없습니다.	No puedo soportarlo. = No puedo tolerarlo. = No puedo aguantarlo. // No lo soporto de verdad. (정말~)

| 견본 있습니까? | ¿Tiene muestra? // ¿Hay muestra? |
| 견해가 똑같습니다. | Tengo la misma opinión.
= Pienso igual. |

결

결과에 신경 쓰지 마세요.	No se preocupe tanto por el resultado. (너무~)
결국 이겼습니다.	Finalmente ganamos. (우리가~)
결론을 속단하지 마세요.	No se precipite en decir la conclusión.
결론적으로 말해서…	En conclusión…
결백합니다.	Soy inocente. = No soy culpable. // Juro que soy inocente. (맹세하건대~) ➡ ¿Quién te va a creer? (누가 너를 믿겠어?)
결심 했습니다.	He tomado la decisión. // Esta vez he tomado la decisión en serio. = Ahora sí de veras he tomado la decisión. (이번엔 정말~)
결재 방식은 어떻게 합니까?	¿Cómo desea realizar su pago? ➡ ⓐ En efectivo. (현금으로 합니다.) ⓑ Con tarjeta de crédito. (신용카드요.)
결재했습니다.	[요금] Pagué la cuenta.
결정하지 못했습니다.	Aún no he tomado la decisión. = Aún no me decido.

결정해!	¡Decídete!
결정했습니까?	¿Se decidió?
결정했습니다.	He tomado la decisión. = Me decidí. // Me he decidido por esta casa. = Me quedo con esta casa. (이 집으로~)
결혼 1주년을 축하합니다.	Felicidades por su primer aniversario de boda.
결혼 50주년을 축하합니다.	Felicidades por su quincuagésimo aniversario de boda.
결혼 기념일을 축하합니다.	Felicitaciones por el aniversario de su boda.
결혼 상대는 있습니까?	¿Tiene con quien casarse?
결혼은 언제 할 겁니까?	¿Cuándo se casa? ➡ ⓐ Pronto. (금방이요.) ⓑ Todavía no tengo plan. (아직 계획 없습니다.)
결혼을 축하합니다.	Enhorabuena por su boda.
결혼을 허락해 주세요.	Denos el permiso para casarnos. = Déjenos casar. (우리의~) // Permítame casar con ella. (그녀와~)
결혼해 주시겠습니까?	¿Quiere casarse conmigo? (저와~) ➡ Sí, me quiero casar con usted. (그래요.)
결혼했습니까?	¿Está casado? = ¿Es casado? ➡ ⓐ Sí, estoy casado. = Si, soy casado. (결혼 했습니다.) ⓑ No, soy soltero. (아니요, 미혼입니다.)

겸손해! | ¡No seas presumido!

경고하는데.
① Te advierto que ~.
// Le advertí que no llegara tarde. (그에게 늦지 말라고 경고 했어.)
// Me advirtió. (그가 나에게 경고 하더라구.)
② Ignoró la advertencia. (그가 경고를 무시했어.)

경기 결과에 깨끗이 승복해야 합니다.
① Se debe aceptar el resultado del partido.
② Estoy viendo un partido de fútbol. (축구 경기를 보고있습니다.)
③ Este partido lo terminó ganando el equipo Tigres. (이 경기는 타이거 팀의 우승으로 끝났습니다.)

경기가 형편없어.
① [시합] El partido está pésimo.
② [경제] La economía está muy mal.

경례! | ¡Saludar!

경사 났네! | ¡Qué buena noticia! (기쁜소식)

경솔하게 판단하지 마세요.
① [결정] No sea imprudente en tomar la decisión.
② [판단] No sea imprudente en juzgar las cosas.

경찰 불러! | ¡Llama a la policía!

경찰관님! | ¡Oficial!

경찰에 신고 하세요. | Denuncie a la policía.

경찰을 불러 주세요.	① Llame a la policía.
	➡ Ya viene. ¿Qué sucede?
	(곧 옵니다. 무슨 일이에요?)

| 경찰이 떴어요! | [도착] ¡Ya llegaron policías! |
| | // ¡Se llenó de policías! (경찰로 꽉 찼어!) |

| 경치가 참 아름답습니다. | ¡Qué hermoso paisaje! |
| | = ¡Qué paisaje tan fascinante! |

| 경험은 지혜를 낳는다. | La inteligencia proviene de la experiencia. |

곁

| 곁에 있어줘. | Quédate a mi lado. = Quédate conmigo. |

계

| 계단에서 넘어졌습니다. | Me caí por las escaleras. |

| 계란으로 바위치기 | Esforzarse en balde. |

| 계산서 가지고 오세요. | Tráigame la cuenta, por favor. |

| 계산서가 틀린 것 같습니다. | Parece que está mal la cuenta. |

| 계산서 주세요. | Deme la cuenta, por favor. |

| 계산이 잘못된 것 같습니다. | ☞ 계산서가 틀린 것 같습니다. |

| 계산이요! | ¿Quién me puede cobrar? |

계산하는 곳은 어디 있습니까?
¿Dónde está la caja?

계산해.
Paga la cuenta tú. (네가~)

계속해봐!
¡Sigue!

계십니까?
① ¿Hay alguien?
② ¿Se encuentra ahí? (거기~)
   // ¿Se encuentra el Sr. Lee? (이 선생님~)
   ➡ No se encuentra. (안 계세요.)
③ ¿A quién busca? (누굴 찾으세요?)
   ➡ Busco al Sr. Lee. (이 선생님을 찾습니다.)
④ ¿Está en Seúl? (서울에~)
   // ¿Dónde se encuentra ahora? (지금 어디에~)

계약 기간은 몇 년 입니까?
¿Cuánto es el plazo del contrato?
= ¿Por cuánto tiempo es el contrato?

계약서에 서명 했습니까?
¿Ha firmado el contrato?

계약합시다.
Hagamos el contrato.
// Firmemos el contrato. (서명)

계절을 좋아합니까?
¿Cuál es la estación que más le gusta?
= ¿Cuál es su estación favorita? (어느~)
➡ Me gusta la primavera. (봄을 좋아합니다.)

계좌를 개설하고 싶습니다.
[은행] Quiero abrir una cuenta bancaria.

계좌를 개설하려면 어떻게 합니까?	¿Qué debo hacer para abrir una cuenta bancaria? ➡ Complete la solicitud de apertura de cuenta. (계좌 신설용 신청서를 작성해주세요.)
계좌 번호를 불러주세요.	Dícteme su número de cuenta. = Dígame su número de cuenta.
계좌에 잔고가 얼마나 있는지 확인하고 싶습니다.	Quiero verificar el saldo de mi cuenta. *verificar 대신에 comprobar, ver, averiguar를 쓸 수 있다.
계획이 바뀌었습니다.	Se cambió el plan.

고개를 돌리지 마세요.	No gire la cabeza. = No voltee la cabeza.
고개를 들어!	¡Levanta la cabeza!
고기가 너무 질깁니다.	Está muy dura la carne.
고기가 참 부드럽습니다.	Está muy tierna la carne.
고기는 몇인 분 드릴까요?	¿Cuántas porciones de carne quiere? // ¿Para cuántas personas le doy carne?
고단수야!	¡Es un experto!
고독합니다.	Me siento solo. = Siento soledad.
고등학교 몇 학년이야?	¿Qué año de bachillerato cursas? ➡ Estoy en el primer curso de bachillerato. (고등학교 1학년 입니다.)

고르겠습니까?	¿Cuál va a elegir? (어느 것을~)
고맙기는!	No hay de qué.
고맙습니다.	Gracias. = Le agradezco.
고민 있습니까?	¿Tiene alguna preocupación? = ¿Le preocupa algo?
고백할 것이 있습니다.	Tengo algo que confesarle. = Quiero confesarle algo.
고백해!	¡Confiesa! = ¡Confiesa la verdad! (진실을~)
고생 많았습니다.	Ha hecho mucho trabajo. = Reconozco su esfuerzo. = ¡Buen trabajo!
고생 끝에 낙이 온다.	Las cosas suelen empeorar antes de mejorar.
고생을 해봐야 성공한다.	No hay gloria sin sufrimiento.
고소하다!	¡Bien se lo merece! (그놈~)
고속 버스는 얼마 만에 한 대씩 있습니까?	¿Cada cuándo hay autobús expreso que va para Salamanca? (살라망까에 가는~)
고속버스와 기차 중 어느 것이 더 빠릅니까?	¿Cuál es el más rápido entre un autobús expreso y un tren? ➡ ⓐ Los dos son igual de rápidos. (둘 다 빠릅니다.) ⓑ El tren es más rápido. (기차가 더 빠릅니다.)
고양이 목에 방울달기	Ponerle el cascabel al gato.
고양이가 없는 곳에 쥐가 날뛴다.	El gato está ausente, los ratones se divierten.

| 고양이와 개의 관계이다. | Se llevan como perros y gatos. |

고의로 그런 게 아닙니다.
No fue mi intención.
= No lo hice a próposito.

고인 물은 썩는다.
El agua estancada se pudre.

고장 났습니다.
Se descompuso.

고장입니까?
¿Está descompuesto?

고정하세요.
Cálmese. = Tranquilícese. (흥분하지 마세요.)

고지식한 사람입니다.
Es una persona recta. (그는~)

고진감래
Tras la tempestad viene la calma.

고집불통
Necio = Terco

고집하난 세구나!
¡Qué terco eres! = ¡Qué necio eres! (너~)

고집부리지 마.
No te enterques. = No te obstines.
= No seas necio.

고칠 수 있습니다.
① [고장난 물건] Se puede arreglar.
   = Se puede componer.
② [병] Se puede curar.

고통 없이 얻어지는 건 없다.
Sin sacrificio no se gana nada.

고향은 어디 입니까?
¿De dónde es usted?
= ¿Dónde es su tierra natal?
= ¿Dónde es su pueblo natal?

곤란스럽게 해드려 정말 죄송합니다.	Disculpe por las molestias. = Le pido una disculpa por las molestias.

곧 끝납니다.	① [나] Ya termino. = Ya estoy por terminar. ② [제 3의 것] Ya termina. = Ya está por terminar.
곧장 가세요.	① [경유하지 말고] Vaya directo. ② [직진] Vaya derecho. = Vaya recto.

골 때린다.	[어려움] ¡Qué dolor de cabeza causa esto! (이 일 진짜~)
골라봐!	¡Elige! = ¡Escoge!
골라주세요.	Elija por mí. (저 대신~)
골인!	① ¡Gol! ② Ganaron por dos goles a cero. = Ganaron dos a cero. (2대 0으로 이겼어.) ③ ¿Qué equipo ganó? (어느 팀이 이긴 거야?) ④ ¿Por cuántos goles ganó? (승리한 팀의 골 수는?)
골치 덩어리 입니다.	Es un dolor de cabeza.

골치 아파 죽겠습니다. Me muero de dolor de cabeza.

골치 아프게 됐습니다. ① Va a ser un dolor de cabeza.
② [일이 어려워짐] Se complicó.

골치 아픈 일 입니다. ☞ 골치 덩어리 입니다.

골치 아픕이다. ☞ 골치 덩어리 입니다.

골프 치는 것을 좋아합니다. Me gusta jugar al golf.

곯아 떨어 졌습니다. Cayó en un sueño profundo. (그가~)

곰곰이 생각한 끝에 내린 결정이에요. Me tomé el tiempo suficiente para tomar esta decisión.

곰은 쓸개 때문에 죽고 사람은 혀 때문에 죽는다. Por la boca muere el pez.
= La perdiz por el pico se pierde.

곱빼기로 주세요. Démelo en doble porción.

공부를 열심히 해야 한다.	Hay que estudiar duro.
공부한 셈쳐!	Tómalo como experiencia.
공부합니까?	¿Cuántas horas estudia al día? (하루에 몇 시간~)
공사 중 접근 금지!	[경고문] NO ACERCARSE AL ÁREA EN CONSTRUCCIÓN = PROHIBIDO EL PASO A TODA PERSONA AJENA A ESTA OBRA
공연은 몇 시에 시작합니까?	¿A qué hora comienza el espectáculo? ➡ A las seis de la tarde. (오후 6시에요.) 공연관련표현 *función (연극, 영화, 서커스) concierto (음악회) interpretación (연주, 성악)
공연이 시작 됩니다.	En seguida comienza el espectáculo. (곧바로~)
공연이 있습니까?	¿Hay espectáculo hoy? (오늘~)
공연 합니까?	¿Cuánto dura el espectáculo? (몇 시간~)
공원에 산책하러 갑니다.	Voy a caminar al parque.
공은 사이고 사는 사 입니다.	Hay que saber diferenciar lo profesional de lo personal.
공자 앞에서 문자쓴다.	No puedes enseñar a un pez a nadar.

공정하게 해!

¡Sé justo! = ¡Tienes que ser justo!

공정한 처벌이에요.

Es una condena justa.
= Es un castigo justo.
= Es lo que se merece.

공중 전화가 어디에
있습니까?

¿Dónde hay un teléfono público?
= ¿Dónde está un teléfono público?
= ¿Dónde puedo encontrar un telefóno público?
➡ Hay uno detrás del edificio.
(건물 뒤 쪽에 있어요.)

공중 화장실이 있습니까?

¿Hay baños públicos?
// ¿Hay algún baño público por aquí?
(이 근처에 공중 화장실 있나요?)
➡ Por allí. (저쪽에요.)

공짜 밥 먹으려고, 꿈도
꾸지마!

¡Ni sueñes comer gratis!
➡ No vine a comer sino a consultar una cosa urgentemente contigo. (밥 먹으러 온 게 아니라 급히 너와 상의할 일이 있어서 왔어.)

공짜로 줘도 싫습니다.

Ni de gratis lo quiero.

공처가 입니다.

Es un mandilón. (그는~)

공항까지 가는 택시를
불러 주세요.

Llame un taxi que me lleve al aeropuerto, por favor.

공항까지 얼마나
걸립니까?

¿Cuánto se tarda hasta el aeropuerto?

공항 버스를 타야
합니까?

¿Debo tomar el autobús del aeropuerto?
// ¿Dónde tomo el autobús del aeropuerto?
(어디에서~)

| 공항에 갑니까? | ¿Este autobús va al aeropuerto? (이 버스는~) |

공항까지 얼마에요? — [삯] ¿Cuánto es el pasaje hasta el aeropuerto?

공항에 어떻게 갑니까?
¿Cómo voy al aeropuerto?
= ¿Cómo llego hasta el aeropuerto?

공항엔 주차장이 어디 있나요?
¿Dónde está el aparcamiento en el aeropuerto?
= ¿Dónde está el estacionamiento en el aeropuerto?

공항에서 A 터미널을 찾고 있습니다.
Estoy buscando la terminal A del aeropuerto.

공항엔 3시간 전엔 도착하셔야 되요.
Debe llegar al aeropuerto tres horas antes.

공항세가 얼마에요?
¿Cuánto es el impuesto del aeropuerto?

공항에 데리러 나온다고 한 약속 잊지마.
No te olvides de recogerme en el aeropuerto.

공항에서 현지 지폐로 바꾸자.
En el aeropuerto cambiemos el dinero por la moneda local.

공항에서 기다릴게.
Te espero en el aeropuerto. (너를~)

과

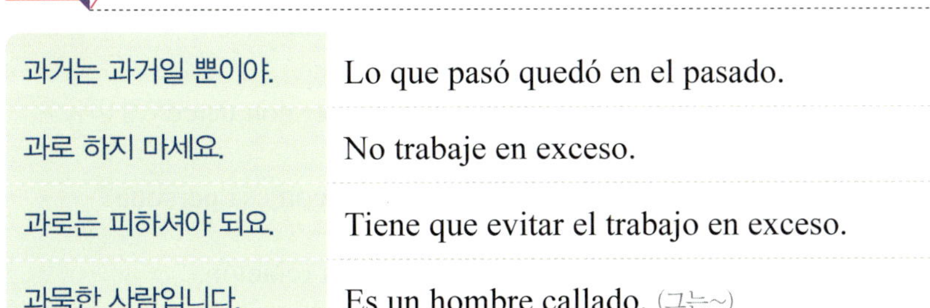

과거는 과거일 뿐이야.
Lo que pasó quedó en el pasado.

과로 하지 마세요.
No trabaje en exceso.

과로는 피하셔야 되요.
Tiene que evitar el trabajo en exceso.

과묵한 사람입니다.
Es un hombre callado. (그는~)

과부로 신혼 때부터 살았데.

Se quedó viuda a poco tiempo de casarse.

과속에 걸렸습니다.

[단속] Me detuvieron por exceso de velocidad.

과속 했습니다.

Excedí la velocidad.

과식했습니까?

¿Comió demasiado?
➡ ⓐ Parece que sí. (그런 것 같습니다.)
　 ⓑ No, no comí mucho.
　　 (아니요. 많이 먹지 않았습니다.)
　 ⓒ Sería más raro si no hubiera comido mucho. (안 그러면 이상하죠.)

과연 듣던 대로 입니다.

Es exactamente lo que escuchaba.
= Es tal como lo escuchaba.

과외 선생으로 일주일에 세 번 가르칩니다.

Doy clases particulares tres veces por semana.

과일 드세요.

Coma fruta.

과일을 좋아하시네요.

Parece que le gustan las frutas.
// Le encantan las frutas, ¿verdad? (~. 그렇죠?)

관

관계가 서먹합니다.

No es una relación cómoda.

관계없는 일입니다.

No tiene nada que ver con usted. (당신과~)

관계입니까?

¿Qué relación tiene con esa persona?
(당신은 그 사람과 무슨 ~)
➡ No existe ninguna relación.
　 (아무 관계 아니에요.)

| 관계자 외 출입금지! | [경고문] PROHIBIDO EL PASO A PERSONAL NO AUTORIZADO
= PROHIBIDO LA ENTRADA. SOLO PERSONAL AUTORIZADO
= ACCESIBLE SOLO A PERSONAL AUTORIZADO
= ALTO. SOLO PERSONAL AUTORIZADO |

관계할 일이 아닙니다.　Usted no se meta en esto. (이건 당신이~)

관광명소를 가르쳐 주세요.　Indíqueme los lugares turísticos, por favor.
= Dígame los destinos turísticos, por favor.

관광 안내 지도를 살수 있습니까?　¿Dónde se puede comprar un mapa turístico?
(어디에서~)

관대한 처분을 바랍니다.　[처벌] Espero un castigo benévolo.
// Espero su indulgencia.
= Espero su generosidad.

관두겠습니다.　[직장] Voy a renunciar.

관두세요.　[하던 일을] Déjelo. = No lo haga.

관두자.　Abandonemos esto. (이것을~)

관리 잘하세요.
① [행정] Adminístrelo bien.
② [통제] Contrólelo bien.
③ [외모] Manténgase en forma.

관심 없습니다.
No me interesa.
// Haga lo que haga, no me interesa.
(그가 무슨 일을 하든~)

| 관심 있습니까? | ① ¿Qué le interesa? (무엇에~)
= ¿En qué tiene interés?
= ¿En qué está interesado?
② ¿Aún tiene interés en mí? (아직도 저한테~)
➡ ¿Quién lo dice? (누가 그래요?) |

| 관점이 틀렸습니다. | Está mal su punto de vista.
➡ ¿Cuál es el problema? (뭐가 문제입니까?) |

| 괘씸한 놈! | ¡Desgraciado! = ¡Malvado! |

| 괜찮습니까? | ① [부상. 건강] ¿Está bien?
= ¿Se encuentra bien?
② [동의] ¿Está bien? = ¿Le parece bien? |

| 괜찮습니다. | ① [부상. 건강] Estoy bien.
= Me encuentro bien.
② [기분] Me siento bien.
③ [동의] Está bien. = Me parece bien.
④ [사양] No, gracias.
⑤ [사과에] No te preocupes. |

| 괜한 걱정 마세요. | No se preocupe más de la cuenta. |

| 괜한 걱정 했습니다. | Me preocupé más de la cuenta. |

| 괜히 물어 봤네. | Mejor no hubiera preguntado. |

괜히 좋아했네.

Me alegré en vano. = ¿Para qué me alegré?
= ¿Para qué me puse contento?

괴

괴로워하지 마세요.

No se sienta mal. = No se aflija.
= No sufra.

괴롭습니다.

① Me siento muy mal.
② [슬픔] Me siento muy triste.
③ Ella está sufriendo por la muerte de su perro.
(그녀가 기르던 애완견이 죽어서 괴로워하고 있습니다.)
④ Padece una extraña enfermedad.
(그는 희귀한 병으로 괴로워하고 있습니다.)

괴롭히면 안됩니다.

No lo haga sufrir.
// No lo moleste. (괴롭히지 마세요.)
// No lo maltrate. (학대 하지마세요.)

꿍

굉장하다!

① ¡Es maravilloso!
*굉장한: magnífico, fantástico, genial, impresionante, fenomenal, 등등.
② Es maravilloso estar en el escenario.
(무대 위에 서 있다는 건 굉장한 거야.)
// Pasé momentos maravillosos en Hong Kong. (홍콩에서 굉장한 시간들을 보냈어.)
// ¡Es una muy buena oportunidad! (굉장한 기회야!)
// Él es maravilloso. (그 사람 굉장해.)

교양이 없네요. | No tiene educación.

교통사고가 났습니다.
① [현재] Hay un accidente de tráfico.
② [과거] Hubo un accidente de tráfico.
// Ayer tuvo un accidente de tráfico.
(어제 그녀가~)

교통은 편리 합니까? | ¿Es cómodo transportarse?

교통 카드 있습니까? | ¿Tiene tarjeta de transporte?

교통카드는 어디서 사용할 수 있습니까?
¿Dónde se puede utilizar la tarjeta de transporte?
➡ Se puede utilizar para el metro y el autobús.
(지하철과 버스에서 사용할 수 있어요.)

교통카드를 사용 하세요?
¿Utiliza la tarjeta de transporte?
➡ No. Yo me muevo con mi propio coche.
(아니요. 저는 승용차를 갖고 다녀요.)

교통 카드로 지하철과 버스 다 이용 할 수 있습니다.
Se puede tomar el metro y el autobús con la tarjeta de transporte.

교통카드에 10불만 충전 해 주세요.
Recárgueme 10 dólares a la targeta de transporte.

교통편을 이용해야 합니까?
¿Qué transporte público se debe utilizar para ir a Seúl? (서울까지 가려면 어떤~)
➡ El tren es lo más cómodo.
(기차가 제일 편리 합니다.)

교활한 놈! | ¡Mañoso! = ¡Astuto!

구(9) 번을 누르세요.	[전화] Marque el número nueve.
구경 갈까요?	¿Qué tal un paseo por el mercado? (시장~) ➡ Luego. = Después. (나중에요)
구경하고 싶습니다.	Quiero conocer el parque Retiro. = Quiero hacer un recorrido por el parque Retiro. (레티로 공원을~)
구관이 명관이다.	A barco nuevo, capitán viejo.
구급차를 불러주세요.	Llame una ambulancia, por favor.
구두쇠!	¡Tacaño! = ¡Codo! // Ese tacaño nunca paga. (그 구두쇠는 정말 한번도 돈 안내!)
구면입니다.	Ella y yo ya nos conocemos. (나와 그녀는~)
구역질 난다!	¡Qué asco! // Me dan ganas de vomitar. (토할 것 같아.)
구입은 어디서 합니까?	¿Dónde se compra?
구정 연휴에 무슨 계획이 있습니까?	¿Qué planea hacer durante el puente del año nuevo lunar? = ¿Qué plan tiene para el puente del año nuevo lunar? ➡ Planeo visitar mi pueblo natal. = Quiero visitar mi tierra natal. (고향에 다녀 오려고 합니다.)

구정은 언제입니까?

¿Cuándo es el año nuevo lunar?
➡ Cae el primero de marzo. (3월 1일입니다.)

구제불능이야!

¡No tienes remedio! (너는~)

구질구질한 날씨야!

① ¡Qué tiempo tan feo!
② El clima de Florida es muy húmedo.
(플로리다의 날씨는 매우 습해.)

구체적으로 말씀해 주세요.

① Dígame en concreto.
② [설명] Explíqueme concretamente.

구체적인 얘기는 하지 마세요.

No diga nada en concreto.

구취가 심합니다.

Tengo mal aliento.

구태여 그럴 필요가 있겠습니까?

¿Hay necesidad de hacerlo?
= No es necesario. (그럴 필요 없습니다.)

구토가 심합니다.

Tengo fuertes vómitos.

구해주세요.

① [물건] Consíguemelo.
② [목숨] Sálveme. (저를~)

구했습니다.

① [물건] Lo conseguí.
② ¿Dónde ha conseguido esto?
(이거 어디서 구하셨어요?)
// ¿Dónde ha conseguido este tipo de cosas?
(이런 걸 어디서 구하셨어요?)

국경일 입니다.

Es feriado nacional.

국물 한 그릇 추가입니다.	Deme una sopa más, por favor.
국비 장학생으로 유학 왔습니다.	Vine a estudiar con un programa nacional de becas.
국수 먹으러 갑시다.	Vamos a comer fideos.
국수는 언제 먹습니까?	☞ 결혼은 언제 할겁니까?
국제 전화는 어떻게 겁니까?	¿Cómo se realizan llamadas internacionales?
국제 전화를 하려고 합니다.	Quiero hacer una llamada internacional. = Quiero hacer una llamada al extranjero.

군

군침이 돕니다.	Se me hace agua la boca.
군대 갔잖아.	Se fue al servicio militar. (그 사람~)
군고구마 먹자.	Comamos batata horneada. = Comamos camote horneado.
군데 군데.	En varias partes.
군략을 잘 짜면 승리할 수 있어.	Si armamos una buena estrategia, podemos conseguir la victoria.

굴	① [터널] el túnel ② [동굴] la cueva = la caverna = la gruta ③ [먹는 굴] la ostra = el ostión
굴뚝에서 연기가 나와요.	Está saliendo humo de la chimenea.
굴욕을 당했어!	¡Me han humillado!

| 굵직한 거. | [불특정] Algo grueso. |

| 굿 아이디어! | ¡Buena idea! |

귀 막아!	¡Tápate los oídos!
귀 좀 고만 파.	Deja de sacarte cera de los oídos. = Deja de sacarte cerumen.
귀가가 늦습니까?	¿Va a llegar tarde a casa hoy? (오늘~)
귀가가 늦습니다.	Voy a llegar tarde a casa hoy. (오늘~)

귀국하신다니 섭섭합니다.	Estoy triste por su regreso a su país.
귀국합니까?	¿Cuándo vuelve a Corea? = ¿Cuándo regresa a Corea? (언제 한국에~)
귀국합니다.	Vuelvo a mi país.
귀먹었어?	¿Estás sordo?
귀신은 속여도 나는 못 속인다.	A otro perro con ese hueso.
귀싸대기 갈긴다!	¡Te daré una bofetada! = ¡Te daré una cachetada!
귀여운 녀석!	¡Qué precioso! = ¡Qué divino!
귀여워 죽겠어요.	Está precioso el niño. (아이가~)
귀중품을 여기에 맡길 수 있습니까?	¿Aquí se puede dejar los artículos de valor? = ¿Se puede dejar aquí los objetos de valor?
귀중한 의견을 많이 내주세요.	Denos sus valiosas opiniones. = No duden en dar sus valiosas opiniones. = No se abstengan de dar sus valiosas opiniones.
귀찮게 굴지 말고, 저리가!	No me molestes. ¡Vete!
귀찮게 하지 마세요.	No me moleste. = No me esté molestando.
귀찮게 해서 죄송합니다.	Disculpe por las molestias.
귀찮아 죽겠네.	① [누군가가 또는 뭔가가 귀찮게 할 때] ¡Qué molestia! ② [뭔가 하기 귀찮을 때] ¡Qué pereza tengo! = ¡Qué flojera tengo!

| 귀청 떨어 지겠네. | Me vas a hacer quedar sordo.
= Casi me haces quedar sordo.
= Me vas a dejar sordo. |

| 귤 주스를 마시겠습니다. | Tomaré zumo de mandarina.
= Tomaré jugo de mandarina. |

그 스승에 그 제자.	De tal palo tal astilla.
그 시간 그 장소에서 만나.	Nos vemos ahí a esa hora.
그 아버지에 그 자식이네.	De tal palo tal astilla.
그 정도는 아닙니다.	No es tanto.
그 정도는 아니겠지요?	No será tanto, ¿verdad?
그건 그렇습니다.	Eso sí. = Eso sí es cierto. // En eso tiene razón. (그 말은 맞습니다.)
그건 맞는데...	Eso sí pero…
그건 문제가 안됩니다.	Eso no es un problema.
그건 안 됩니다.	Eso no se puede.

그걸 말이라고 해요?	[앞서 한말] ¿Cree que lo que ha dicho tenga sentido?

그걸 말이라고 해요?
[앞서 한말] ¿Cree que lo que ha dicho tenga sentido?
= ¿Cómo puede decir algo así?
= No tiene sentido lo que dijo.

그것 좀 봐라!
[비난] ¿Ya ves?

그것도 그러네.
También tiene sentido.
= También tiene razón. (듣고보니 일리가 있음)

그게 그거지 뭐.
Es lo mismo. = Es igual.
= Da igual. (다르지 않음)

그게 꼭 그런 건 아닙니다.
No necesariamente es así.

그게 무슨 뜻 입니까?
¿Qué quiere decir eso?
= ¿Qué significa eso?

그게 아닙니다.
No es eso.

그게 어디 되겠습니까?
① [가능성] ¿Cómo va a ser posible eso?
　　= No creo que eso sea posible.
② [기능. 작용. 효과] No creo que eso funcione.
　➡ Hay que hacer posible lo imposible.
　　(안 되면 되게 해야 합니다.)

그게 어쨌다는 거야?
¿Y qué tiene eso?

그까짓 게 대수냐?
No es la gran cosa.

그냥 그대로 두세요.
[물건] Déjelo ahí tal como estaba.
= No lo mueva.

그냥 그대로야.
[생활의 변화가 없음] Todo sigue igual.

그냥 그래요.
① [좋지도 나쁘지도 않음] Más o menos.
② [병세의 변화가 없음] Sigo más o menos igual.
　　= Sigo igual.

그냥 나왔습니다.

[산책] Sólo salí a pasear.
= Sólo salí a tomar un poco de aire.

그냥 돌아 다닙니다.

[산책] Sólo estoy paseando.
= Sólo estoy dando una vuelta.

그냥 하는 소리 입니다.

Simplemente es un comentario.

그냥 해 본 소리가 아닙니다.

No fue un simple comentario.

그 놈하고 같이 있냐?

¿Estás con él?

그는 안 됩니다.

[능력부족] Él no va a poder.
= Para él es imposible.
= Él no tiene capacidad.

그대로네.

Nada ha cambiado.
= No ha cambiado nada.

그 동안 대단히 감사했습니다.

Muchísimas gracias por todo.

그 동안 어디 갔었니?

① [어디에 있었는지를 물음] ¿Dónde estabas?
② [갔었는지 여부를 물음] ¿Has estado de viaje?

그때 봅시다.

Nos vemos ese día.

그때그때 달라요.

Depende del momento.

그때그때 얘기해.

Cuando tengas algo que decir, dilo en ese momoento.
= No te reprimas de lo que quieras decir.
= No te guardes tus palabras. (참지 말고~)

그때는 그때고, 지금은 지금 입니다.

Eso fue antes. Ahora es diferente.

그래 그럼.	Vale.
그래 그래!	Vale. ① [마지못해 하는 동의] Bueno, ni modo. = ¿Ya qué? = Está bien. Como quieras. *Está bien. Como quieras.는 '네가 원하는 것을 하겠다' 라는 뜻으로 기꺼이 동의할 때도 사용한다. 말하는 어조에 따라 의미가 달라짐을 유의하자. ② [호응] De acuerdo.
그래야지.	[행위] Sí, así lo haré. = Sí, eso lo voy a hacer. (그렇게 할거야.)
그래요.	① [동의] De acuerdo. = Está bien. = Vale. ② [확인] Correcto. = Así es.
그랬어요.	[사실을 인정함] Es verdad. = Así fue.
그랬었구나!	¡No lo sabía! // ¡Con razón! (어쩐지!)
그랬으면 좋겠습니다.	① [상대의 말이 긍정이었을 때] Espero que sí. ② [상대의 말이 부정이었을 때] Espero que no.
그러게 말이야.	[동의] ¿Sí, verdad?
그러기만을 바랍니다.	Deseo que así sea.
그러네요.	① [동의] Sí. ② [확인후] Así es.
그러는 게 좋겠습니다.	Sería mejor así.
그러니까!	¡Por eso!
그러던지!	¡Como quieras!
그러려니 하세요.	No le haga mucho caso. (신경 쓰지 마세요.) // No le dé mucha importancia.

그러죠.	① [동의] De acuerdo.
	② [마지못해 하는 동의] Bueno, ni modo.
	= ¿Ya qué? = Está bien. Como quiera.

| 그러지 마세요. | ① [행위] No lo haga.　② [마음씨] No sea así. |
| | ③ [사양] No es necesario. |

| 그러지 않겠습니다. | [행위] No lo haré. |
| | // No lo volveré a hacer. (다시는~) |

| 그러지요. | De acuerdo. |

| 그럭저럭 | Más o menos |

| 그런 거야. | Así es. // Así es la vida. (인생은 다~) |

| 그런 거였군요. | Así era. |

| 그런 거지 뭐. | ☞ 그런 거야. |

| 그런 것 같습니다. | Eso creo. |

| 그런 게 아닙니다. | No es eso. |
| | // No es lo que usted cree. (당신이 생각하는~) |

| 그런 게 어디 있어. | [미존재] Eso no existe. |
| | // Es absurdo. (헛소리) |

그런 눈으로 쳐다보지 마세요.	No me vea con esos ojos.
	= No me vea con esa mirada.
	= No me mire así.

| 그런 뜻으로 말한 게 아닙니다. | Eso no es lo que quería decir. |
| | // Juro que no me refería a eso. (결코~) |

그런 말씀 마세요.	[감사에 대한 대답] No hay de qué.
그런 소리 하지 마세요.	No diga eso. = No diga esas cosas.
그런 식으로 말하지 마세요.	No hable de esa forma. = No hable así.
그런 일 없습니다.	Nada de eso.
그런가 봐요.	① [상대의 말이 긍정이면] Parece que sí. ② [상대의 말이 부정이면] Parece que no.
그런대로.	Más o menos.
그런데(말이야).	[대화시작] Por cierto = A propósito
그런데?	[다음 말을 유도] ¿Y?
그럴 가치도 없습니다.	No vale la pena.
그럴 겁니다.	[추측] Eso creo.
그럴 기분 아닙니다.	No estoy de humor. = No tengo humor para eso.
그럴 리 없습니다.	① [추측] No puede ser posible. = No creo que sea cierto. ② [확신] Estoy seguro de que eso no es cierto.
그럴 리가요?	No puede ser. = ¿Cómo cree?
그럴 줄 알았습니다.	Ya lo sabía.
그럴지도 모릅니다.	① Puede ser. ② [상대의 말이 긍정이었을 때] Puede que sí. ③ [상대의 말이 부정이었을 때] Puede que no.

그럴 필요 없습니다.	No es necesario. = No hace falta.
그럴 필요 있을까요?	¿Será necesario? = ¿Hará falta? = No creo que sea necesario.
그럼 그렇게 합시다.	Entonces así lo hacemos.
그럼 됐어요.	[안심] Entonces está bien.
그럼 이만!	[작별인사] Adiós. = Hasta luego.
그럼(요!)	¡Claro! = ¡Por supuesto! − ¡Obvio!
그렇게 비쌉니까?	¿Es tan caro? = ¿Así es de caro? = ¿Es así de caro?
그렇게 생각 안 합니다.	Yo no creo. = Yo no pienso igual. = No lo creo así.
그렇게 생각합니까?	¿Así piensa? = ¿Así cree?
그렇게 생각합니다.	Así pienso. = Así creo.
그렇게 안 보입니다.	No se ve así.
그렇게 잘났냐?	¿Te crees tanto?
그렇게 좋으냐?	¿Tanto te gusta?
그렇게 하겠습니다.	[분부나 지시대로] Así lo haré.
그렇게 하도록 하겠습니다.	[시도] Trataré de hacerlo así.

그렇게 하세요.	[설득] Hágalo así. // Hágalo como desee usted. (당신이 원하는 대로)
그렇게 합시다.	Hagámoslo así.
그렇게나 빨리?	¿Tan rápido? = ¿Tan pronto?
그렇게는 생각하지 않습니다.	Así no pienso.
그렇게는 안 되지요.	① [불응] Así no. = Es inconcebible. ② [의지] Eso no va a pasar. = Eso no ocurrirá.
그렇고 말고!	[동의] ¡Por supuesto! = ¡Claro! // No cabe decir dos veces. = No hace falta repetirlo. (두말할 필요 없음)
그렇군요.	No lo sabía. (사실을 듣고 나서)
그렇다고 말할 수 있습니다.	① [상대의 말이 긍정일 때] Podría decir que sí. ② [상대의 말이 부정일 때] Podría decir que no.
그렇다고 봐야죠.	① [상대의 말이 긍정일 때] Supongo que sí. ② [상대의 말이 부정일 때] Supongo que no.
그렇다고 생각합니다.	Eso pienso. = Eso creo.
그렇습니까?	[확인] ¿Es cierto?
그렇지 않습니까?	¿No es así?
그렇지 않습니다.	No es así. // No necesariamente es así. (꼭 ~)
그렇지 않을 거야.	No debe ser. // No puede ser.
그리 비싸지 않습니다.	[본질] No es tan caro.
그리고요?	[다음 말 재촉] ¿Y?

그리웠습니다.	Te he echado de menos. = Te extrañé.
그림을 잘 그립니까?	¿Dibuja bien? ➡ No sé dibujar. (그림 못 그립니다.)
그만 가 보겠습니다.	Ya me voy. = Ya me retiro. = Ya me despido.
그만 끊겠습니다.	Ya voy a colgar.
그만 마셔요.	Ya no tome más. = Deje de tomar. // Ya no tome más. Si no, se va a emborrachar. = Deje de tomar, que se emborracha. (~, 취합니다.)
그만 먹을래요.	Ya no quiero comer más.
그만 울어!	¡Deja de llorar!
그만 좀 해!	¡Ya basta!
그만 두겠습니다.	① [일을] Renuncio al trabajo. = Quiero renunciar. ② [포기] Voy a abandonar esto. = Voy a dejar esto.
그만 두자! // 그만둡시다.	[말싸움] Ya dejemos de discutir.
그만 뒀습니다.	Ya renuncié.
그만합시다.	Dejémoslo aquí. (여기까지 합시다.)
그만해!	¡Basta! = ¡Ya es suficiente!
그밖에 다른 것 있습니까?	[상점] ¿Tiene alguna otra cosa aparte de esto?

그 분도 한국 사람입니다.	Él también es coreano.
그 분에게 볼일이 있으십니까?	¿Tiene algún asunto pendiente con él?
그 분은 중국인 입니까?	¿Él es chino?
그저 그렇습니다.	Más o menos.

근

근데.	[화제를 돌림] Por cierto = A propósito
근무 중 입니다.	Estoy trabajando.
근무시간 아닙니까?	¿No es horario laboral?
근방에 삽니다. = 근처에 삽니다.	Vivo cerca de aquí. (이~)
근처에 운동장이 있습니까?	¿Hay algún centro deportivo cerca de aquí?
근처에 있을 겁니다.	Tiene que haber alguno cerca.

글

글쎄요.	[모름] No lo sé. = ¿Quién sabe?
글씨를 쓸 줄 모릅니다.	No sé escribir.

금

금강산도 식후경.	Tripa vacía, ni ilusión ni alegría.
금방 갑니다.	[부를때] Ya voy.
금방 오겠습니다.	Ahora vuelvo. = Vuelvo pronto.
금시초문 입니다.	Es la primera vez que lo escucho. = Nunca lo he escuchado.
금연!	[경고문] PROHIBIDO FUMAR
금연석으로 주세요.	Deme asiento de no fumadores.
금연하겠습니다.	A partir de hoy no voy a fumar. (오늘부터~)
금의환향하시기를 바랍니다.	Espero que vuelva a casa con la frente en alto.

급

급성 맹장염입니다.	Es apendicitis aguda.
급한 용건입니까?	¿Es urgente?
급한 일로 당신을 찾고 있습니다.	El Sr. López lo está buscando por un asunto urgente. (로페스씨가~)
급한 일이 생겨서 먼저 가보겠습니다.	Me voy porque tengo un asunto urgente.
급할수록 돌아간다.	No por mucho madrugar, se amanece más temprano.

| 급해죽겠네! | ¡Tengo mucha prisa! = ¡Estoy apurado! |

| 급행열차는 몇 시입니까? | ¿A qué hora sale el próximo tren rápido?
(다음~) |

| 급히 가야 합니다. | Me tengo que ir urgentemente. |

긍

| 긍정적으로 생각하세요. | Piense positivamente. = Ve el lado bueno.
= Sea positivo. |

기

| 기가 막혀서! | ¡Qué absurdo! = ¡Qué ridículo! (어이가 없음)
// ¡Increíble! (믿기가 어려움) |

| 기가 막힙니다. | No puedo creer. = Es increíble. (믿기 어려움) |

| 기간 만료가 언제입니까? | ¿Cuándo se vence? = ¿Cuándo expira?
= ¿Cuándo es la fecha de vencimiento? |

| 기간을 연장해 줄 수 없습니까? | ¿No podría extender el plazo?
= ¿No podría prolongar el plazo? |

| 기권하겠습니다. | ① [경기] Me rindo.
② [투표] Me abstengo de votar. |

| 기내에서 파는 물건은 모두 면세품입니까? | ¿Todos los artículos que se venden en el avión están libres de impuestos? |

| 기내에서는 핸드폰 사용이 금지되어 있습니다. | Está prohibido el uso de teléfono móvil dentro del avión. |

기념일을 축하합니다.	Felicidades por su aniversario.
기념품 좀 사고 싶습니다.	Quiero comprar recuerdos.
기다려보세요.	Espere.
기다려봅시다.	Esperemos.
기다려야 합니까?	¿Tengo que esperar? = ¿Hay que esperar?
기다려요.	Espere. // Espéreme. (나를~)
기다리게 해서 미안합니다.	Disculpe por haberlo hecho esperar.
기다리겠습니다.	Me espero. // Lo espero aquí. (여기서 당신을~)
기다리고 있어!	¡Eespérame! = ¡Me esperas! (나를~) // Espera aquí hasta que yo vuelva. (나 올때까지~)
기다리고 있었습니다.	Lo estaba esperando. (당신을~) // Estaba esperando su llamada. (당신의 전화를~)
기다리다가 방금 갔습니다.	Estuvo esperándolo y se acaba de ir. (그가 당신을 ~)
기다리세요.	[전화] Espere un momento, por favor. = No cuelgue, por favor.
기다린 보람이 있었네요.	Valió la pena esperar.
기다리고 있을 겁니다.	Ella estaría esperándolo. (그녀가 당신을~)
기대가 큰 만큼 실망도 큽니다.	Mientras más alto, más dura es la caída.
기대하지 마세요.	No le tenga mucha fe.

기름을 가득 채워 주세요.　[자동차] Tanque lleno, por favor.

기름이 떨어졌어요.　[자동차] Ya no hay gasolina.
= Se me acabó el combustible.

기름진 요리에 익숙하지 않습니다.　No estoy acostumbrado a comer comida grasosa.
*스페인에서는 grasosa 대신 grasienta를 쓴다.

기분이 나쁩니까?　¿Está de mal humor? = ¿Se siente mal?

기분이 나쁩니다.　Estoy de mal humor. = Me siento mal.
// Ese comentario me pone de mal humor.
(그 소리에~)

기분 좋습니까?　¿Se siente bien?

기분 좋습니다.　Me siento bien.

기분 나빠 말아요.　No se sienta mal.

기분이 어떻습니까?　¿Cómo se siente?

기분이 좋아 보입니다.　Se ve que tiene buen humor.

기쁩니다.　Estoy contento. = Estoy alegre.

기숙사가 밝고 깨끗합니다.　El dormitorio es luminoso y limpio.

기억났습니까?　¿Ya se acuerda?

기억에 남는 것은 무엇입니까?　¿Qué es lo que se acuerda?
= ¿Qué recuerda?

기억이 없는데요.　No tengo recuerdos.
= No me acuerdo de nada.
= No recuerdo nada.

| 기억하고 있습니까? | ¿Se acuerda de mí? = ¿Me recuerda? (저를~) |

기억해!

[당부] ¡Recuérdalo!

기온은 몇 도입니까?

¿A cuántos grados estamos? (오늘~)
➡ Estamos a diez grados bajo cero.
(영하 10도입니다.)

기운 내!

¡Ánimo!

기운내세요.

[격려] Anímese.

기절하겠네.

Estoy a punto de desmayarme.
= Casi me desmayo. ― Me voy a desmayar.

기절했습니다.

Se ha desmayado. (그가~)

기죽지 마세요.

No se desanime.

기차 타고 갑니까,
비행기 타고 갑니까?

¿Nos vamos en tren o en avión? (우리가 ~)

기차 타고 갑시다.

Vamos en tren. = Tomemos el tren.

기차를 놓치겠습니다

Voy a perder el tren.

기차를 타는 게 좋을까요,
고속 버스가 좋을까요?

¿Será mejor el tren o el autobús expreso?

기차를 타면 몇 시간
걸립니까?

¿Cuánto tiempo se tarda en tren?

기차역은 여기에서
멉니까?

¿Está lejos de aquí la estación del tren?
// ¿Qué tan lejos está la estación del tren?
(기차역은 얼마나 멉니까?)

기차와 고속버스 중
어느 것이 빠릅니까?

¿Cuál es más rápido, el tren o el autobús
expreso?

기차표 두 장 주세요.	Deme dos billetes de tren.
기차표는 몇 시 겁니까?	¿A qué hora sale el tren?
기침도 나고 목도 아픕니다.	Tengo tos y me duele la garganta. = Tengo tos y dolor de garganta.
기침도 나고 식은땀도 납니다.	Tengo tos y sudor frío.
기침약을 먹었습니다.	Tomé medicina para la tos.
기침약을 주세요.	Deme medicamento para la tos.
기침이 심합니까?	¿Es fuerte la tos que tiene?
기침하고 콧물 나고 머리도 아픕니다.	Tengo tos, flujo nasal y dolor de cabeza.
기회는 또 올 겁니다.	Ya llegará otra oportunidad.
기회는 또 있을 겁니다.	Va a haber otra oportunidad.
기회는 많습니다.	Oportunidades hay muchas.
기회를 놓쳤습니다.	Perdí la oportunidad.
기회를 놓치지 마세요.	No pierda la oportunidad.
기회를 놓치지 말고, 잘해요.	No pierda la oportunidad y aprovéchela.
기회를 한번 주세요.	Deme una oportunidad.
기회만 엿보고 있습니다.	[시기] Estoy esperando el momento oportuno.

기후는 어떻습니까?	① ¿Cómo es el clima?

② ¿Cómo es el clima de Corea?
(한국의 기후는 어떤가요?)

➡ ⓐ Es húmedo. (습합니다.)

ⓑ Es un clima difícil de adaptarse.

= Es difícil adaptarse a ese clima.
(그곳의 날씨는 적응이 안돼요.)

ⓒ Es bueno porque tiene las cuatro estaciones. (사계절이 있어서 좋아요.)

긴

긴급 사항입니다.	Es un asunto urgente.
긴 말 할 것 없어!	No hace falta hablar más. // Es pérdida de tiempo hablar más. (~ 시간 낭비야.)
긴박한 상황입니다.	Es un momento de tensión.
긴장 풀어요.	Relájese.
긴장 됩니다.	Estoy nervioso.
긴치마가 더 잘 어울려요.	Le queda mejor la falda larga. (당신에게는~)

길

길거리에 가로수가 많아요.	Hay muchos árboles en las calles.

길바닥에 떨어진 것 같아.   Parece que se cayó en la calle.

길동무 해 줘.   Hazme compañía durante el camino.

길이가 어떻게 되나요?   ¿Qué largo tiene?
= ¿Cuánto mide de longitud?

길일   Día de buena suerte

길 맞은편에서 타세요.   [택시] Tome el taxi enfrente de la calle.

길을 찾고 있어요.   Estoy buscando el camino.

길을 찾는데 도와 주세요.   Ayúdeme a buscar el camino.

길고 짧은 건 대봐야 안다.   El partido no termina hasta el pitazo final.

길목에 세워.   Para el coche en la esquina. (차를~)

길에서 우연히 만났습니다.   Lo encontré en la calle de pura casualidad. (그를~)

길옆에 세워주세요.   Párese en la orilla de la calle.
= Déjeme a un lado de la calle.

길을 안내하겠습니다.   Lo voy a guiar.

길을 압니까?   ¿Sabe el camino? = ¿Sabe cómo ir?

길을 잃었습니다.   Me perdí. = Estoy perdido.

길이 미끄러우니 조심하세요.   Tenga cuidado porque está resbalosa la calle.

김밥은 맛있습니다.	[본질] Es rico el kimbap.
김밥이 맛있습니다.	[주관적 의견] Está rico el Gimbap.
김빠집니다.	[의욕이나 흥미가 사라짐] Me desanima.
김치 맛이 어떤가요?	¿Qué tal sabe el kimchi?
김치찌개 주세요.	Deme una sopa de kimchi.
김치 국부터 마신다.	No cuentes tus pollos hasta que hayan salido del cascarón. = No hagas castillos en el aire.

깁니까?	¿Es largo? // ¿Cuánto mide? (길이가 어떻게 됩니까?) // ¿Qué tan largo es? (얼마나~)

깊어요 조심해요!	¡Cuidado! Está hondo.

까놓고 말해.	Habla sinceramente. = Habla francamente. = Habla con la verdad.

까다롭게 굴긴!	[성격] ¡Qué exigente!
까르르!	[웃는 소리] Ja, ja, ja
까먹었습니다.	[기억] Se me olvidó.
까불지 마!	[무례] ¡No seas descortés! = ¡No te pases!
까닭이 뭐에요?	¿Cuál es la razón? = ¿Cuál es el motivo?
까다롭다, 정말!	[상황, 문제, 성격] La verdad, es bien complicado. = ¡Qué complicado!

깍

| 깍두기 좀 갖다 주세요. | Tráigame el kimchi de nabo, por favor. |

깎

깎아주세요.	① [할인] Hágame un descuento. ② [머리] Córteme el cabello.
깎아줄래요?	① ¿Hay descuento? = ¿Me puede dar descuento? ② Bájeme un poco más el precio. (가격을 좀더 깎아주세요.) ➡ ⓐ Le he rebajado bastante. (충분히 깎아드렸습니다.) ⓑ No se puede más barato. (더 싸게는 안 됩니다.)
깎을 수 있습니까?	[흥정] ¿Se puede regatear?

깜박할 뻔 했네요.	Casi se me olvida. = Estuve a punto de olvidarlo.
깜빡 했습니다.	Lo olvidé. = Se me olvidó.
깜짝 놀랐습니다.	① [두려움] Me asusté. ② [경이로움] Me sorprendí.
깜찍한 어린이에요.	Es un niño precioso.

깨끗이 닦아주세요.	Límpielo bien, por favor. // Limpie bien la casa, por favor. (집을 좀~)
깨우지 마세요.	No me despierte.

깨워주세요.	① Despiérteme.
	// Despiérteme a las seis mañana por la mañana. (내일 아침 6시에 깨워주세요.)
	// No olvides despertarme mañana.
	(내일 잊지 말고 깨워줘.)
	② Me tengo que levantar temprano mañana.
	(내일 아침 일찍 일어나야 해.)

꺼내지 마세요.	No lo saque.

꺼내요.	Sáquelo.
꺼진 불도 다시 봐야 돼.	Hay que tener mucho cuidado con los fuegos.
꺼져!	¡Lárgate! // ¡Quítate de mí y lárgate! (옆에 있지 말고 꺼져!) // ¡Que te largues tú! (네가 꺼지라고!)

| 껌 값이지! | ¡Es precio de ganga! |
| 껌껌한데 어디 가요? | ¿Adónde vas en esta oscuridad? |

| 껴안아주세요. | Abráceme. |
| 껴입어야 안 춥지. | Deberías ponerte mucha ropa para que no te dé frío. |

| 꼬락서니하고는! | ① [외양] ¡Qué apariencia!
② [더러움] ¡Qué sucio! |
| 꼬끼오 | [닭소리] Quiquiriqui |

꼭 나오세요.	① [어떤 행사에] Venga sin falta. ② [어떤 장소에서] Debe salir sin falta.
꼭 돌아와야 합니다.	Tiene que volver. = Debe regresar.
꼭꼭 씹어서 먹어.	Mastica bien la comida.

꼴도 보기 싫어!	¡Ni tu figura quiero ver! (너~)
꼴 좋다!	① ¡Bien te lo mereces! (고소하다!) ② ¡Qué aspecto tienes! (꼬락서니하고는!)

꼼짝 말고 있어요.	No se mueva. = Quédese quieto.
꼼꼼한 사람이에요.	Es una persona muy detallista. *detallista 대신에 minuciosa를 쓸 수 있다.
꼼지락거리지 말고 빨리 나와!	¡No te demores más y sal de prisa!

꽃에 물을 좀 주세요.	Riegue la flor, por favor.

꽃가게에 가서 장미를 사다줘.	Ve a la florería y trae unas rosas.
꽃가루 때문에 알러지가 더 심해졌어.	Mi alergia ha empeorado por culpa del polen.
꽃꽂이 하고 있어요.	Estoy poniendo las flores en un jarrón. = Estoy arreglando el florero.
꽃나무가 있는 정원을 갖고 싶어.	Me gustaría tener un jardín con árboles florales.
꽃다발로 내 마음이 사랑으로 가득해.	El ramo de flores ha llenado mi corazón.
꽃병이 없어.	No hay florero.

꽉

| 꽉 물어! | ¡Muérdelo fuerte! |
| 꽉 잡아! | [사물] ¡Agárralo fuerte! |

꽥

| 꽥꽥 | [오리 소리] Cuac, cuac |

꾀

| 꾀병 부리지 마세요. | No finja estar enfermo.
= No se haga el enfermo. |

꾸

꾸물대지 마!	[지체] ¡No te demores!
꾸벅꾸벅 졸지 마세요.	No se duerma.
꾸중을 들었습니다.	Me regañó el profesor. (선생님한테~)

꿀

꿀	Miel
꿀꿀	[돼지 소리] Huic, huic
꿀 먹은 벙어리야.	Está de mudo. (그는~)

꿇

꿇어!	¡Arrodíllate! = ¡Ponte de rodillas! (무릎~)

꿈

꿈 깨!	¡Deja de soñar! = ¡Baja de las nubes!
꿈꾸고 있네!	☞ 꿈 깨!
꿈도 야무져!	¡Qué ambicioso! ☞ 꿈 깨!
꿈에도 생각하지 못했습니다.	Ni lo soñaba. = Ni me lo imaginaba.

| 꿈은 이뤄진다. | El sueño se hace realidad. |
| 꿈인지 생시인지? | ¿Será sueño o realidad? |

꿍

| 꿍꿍이가 뭐야? | ¿Qué estás tramando?
= ¿Qué buscas con eso?
= ¿Cuál es tu objetivo escondido? |

꿰

| 꿰 뚫어 보지 마세요. | No me mire con esas miradas penetrantes.
= No me clave sus miradas. |
| 꿰메는 옷이 누구 거야? | ¿De quién es la ropa que estás cosiendo? |

끈

끈기가 필요해.	Se necesita perseverancia.
끈끈한 거 있잖아.	[특정] Esa cosa pegajosa.
끈적끈적해.	Es pegajoso.
끈질긴 인간!	¡Qué persona tan insistente!

끊는다.	[전화] Ya voy a colgar.
끊어!	① [전화] ¡Cuelga! = ¡Cuelga el teléfono! ② [담배] ¡Deja de fumar!
끊지 마세요.	[전화] No cuelgue.

끌고가!	¡Llévalo! (데리고 가!)
끌어들이지 마세요.	No me involucre en esto. (저를 이 일에~)

끝나갑니다.	[일 등이] Ya casi termina. (거의~) // La reunión está por terminar. (회의가~)
끝납니까?	¿A qué hora se acaba la película? (영화가 몇 시에~)
끝났습니까?	[일 등이] ¿Ya terminó? = ¿Ya ha finalizado? ➡ Todavía no. (아직요.)
끝났습니다.	① [일 등] Ya ha terminado. = Ya se acabó. ② [이별] Ya terminamos la relación. (우리는~)
끝내준다.	¡Impresionante! = ¡Fantástico! = ¡Genial! = ¡Excelente! = ¡Fenomenal!
끝 부러진 송곳이야.	Es inservible.

| 끝이 없네. | No tiene fin. = Es interminable. |

끼가 있습니다. — Tengo talento en actuación. (저는 연기에~)

끼는데요. — [옷] Me queda apretada.

끼니 거르지 마. — No dejes de comer.
= Haz todas tus comidas.

끼어들어 죄송합니다. —
① [대화중에] Disculpe por interrumpir.
② [운전중에] Disculpe por meterme.

끼어들지 마세요. —
① [남의 일에] No se meta en los asuntos de los demás.
= No se meta en los asuntos ajenos.
② [새치기] Respete la fila.
= Debe hacer la fila.

끼워주세요. —
① [그룹에] Júnteme. = Inclúyame.
② [장신구] Póngame el collar. (목걸이)
// Póngame el anillo. (반지)

나 원 참!	¡Vaya! = ¡Válgame Dios! = ¡Por Dios! (불평이나 어이가 없음)
나 좀 봐요.	[밖으로 부름] Lo veo fuera. = Nos vemos fuera.
나가!	[쫓아버림] ¡Fuera! = ¡Sal de aquí!
나가 뒈져!	¡Muérete!
나가버려!	¡Fuera! = ¡Lárgate!
나가보겠습니다.	Me retiro.
나가보세요.	[사무실에서] Puede retirarse.
나가지 마세요.	No salga.
나갔다 오겠습니다.	Ahora salgo y vuelvo en seguida. (금방~)
나갔습니다.	Ha salido. = Se salió. // Salió por un asunto pendiente. (그는 일이 있어서~)
나도 그래.	Yo también.
나도 사랑해.	Yo también te amo.
나도 압니다.	También lo sé.
나도 잘 지냅니다.	También estoy bien.

나무는 보고 숲은 보지 못한다.	Los árboles no te dejan ver el bosque.
나무라지 마세요.	No me regañe. (저를~)
나무랄 데가 없습니다.	[비난] No tiene nada que criticar.
나아질 겁니다.	[상황] Se va a mejorar.
나쁜 년	[속어] Maldita
나쁜 놈	[속어] Maldito
나야!	¡Soy yo!
나오지 마세요.	No salga. // No hace falta que salga. Nos despedimos aquí. (~여기서 작별합시다.)
나와!	¡Salte!
나와 무슨 상관입니까?	¿Qué tiene que ver conmigo? = ¿Qué relación tiene conmigo?
나이 값 좀 해라.	Pórtate como una persona madura. = Pórtate como un adulto.
나이가 몇 살이니?	¿Cuántos años tienes? = ¿Qué edad tienes?
나이가 어떻게 됩니까?	¿Cuántos años tiene? = ¿Qué edad tiene?
나이스 플레이!	¡Buena jugada!
나중에 다시 전화 하겠습니다.	Vuelvo a llamar más tarde.
나중에 봅시다.	Nos vemos luego.

나중에 얘기 합시다.

Hablemos después.

나하고 무슨 상관이야?

¿Qué tiene que ver conmigo?
= No tiene nada que ver conmigo.

낙심하지 마세요.

No se decepcione.

낚시하러 갑니다.

Voy a ir a pescar. = Voy de pesca.

난리 났어!

① ¡Mucho problema!
② Se hizo un lío. = Ya se complicó la cosa.
(일이 복잡하게 됐어.)

난처합니다.

Estoy en una situación embarazosa.
= Estoy en una situación incómoda.
(내 입장이~)

// Esto me puso en situación incómoda.
(이 일 때문에 정말~)

날

날씨가 어떻습니까?	¿Qué tal el tiempo? ➡ ⓐ Está lloviendo. (비가 옵니다.) ⓑ Está nublado. (흐립니다.) ⓒ Hace sol. (햇빛이 납니다. / 맑습니다.)
날씨가 좋다!	¡Qué buen tiempo hace hoy! (오늘 정말~)
날씨가 좋습니까?	¿Hace buen tiempo?
날입니까?	¿Hoy es algún día especial? = ¿Se festeja algo hoy? (오늘 무슨~) ➡ Hoy es mi cumpleaños. (오늘 내 생일이야.)
날이 저물었습니다.	① [저녁] Ya ha atardecido. ② [밤] Ya ha anochecido.
날치기야!	¡Es un ladrón!
날치기 조심하세요!	¡Tenga cuidado con los robos!

남

남은 것은 싸주세요.	Envuélvame el resto para llevar, por favor.
남의 떡이 커 보인다.	Gusta lo ajeno, más por ajeno que por bueno.
남의 일에 끼어 들지 마세요.	No se entremeta en los asuntos de otros.
남자는 다 늑대야.	Todos los hombres son como lobos.

남자 입니다.	Soy hombre.
남자 친구 하고 이미 헤어졌습니다.	Terminé la relación con mi novio. = Terminé con mi novio.
남편	[자신의] Mi esposo = Mi marido

| 낮잠 잘 잤습니까? | ¿Ha disfrutado de su siesta? |
| 낮말은 새가 듣고 밤말은 쥐가 듣는다. | Las paredes oyen. |

| 낯가립니다. | [여성] Soy muy tímida frente a un extraño. |
| 낯짝도 없는 놈! | ¡Caradura! = ¡Sinvergüenza! = ¡Descarado! |

내 것이 아닙니다.	Eso no es mío. (그것은~)
내 것입니다.	Esto es mío. (이것은~)

내 경험으로 봤을 때	Según mi experiencia
	// Con mi amplia experiencia (내 넓은 경험으로)
	// Con tu experiencia (너의 경험으로)

| 내겠습니다. | ① [계산] Yo pago todo. (제가 다~)
　　// Hoy te invito yo. (오늘은 내가 살게.)
② [제출] Le entrego la tarea mañana.
　　(내일 숙제를~) |

내기하자고? — ¿Que quieres apostar?

내기 합시다. — Apostemos.

내년에 결혼할 생각입니다. — Tengo pensado casarme el próximo año.
= Pienso casarme el año que viene.

내년에 졸업합니다. — Me gradúo el año venidero.

내놔요! — ① [요구] ¡Démelo!
② [반환] ¡Devuélvamelo! = ¡Regrésemelo!

내 돈 한 푼이 남의 돈 천냥보다 낫다. — Más vale un pájaro en la mano que cien volando.

내려가세요. — Baje. = Bájese.

내려놓으세요. — [물건] ① Bájelo. (위 ⇒ 아래)
② Déjelo. (손에서)

내려오세요. — Baje. = Bájese.

내려주세요. — ① [정차] Bájeme.
② [물건] Bájemelo.

내리막길이 없는 오르막길은 없는 법. — No hay cuesta arriba sin cuesta abajo.

내버려둬요. — Déjeme. (나 좀~)

내숭떨기는? — No te hagas la inocente.
// Prentendes ser tímida frente a los hombres. (넌 남자 앞에서는 내숭을 떨더라.)

내일 봅시다. — Nos vemos mañana. = Hasta mañana.

| 내일 저녁 어떻습니까? | ① [약속 등] ¿Qué tal mañana por la noche?
② [식사] ¿Qué tal si cenamos juntos mañana? |

냄새 좀 맡아봐!	¡Huélelo!
냄새 좋다!	¡Qué rico huele!
냄새가 고약합니다.	Huele muy feo. = Huele horrible. = Huele muy mal.
냄새가 독합니다.	☞ 냄새가 고약합니다.
냄새가 역겹습니다.	Es asqueroso el olor. = Huele asqueroso.

| 냅둬요. | Déjame estar solo. = Déjame en paz. (나 좀~) |
| 냅킨은 어디에 있습니까? | ¿Dónde están las servilletas? |

| 냉수 한잔 주세요. | Deme un vaso de agua fría. |
| 냉장고에 음료수가 있습니다. | Hay refrescos en la nevera.
*냉장고 : refrigerador, frigorífico. |

| 냉정하세요. | Mantenga la cabeza fría. |

너때문이야.	① [비난] Es por tu culpa.　② [감사] Gracias a ti.
너 말이야!	¡Tú!
너 없이 못살아.	No puedo vivir sin ti.
너구나!	¡Eres tú!
너그럽게 봐주십시오.	Tenga piedad, por favor.
너나 잘해!	¡Preocúpate por tus cosas! = ¡Ocúpate de tus asuntos!
너답지 않다.	[행동이나 성격] Tú no eres así.
너였구나!	¡Eras tú!

넌 누구냐?	¿Quién eres?
넌 몰라!	¡Tú no sabes!
넌 뭐야?	¿Qué eres?

널리 양해 바랍니다.	Espero su comprensión.

넘어질 뻔했습니다.	Estuve a punto de caerme. = Casi me caía. = Faltaba poco para caerme.
넘었습니다.	① [시간] Ya pasaron las siete. (7시가~) ② [수치] Superé el promedio. (평균을~)

넣어두세요.	[물건 등을 주면서] ¡Quédeselo! (가지세요.) // Guárdelo en el cajón. (서랍에~)

네.	Sí.
네가 그랬지?	Tú lo hiciste, ¿verdad? = Fuiste tú, ¿no? (니가 그래 났지?)
네가 말했던 그곳.	El lugar que me habías dicho.

노래 못 부릅니다.	No sé cantar.
노래 부르는 것 좋아합니까?	¿Le gusta cantar?
노래 불러보세요.	Cante una canción.
노래 잘한다!	¡Qué bien cantas! = ¡Qué bonito cantas!
노크하는 것 같은데.	Parece que alguien toca.

녹차 한 잔 주세요.	Deme un té verde, por favor.

놀라지 마세요.	No se asuste.
놀래라!	¡Ay, qué susto!
놀리는 거야?	¿Te estás burlando de mí? ➡ ¿Cómo cree? No me atrevería a burlar de usted. (그럴 리가요? 제가 감히 어떻게...)
놀리지 마세요.	No se burle de mí.

농구를 아주 좋아 합니다.	Me gusta mucho el baloncesto.

농구를 할 줄 모릅니다.	No sé jugar al baloncesto.
농담 그만 하세요.	Ya deje de bromear.
농담 아닙니다.	No estoy bromeando. // No es broma en serio. (정말~)
농담입니다.	Es broma.

누

누가 그래?	¿Quién dice? ➡ No sé bien. (잘 모르겠습니다.)
누가 알겠어요!	① [알게 됨] ¿Quién se va a enterar? = Nadie se va a enterar. ② [현재] Nadie lo sabe. (아무도 모릅니다.)
누구나 모자란 구석이 있게 마련이다.	Nadie es perfecto.
누구냐?	¿Quién es?
누구누구입니까?	¿Quiénes son?
누구를 닮았습니까?	¿A quién me parezco? ➡ Se parece a su padre. (아버지를 닮았어요.)
누구를 찾습니까?	¿A quién busca? ➡ Estoy buscando a Don Pedro. (Pedro씨를 찾고 있습니다.)
누구세요?	① ¿Quién es? ② [전화] ¿Quién habla? = ¿Con quién hablo? =¿De parte de quién?

누구입니까?	¿Quién es? // ¿Quién es ella? (그녀는~)
누우세요.	Acuéstese.
누워서 떡먹기.	Es pan comido.
누워서 쉬세요.	Acuéstese y descanse. // No se levante. Quédese acostado. (일어나지 말고 누워 있어요.)
누워서 침 뱉기.	El que al cielo escupe, en la cara le cae.

눈

눈에는 눈 이에는 이.	Ojo por ojo, diente por diente.
눈 감아 보세요.	Cierre los ojos.
눈 속에 넣어도 아프지 않다.	Es como la niña de mis ojos.
눈도 없냐!	¿Acaso eres ciego? = ¡Fíjate bien!
눈물 닦아!	¡Límpiate las lágrimas!
눈에 너무 띕니다.	Es muy llamativo.
눈에 넣으세요.	[안약] Aplíquelo en los ojos.
눈에 튀지 않아요?	¿No es muy llamativo? (너무~)
눈엣가시.	Una piedra en el zapato.

| 눈이 꽤 왔습니다. | Nevó mucho. |

| 눈이 내립니다. | Está nevando. |

| 눈이 더 나빠졌나요? | ¿Ha empeorado su vista? |

| 눈이 삐었구나! | ① ¡Te falla la vista!
② [반어법] ¡Qué buena vista tienes! |

| 눈치 없게! | ¡Qué torpe eres! |

느

| 느긋한 성격이에요. | Soy relajado.
= Soy tranquilo. |

| 느끼합니다. | [요리] La comida está grasosa.
＊스페인에서는 grasosa 대신 grasienta를 쓴다. |

| 느낌이 어떻습니까? | [예상] ¿Cómo ve? = ¿Qué opina?
➡ ⓐ Bien. (괜찮습니다.)
ⓑ Más o menos. (그런대로요.)
ⓒ No muy bien. (별로입니다.)
ⓓ Mal. (안 좋습니다.) |

| 느린 소도 성낼 적이 있다. | La paciencia tiene un límite. |

늘

| 늘 바쁩니다. | Siempre estoy ocupado. |

| 늘 운동합니다. | Siempre hago deportes.
= Siempre practico deportes. |

| 늙고 병든 몸은 눈먼
새도 안 앉는다. | A mucha vida, mucha miseria. |
| 늙은 개에게 새로운
기술을 가르칠 수 없다. | Caballo viejo no aprende trote nuevo. |

| 능청 떨지 마세요. | No se haga el loco. |

늦게 와서 미안합니다.	Disculpe por llegar tarde. ➡ ¿Por qué llegas tan tarde? (왜 이렇게 늦었어?)
늦겠다.	[지각] Voy a llegar tarde.
늦어도 안 하느니만 낫다.	Más vale tarde que nunca.
늦어서 먼저 갈게.	Me adelanto porque ya es tarde.
늦어서 죄송합니다.	Perdone por el retraso.

늦었습니다.

Se me hizo tarde. (지체됨)
// Llegué 5 minutos tarde. (5분 ~)

늦잠 자면 안 됩니다.

No debe levantarse tarde.
= No debe quedarse dormido.

늦잠 자지 마세요.

No se levante tarde.

다 나 때문이야.	① [비난] Todo ha sido por mi culpa. ② [칭찬] Todo ha sido gracias a mí.
다 내 잘못입니다.	Todo es por mi culpa. = Yo tengo toda la culpa. ➡ No es cierto. Yo soy el culpable. 　= No, yo tengo la culpa. 　(아닙니다. 제 잘못입니다.)
다 너 때문이야.	[원망] Todo es por tu culpa.
다 썼습니다.	① [돈] Me lo gasté todo. ② [글씨] Ya escribí todo.
다 와봐.	Vengan todos. // Acérquense todos. (다들 가까이 와봐.) *스페인에서는 Venid todos. // Acercaos todos를 쓴다.
다 왔습니다.	Ya casi llego. = Falta poco para llegar. (조금만 더 가면 됩니다.)
다 준비됐습니다.	Todo está listo. = Todo está preparado.
다녀왔습니다.	Ya llegué.
다되어갑니다.	Ya casi está listo. (준비가~) // Ya casi está lista la cena. (저녁밥이~)
다들 잘 있습니까?	¿Están todos bien? = ¿Todos se encuentran bien?
다들 잘 지냅니까?	☞ 다들 잘 있습니까? ➡ ⓐ Están bien todos. (그들은 잘 있습니다.) 　ⓑ Estamos bien todos. (우리는 모두 잘 있습니다.) 　ⓒ Más o menos. (그럭저럭이요.)

다들 조심해.	Tengan cuidado todos. = Cuídense todos.
다른 거 더 필요합니까?	¿Alguna otra cosa que nacesite? = ¿Necesita algo más? = ¿Necesita alguna cosa más? ➡ No, está bien así. Gracias. (아니요. 됐습니다.) // No, nada más. (없습니다.)
다른 거 없습니다.	No hay otra cosa. = No hay algo distinto.
다른 거 필요합니까?	¿Necesita otra cosa? ➡ Sí, quiero un café. (네. 커피 한 잔이요.)
다른 약속이 생겼습니다.	Tengo otro compromiso. = Tengo otra cita.
다른 약속이 있습니까?	¿Tiene algún otro compromiso?
다리가 부러졌습니다.	Tengo una pierna rota. (한쪽~)
다리가 붓기 시작합니다.	Se me están hinchando las piernas.
다리가 아파요.	Me duelen las piernas.
다리가 저립니다.	Tengo las piernas adormecidas.
다리가 풀렸어요.	Me tiemblan las piernas por el susto. (놀라서~)
다리를 삐었어요.	[발목] Me he torcido el tobillo.

다리에 쥐가 납니다.	Tengo calambres en las piernas.
	// Tengo calambres en la pierna derecha. (오른쪽 다리)
	// Tengo calambres en la pierna izquierda. (왼쪽 다리)
다리에 타박상을 입었습니다.	Tengo una contusión en una pierna. (한쪽~)
다림질하고 있었어요.	Estaba planchando.
다시	Otra vez.
다시 말해서	Es decir = O sea = Dicho de otra forma
다시 해봐.	Hazlo de nuevo. = Hazlo otra vez. = Repítelo.
다음 역에서 내려야 합니다.	① [버스] Debo bajarme en la próxima parada.
	② [지하철, 기차] Debo bajarme en la próxima estación.
다음 역에서 내립니다.	① [버스] Me bajo en la próxima parada.
	② [지하철, 기차] Me bajo en la próxima estación.
다음 주 금요일 걸로 예약됩니까?	¿Se puede hacer una reserva para el viernes de la semana que viene?
	➡ Por su puesto. (물론이죠.)
	= Claro. (그럼요.)
다음 주에는 시간이 될 것 같네요.	Al parecer voy a tener tiempo para la próxima semana.
다음주	la semana próxima = la próxima semana
	= la semana que viene = la siguiente semana

관련표현

*el lunes de la semana que viene
(다음주 월요일)

el martes de la semana que viene
(다음주 화요일)

el miércoles de la semana que viene
(다음주 수요일)

el jueves de la semana que viene
(다음주 목요일)

el viernes de la semana que viene
(다음주 금요일)

el sábado de la semana que viene
(다음주 토요일)

el domingo de la semana que viene
(다음주 일요일)

다음 회는 몇시에 합니까?

[공연, 영화, 연극] ¿A qué hora es la siguiente función?

다음부터 그러지 않을 겁니다.

[행위] No lo vuelvo a hacer.

다음에 다시 오겠습니다.

Vendré en otro momento.
= Vendré en otra ocasión.

다음에 또 모이자.

Vamos a reunirnos otra vez.
= Volvamos a reunirnos.

다음에 또 오십시요.

[상점] Lo esperamos de nuevo.

다음에 봐요.

Nos vemos luego. = Hasta luego.

다이어트 중입니까?

¿Está a dieta? = ¿Está en régimen?
➡ Estoy a dieta. = Estoy en régimen.
(다이어트 중입니다.)

다쳤어요?

¿Se lastimó?
➡ ⓐ No, no me lastimé. (아니요.)
　ⓑ Estoy bien. (괜찮아요.)
　ⓒ Me lastimé mucho. (많이 다쳤어요.)

다행이네.

¡Qué suerte! = ¡Qué bien!
// Menos mal. (그나마 ~)

닥쳐!

¡Cierra la boca! = ¡Cállate! (입닥쳐!)

단도직입적으로
말하겠습니다.

Voy a hablar sin rodeos.

단순하게 생각해.

No te compliques.

단어는 어떻게 읽습니까?

¿Cómo se lee esta nueva palabra? (이 새~)

단어의 발음은
무엇입니까?

¿Cómo se pronuncia esta palabra? (이~)

단짝하고 싸웠어.

Me peleé con mi mejor amigo.

단체로 갈 겁니까?

¿Se van en grupo?
// ¿Viajan de mochilero?
　(배낭 여행으로 갈 겁니까?)

단추 채워.

Abróchate los botones.

| 단풍이 정말 아름답습니다. | Son hermosas las hojas otoñales.
= Es hermoso el follaje otoñal. |

달고 맛있습니다.	① [본질] Es dulce y rico. ② [상태 · 주관적인 의견] Está dulce y rico.
달러로 지불하겠습니다.	Voy a pagar en dólares.
달러를 중국 돈으로 환전해주세요.	Cámbieme dólares por yuanes, por favor.
달리 방법이 없습니다.	No hay otra manera. = No hay otro remedio.
달리 선택이 없습니다.	No hay más opciones. = No existe alternativa. // No hay otra opción más que ésta. (이것 말고는~) ➡ Ni modo. (어쩔수없지 뭐.)
달밤에 뭐해?	¿Qué haces a estas horas de la noche? ➡ No tengo sueño. = No puedo dormir. (잠이 안 와서.)
달아나!	¡Corre! = ¡Escápate!
달아나지 마!	¡No te huyas! = ¡No te escapes!

| 닮았습니까? | ¿A quién me parezco? (제가 누굴~)
➡ ⓐ Se parece a su padre. (아빠를 닮았습니다.)
ⓑ Se parece a su madre. (엄마를 닮았습니다.) |

담

담배 끊었습니다.	Dejé de fumar.
담배 피우면 안 됩니다.	No debo fumar.
담배 피우지 마세요.	No fume, por favor.

담배 피워도 됩니까?

① ¿Se puede fumar? = ¿Puedo fumar?
➡ Como guste. (편하실 대로요)
② ¿Se puede fumar aquí?
(여기에서 담배 피워도 됩니까?)
➡ No se puede. Está prohibido.
(아니요. 금지되어있습니다.)

담요 한 장 갖다 주세요.	[기내] Tráigame una manta, por favor.
담이 작습니다.	[용기] No soy valiente.

당

당신 거지요?	Es suyo, ¿verdad?

당신 겁니까?

¿Es suyo?
// ¿Es esto suyo? (이거 당신 겁니까?)
➡ ⓐ Es mío. (제겁니다.)
ⓑ No es mío. (제 것 아닙니다.)

당신만 믿습니다.

Sólo confío en usted.
// Todos confían en usted. (모두들 당신을 믿습니다.)

당일에 도착할 수 있습니다.

Se puede llegar el mismo día.
= Es posible llegar el mismo día.

당일코스 여행 있습니까?	¿Hay alguna excursión de un día? = ¿Tiene algún recorrido turístico de un día?
당연하지요.	Es obvio. = Es evidente.
당장 나가!	¡Sal inmediatamente de aquí! = ¡Fuera de aquí! (여기서~)
당장 말씀드리기는 곤란합니다.	Es difícil decírselo ahora. // Es difícil darle explicaciones en este momento. (지금 설명드리기는 곤란합니다.)
당장 시작하겠습니다.	Comienzo de inmediato. = Empiezo de inmediato.
당첨됐습니다.	Me tocó la lotería. = Me gané la lotería. (복권에~)
당황하지 마세요.	No se sienta nervioso. = No se ponga nervioso.

대 

대가로 받은 게 뭐냐?	¿Qué recibiste a cambio?
대가리에 피도 안 마른 것이!	¡Mocoso!
대강대강 해드리는 거면, 우리도 쉽죠.	Sería fácil también para nosotros hacerlo sin mucho esfuerzo.
대금결제는 어떤 방식으로 할까요?	¿Cómo desea pagar? = ¿Cómo lo quiere liquidar?

대단하다. // 대단해.	Increíble. = Impresionante. = Fenomenal. = Estupendo. = Excelente. // Realmente es impresionante. 　= Realmente es increíble. (정말 대단하다.)
대단하지?	Es increíble, ¿no?
대단히 감사합니다.	Muchísimas gracias.
대략 몇 시긴 길립니까?	¿Cuánto se demora aproximadamente? ➡ Quince minutos más o menos. (15분 정도요.)
대략 몇 시입니까?	¿Qué hora es aproximadamente?
대사관은 어디에 있습니까?	¿Dónde queda la embajada? ➡ Queda cerca de aquí. (이 부근에요.) *Embajada de Corea (한국 대사관)
대접 잘 받았습니다.	[상대에게 감사하며] Gracias por su hospitalidad. 　= Gracias por su cálido trato.
대충 때웁시다.	① [음식] Comamos lo que sea. ② [잠자리] Nos alojemos en cualquier sitio. 　= Alojémonos en donde sea. 　(아무데나 묵읍시다.)
대충 그렇게 알고 있습니다.	Más o menos es lo que sé del tema.
대학 나왔습니다.	Tengo título universitario.
대학교에 다니고 있습니다.	Voy a la universidad.

대학에 다닙니까?	¿Es universitario? // ¿En qué universidad estudia? (무슨 대학 다녀요?) ➡ Estudio en la Universidad de Harvard. = Soy estudiante de la Universidad de Havard. (하버드대학에 다닙니다.) *Primer año de universidad (대학교 1학년) Segundo año de universidad (대학교 2학년) Tercer año de universidad (대학교 3학년) Último año de universidad. (대학교 졸업반)
대학에 떨어질 뻔했습니다.	[입시] Casi me reprobaban en el examen de ingreso a la universidad. = A duras penas pasé el examen de ingreso a la universidad.
대학원 시험에 떨어졌습니다.	[입학시험] No aprobé el examen de ingreso para la escuela de posgrado.
대학원에 다니고 싶습니다.	Quiero estudiar una maestría. = Quiero hacer un posgrado.
대학을 졸업했습니다.	Tengo título universitario. // Soy egresado de la Universidad Nacional de Seúl. = Me gradué de la Universidad Nacional de Seúl. (서울대를 졸업했습니다.)
대한항공 카운터는 어디에 있습니까?	¿Dónde está el mostrador de la aerolínea Korean Air? ➡ Adentro. (안쪽에요)
대화 중에 끼어들어 죄송합니다.	Disculpe por interrumpir la conversación.

더 기다려야 합니다.	Tengo que esperar más. // Tengo que esperar un día más. (하루를~)
더 놀다가 가세요.	Quédese un rato más.
더 드세요.	Sírvase más. = Coma más.
더 이상 괴로워하지 마세요.	Ya no sufra más.
더 이상 긴말 할 것 없어!	¡No hace falta hablar más!
더 이상 드릴 말씀이 없네요.	Ya no tengo más que contarle.
더 좋은 생각이 있습니까?	¿Tiene mejor idea? ➡ No la tengo. (없습니다.)
더 크게 좀 말씀해 주세요.	Hable más fuerte.
더는 못 참겠습니다.	Ya no puedo soportar más. = Ya no aguanto.
더러운 놈아!	¡Sucio! = ¡Cochino!
더러운 성질하고는!	¡Qué mala leche! = ¡Qué carácter tan feo!
더러워!	[구역질 나는 상황] ¡Qué asco!
더럽네.	Está sucio. // Está muy sucia la habitación. (방이 엄청~)
더워서 목말라 죽겠어요.	Me muero de sed por el calor.

더워요.	Hace calor. // Hace mucho calor. (너무~)
더워죽겠어요.	Me muero de calor.
더위 먹었어?	¿Tienes una insolación?
더치페이로 합시다.	Que cada uno pague lo suyo.

덕

덕분에 많은 도움이 됐습니다.	Usted ha sido de gran ayuda.
덕분에 아주 잘 끝냈어요.	Gracias a usted, todo salió muy bien. // Gracias a usted, el evento finalizó con éxito. (행사를~)
덕분입니다.	Gracias a usted. // El niño se curó gracias al tratamiento oportuno del doctor. (아이가 의사의 조속한 치료 덕분에 완치됐습니다.) ➡ No sé cómo agradecerle. (어떻게 감사해야 좋을지 모르겠습니다.)

덜

| 덜 떨어지긴!! | ① ¡Estúpido!
➡ ¿A quién estás insultando?
(누구한테 욕하는 거야?)
② Crees que eres bueno para insultar. ¿Pero te digo qué? No me pierdo contra ti. |

= Te crees bueno para insultar. ¿Pero sabes algo? No me quedo atrás.
(욕 잘한다고 생각하는 모양인데, 말하지만 너한테 뒤지지 않아.)

➜ ¡Atrévete a insultarme! (어디 한번 욕해봐!)

덜 떨어진 것들!

¡Estúpidos!

덜렁대긴!

[건망증] ¡Qué olvidadizo!

덜어줄게.

[음식을 나눠줌] Comparto mi plato contigo.

➜ Vale. Me llevo un poco de tu plato porque tienes mucha comida.
(그래. 네 음식이 양이 많으니까 덜어갈게.)

덥

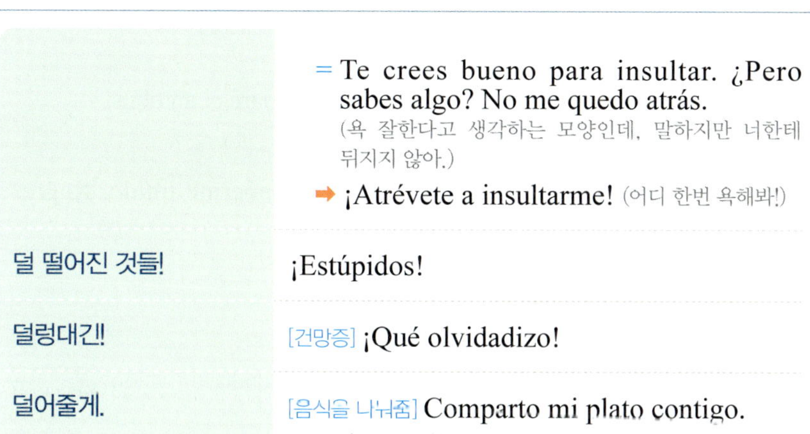

덥습니다.

Hace calor. = Está caluroso.

= Estoy acalorado. = Tengo calor.

// Hace demasiado calor.

 = Hace mucho calor. (너무~)

// Hoy hace demasiado calor.

 = Hoy hace mucho calor.
(오늘은 매우~)

데

데려다 주시겠습니까?

¿Me lleva?

// ¿Me lleva a la escuela? (학교에~)

// Lléveme en coche a la escuela.
(차로 학교에 데려다 주세요.)

➜ De acuerdo. = Está bién. (그래요.)

데려다 줄게.	Te llevo. ➡ No se moleste. Tomaré el autobús. (괜찮아요. 버스 타고 갈게요.)
데려다 줘서 고마워요. 조심해 가세요.	[자동차] Gracias por haberme traído. Regrese con cuidado.
데리고 가!	¡Llévalo!
데었습니까?	[화상] ¿Se quemó? ➡ Sí, soy muy descuidado. (네, 조심성이 없어서요.)
데워주세요.	Caliénteme la comida, por favor. (음식을~)
데이트가 있습니다.	Tengo una cita con mi novia. = Salgo con mi novia.
데이트 합시다.	Vamos a salir. = Te invito a salir.
데이트했습니다.	Salí con Juan. (후안과~)
데인 상처가 심합니까?	¿Es grave la quemadura? ➡ Sí, es bastante grave. (네, 상당히 심합니다.)

도

도난당했습니다.	Me han robado.
도대체 무슨 난리야?	¿Qué demonios está pasando? ➡ No es nada. (아무일도 아니야.)
도둑 잡아라!	¡Atrapen a ese ladrón!
도둑맞았습니다.	Me robaron. = Me han robado. // Me robaron muchas cosas. (많은 물건을 도난 당했습니다.)

도둑이 제 발 저리다.

Aquél que comete un crimen, cree que todos hablan de ello.

도둑이야!

¡Es un ladrón!

도망쳐!

¡Escápate! = ¡Corre!

노서관은 어떻게 갑니까?

¿Cómo se llega a la biblioteca?
➡ Siga derecho. (앞으로 곧장 가면 됩니다.)

도서대출 기간은 얼마나 됩니까?

¿Por cuánto tiempo puedo tomar prestados los libros?

도시락 가지고 왔어?

¿Has traído la comida?
➡ ⓐ La he traído.
　　(가지고 왔습니다.)
　ⓑ Olvidé traer la comida.
　　= Se me ha olvidado traerla.
　　(가지고 오는걸 깜빡 했습니다.)
　ⓒ No pude traerla. (못 가져 왔습니다.)

도와드릴까요?

¿Lo ayudo? = ¿Lo ayudo en algo?
➡ Sí, por favor. Gracias. (예, 감사합니다.)

도와주세요.

① Ayúdeme.
② [경어] ¿Podría ayudarme?
③ [간구] Le suplico que me ayude, por favor.
　➡ ¿Quieres que te ayude con algo de efectivo?
　　(현금으로 좀 도와줄까?)
④ [지지 및 지원] Necesito su apoyo.

| 도와 주셔서 감사합니다. | ① Gracias por su ayuda.
② [현재] Gracias por ayudarme.
➡ De nada. No fue gran cosa.
(아닙니다. 뭐 대단한 것도 아닌데요.)
③ [과거] Gracias por haberme ayudado.
// Gracias por haber tomado tiempo para ayudarme.
(바쁘신 가운데도 도와주셔서 감사해요.) |

| 도와줄래요? | ¿Me ayuda, por favor?
➡ ⓐ Claro. (물론이죠.)
ⓑ No se preocupe. Estoy a sus órdenes.
(걱정 마세요. 제가 있잖아요.)
ⓒ Un momento. Por favor. En seguida lo ayudo. (잠깐만요. 금방 도와 드릴게요.)
ⓓ Veo difícil ayudarlo en este asunto.
(이 일은 제가 돕기 힘들 것 같습니다.) |

| 도움 많이 받았습니다. | He recibido mucha ayuda. |

| 도움 필요하면 전화해요. | Llámeme cuando necesite ayuda. |

| 도움을 드리지 못해 죄송합니다. | [현재] Lamento por no poder ayudarlo.
// [과거] Lamento por no haber podido ayudarlo. |

| 도움을 많이 받았습니다. | Él me ayudó en muchas cosas.
= He recibido mucha ayuda de él. (그에게~) |

| 도움이 못 돼서 죄송합니다. | Lamento por no haberle sido de gran ayuda. |

| 도움이 필요하시면 부르세요. | Llámeme si requiere ayuda.
= No dude en llamarme cuando necesite ayuda. |

| 도움이 필요합니까? | ¿Necesita ayuda?
➡ No, gracias. (아니요. 괜찮습니다.) |

도착하면 저한테 좀 알려주실래요?	¿Me haría saber cuando llegue? = ¿Me podría avisar cuando llegue? ➡ ⓐ Sí, le aviso cuando llegue. 　(예. 알려드리겠습니다.) 　ⓑ Bueno. Le aviso cuando llegue. 　(좋아요. 알려드릴게요.) 　ⓒ No se preocupe. Le aviso en cuanto llegue. (걱정 말아요. 도착하자마자 알려드릴게요.)
도착 했습니까?	¿Ya ha llegado? = ¿Ya llegó?
도착했어요.	Ya he llegado. = Ya llegué.

독

독 안에 든 쥐.	Como rata en la ratonera.
독감에 걸렸습니다.	Tengo gripe.
독신입니까?	① ¿Es soltero? 　// ¿Aún es soltero? (아직도~) 　➡ Soy soltero. (혼잡니다.) ② ¿Por qué sigue siendo soltero? (왜 아직도~) 　➡ Aún no he encontrado a la persona indicada. (마음에 맞는 사람을 못 만나서요.)
독합니다.	[술] ① [본질] Es fuerte. ② [상태 · 주관적 의견] Está fuerte.

돈 가져왔습니까?	¿Ha traído el dinero? ➡ ⓐ Traje un poco. (조금 가져왔습니다.) ⓑ No, no traje dinero. (아니요.)
돈 갚으세요.	Págueme lo que me debe.
돈 냅니까?	¿Dónde hay que pagar? (어디에~)
돈 받으세요! = 계산이요!	¿Quién me puede cobrar?
돈 부치는데 수수료가 얼마입니까?	¿Cuánto es la comisión por el envío de dinero? = ¿Cuánto se cobra de comisión por la transacción? ➡ Se cobra 0,3%. (0.3%를 받습니다.)
돈 없어, 배 째!	Dinero no lo tengo. ¡Haz lo que quieras!
돈 있으면 다야!	¡El dinero no lo es todo!
돈 좀 빌려 주세요.	Présteme dinero.
돈만 있으면 귀신도 부릴 수 있다.	A dinero en mano, el monte se hace llano.
돈을 다 써 버렸어요.	He gastado todo el dinero.
돈을 다 잃었습니다.	He perdido todo el dinero.
돈을 입금하려고 합니다.	Quiero ingresar el dinero. = Quiero depositar el dinero.
돈을 찾으려고 합니다.	Quiero retirar el dinero.
돈이 돈을 부른다.	El dinero llama al dinero.

돈이 양반이다.	Poderoso caballero es don dinero.
돈이 없습니다.	No tengo dinero. = Estoy sin blanca.
돈이 없어졌습니다.	[특정] Ha desaparecido el dinero.

돌 

돌다리도 두드려봐야 한다.	Hay que mirar antes de saltar.
돌려 드리겠습니다.	① [전화] Se lo comunico. ② [반납] Se lo devolveré.
돌려서 말 하지 마세요.	No dé tantos rodeos. = Vaya al grano.
돌려 주세요.	[반환] Devuélvamelo.
돌부처도 돌아앉겠다.	Has hecho más que lo suficiente. (그 정도로 했으면~)
돌아가!	¡Vete! // ¡Vete ya! (어서~)
돌아가 주세요.	Por favor, retírese. = Por favor, váyase. ☞ 돌아가세요.
돌아가세요.	① Ya retírese. (그만~) // Ya es hora de cerrar. Váyase. (그만 문 닫을 시간입니다.~) ② Doble en U. (U턴 하세요.)
돌아가셨습니다.	① [자리를 뜸] Ya se ha ido. = Ya se marchó. ② [사망] Ha fallecido.

돌아가겠습니다.	Me voy. = Me retiro. // Ya me voy. = En seguida me voy. (바로~)
돌아도 단단히 돌았구나.	Realmente has perdido la cabeza. = Estás totalmente loco.
돌아버리겠네.	Me estoy volviendo loco. // Me estoy volviendo completamente loco. (완전~)
돌아서!	¡Date la vuelta!
돌아서 주세요.	Dese la vuelta, por favor.
돌아오세요.	Regrese. // Tiene que regresar sin falta. (꼭 돌아오셔야 합니다.)
돌아오시면 전화 주세요.	Llámeme cuando vuelva.
돌아오지 못할 길을 갔다.	Tomó el camino sin retorno. (그는~)
돌아오지 않을 겁니다.	No voy a volver. = No volveré.
돌아옵니까?	¿Va a volver? = ¿Va a regresar?
돌아왔어요.	Volví. = He vuelto. = Estoy de vuelta.
돌았니?	¿Estás loco? = ¿Te has vuelto loco?
돌팔이!	[무면허 의사] ¡Curandero!

동

| 동감입니다. | Yo opino lo mismo que usted.
= Estoy de acuerdo con usted. (당신의 의견에~) |

동에 번쩍 서에 번쩍해.	Es omnipresente. = Está en todas partes. (그는~)
동전으로 바꿀 수 있습니까?	¿Me lo puede cambiar en monedas?
동전으로 좀 바꿔주세요.	Cámbiemelo en monedas sueltas.
동정하지 마세요.	No necesito su compasión. = No me tenga lástima.
동창입니다.	Fuimos compañeros de clase. (우리는~) // Somos de la misma generación de la secundaria. (우리는 중학교~)

돼

돼져버려라!	¡Muérete!
돼지 같은 놈!	¡Cerdo!
돼지 목에 진주 목걸이.	Es como arrojar perlas a los cerdos. = Es como echar margaritas a los cerdos.
돼지고기 한 킬로에 얼마입니까?	¿Cuánto cuesta un kilo de carne de cerdo? ➡ Cuesta cinco mil wones el kilo. (1 kg에 5천원 입니다.)

됐

| 됐습니다. | ① [상대방의 행위를 제지] No lo haga.
② [완성] Está terminado. |

③ [거절] No, gracias.
④ [양이 충분함] Ya es suficiente.
⑤ [불만의 말투] Olvídalo. (잊어버려.)
⑥ [상처 등이 심하지 않음] Estoy bien.

됐습니까?

① [완성] ¿Ya lo ha terminado?
② [만족] ¿Ya está satisfecho?
  = ¿Ya está contento?

될

될 대로 하라지.	Que haga como pueda.
될 수 있으면 담배를 삼가세요.	En lo posible trate de no fumar.
될 수 있으면 술을 삼가세요.	En lo posible trate de no tomar.
될성부른 나무는 떡잎부터 안다.	Árbol que crece torcido, jamás su tronco endereza.

됩

됩니까?

① [완성] ¿Para cuándo estará terminado?
    (언제 다~)

➡ Estará listo en un momento.
(좀 있으면 됩니다.)

　=Pronto estará listo. (곧 됩니다.)

② ¿Cuánto tiempo falta para que esté listo?
(얼마나 있어야 다~)

➡ Mínimo tres días.
(아무래도 3일은 걸립니다.)

두 귀로 똑똑히 들었어.	Lo escuché perfectamente.
두 눈 똑바로 뜨고 다니란 말입니다.	[경고] ¡Fíjese bien!
두 눈으로 분명히 봤어요.	Lo ví con mis propios ojos.
두 다리 쭉 뻗고 자겠어요.	Ahora podré dormir bien. = Podré dormir a pierna suelta. = Podré dormir sin preocupaciones.
두 마리 토끼를 다 잡을 수 없다.	No se puede matar dos pájaros de un tiro.
두 번 읽어라.	Léelo dos veces.
두 번째입니다.	Es la segunda vez. // Ésta es la segunda vez. (이번이~)

두 분은 정말 잘 어울립니다.	Ustedes hacen muy buena pareja. = Ustedes dos se llevan muy bien. = Son el uno para el otro.
두 분이십니까?	¿Son dos personas?
두 손 다 들었다!	¡Me doy por vencido!
두 시 괜찮습니까?	¿Está bien a las dos? ➡ Está bien. (괜찮습니다.)
두 시간이나 잤습니다.	Dormí dos horas.
두 장 주세요.	[입장권] Dos entradas, por favor. [버스·기차표] Deme dos billetes a Busan para las dos y media. (2시 반에 출발하는 부산행표~)
두 팀의 실력이 비슷해 보입니다.	Los dos equipos tienen un nivel similar.
두고 보자!	① ¡Vas a ver! ② [보복] ¡Cuida tu espalda! = ¡Me la pagarás!
두고 봅시다.	① [일의 진행] Esperemos a ver qué pasa. ② [협박] Me la va a pagar.
두려워하지 마세요.	No tenga miedo. ➡ No tengo miedo. (무섭지 않아요.)
두려워할 것 없습니다.	No hay nada que temer.

두렵습니다.

Tengo miedo.

두말 할 것 없어!

¡No hace falta decir más!

두말 하게 하지 마세요.

No me haga hablar dos veces.
= No me haga repetir.

두부 한 모에
얼마입니까?

¿Cuánto cuesta un tofu?
➡ Cuesta mil wones. (1000원 입니다.)

두통약 있습니까?

¿Tiene algún medicamento para el dolor de cabeza?

두통이 사라졌습니다.

Ya se me fue el dolor de cabeza.
= Ya no me duele la cabeza.

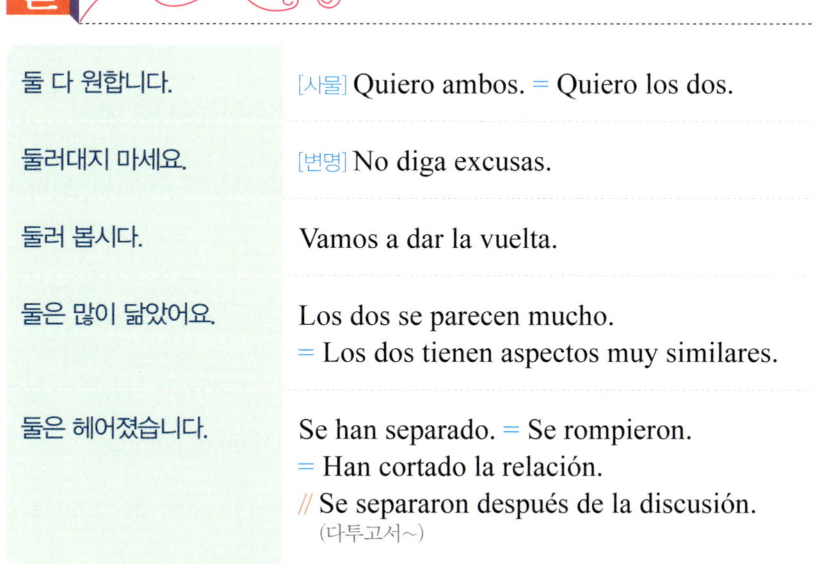

둘

둘 다 원합니다.

[사물] Quiero ambos. = Quiero los dos.

둘러대지 마세요.

[변명] No diga excusas.

둘러 봅시다.

Vamos a dar la vuelta.

둘은 많이 닮았어요.

Los dos se parecen mucho.
= Los dos tienen aspectos muy similares.

둘은 헤어졌습니다.

Se han separado. = Se rompieron.
= Han cortado la relación.
// Se separaron después de la discusión.
(다투고서~)

둘이 사귀는 거야?	¿Vosotros dos estáis saliendo? (너희들~)
	➡ ¡Qué va! Sólo venimos a ver una película. (누가 사귀어! 그냥 영화 보러 온 거지.)
둘이 싸웠지요?	① [말싸움] ¿Han discutido?
	➡ ¿Cómo sabe? (어떻게 알았어요?)
	② [주먹질] ¿Se han peleado a golpes?
	➡ ¿Quién dice eso? (누가 그래요?)
둘이 잘 어울립니다.	Se ven bien juntos.
	= Hacen bonita pareja. (그들~)

뒤

뒤 돌아 보지마!	¡No te des la vuelta! = ¡No te voltees!
뒤로 돌아서봐!	¡Date la vuelta! = ¡Voltéate!
뒤로 물러서!	¡Da un paso atrás! = ¡Retrocede un paso!
뒤로 물러서 주세요.	Dé un paso atrás. = Retroceda un paso.
뒤간에 갈 적 마음 다르고 올 적 마음 다르다.	Nadie se acuerda de Dios con la panza llena.

뒷

| 뒷맛이 독특해요. | Deja un sabor especial en el paladar. |
| 뒷머리는 너무 짧게 깍지 마세요. | No corte demasiado en la parte de la nuca. |

뒷문으로 아는 사람이 많습니다.
Tiene muchos contactos.
= Conoce mucha gente.

드디어 일어났구나.
[기상] Por fin te has levantado.

드라이기 좀 빌릴 수 있을까요?
¿Me puede prestar el secador de pelo?

드라이클리닝은 얼마입니까?
¿Cuánto cuesta el lavado en seco?
➡ Vale cinco mil wones. (5000원 입니다.)

드라이클리닝 입니까? 아니면 물세탁 입니까?
¿Es lavado en seco o con agua?
➡ Es lavado en seco. (드라이클리닝이요.)

드라이클리닝 입니까?
[세탁소에서] ¿Es para lavado en seco?

드라이 하실 겁니까?
[두발건조] ¿Quiere que le sequemos el pelo?
➡ Hoy no. Gracias. (오늘은 안 합니다.)

드러누워요.
Acuéstese.

드릴 말씀이 있습니다.
① Tengo algo que decirle.
② [보고] Tengo algo que reportarle.
 = Tengo algo que informarle.

드세요.
Coma.
// Pruébelo un poco. (조금 드셔보세요.)
// Coma un poco de esto. (이것 좀 드십시오.)
// Sírvase todo lo que guste. (마음껏~)

| 드셨네요. | [술을] Ha tomado alcohol.
// Ha tomado mucho alcohol. (많이~) |

| 드십시오. | [차] Tome el té.
➡ Gracias. Siéntese, por favor.
(감사합니다. 그만 앉으세요.) |

듣

| 듣고 보니 그러네. | Sí, cierto. |

| 듣고 보니 일리가 있네요. | Tiene razón. |

| 듣고 싶습니다. | Me gustaría escucharlo. |

| 듣고 싶지 않아요. | No quiero escucharlo.
// No quiero escuchar nada.
(어떤 것도 듣고 싶지 않아요.) |

| 듣고 있어요? | ¿Está escuchándome? (내 말~) |

| 듣기 거북하네. | Me incomoda tu comentario. |

| 듣기 싫어도 들어. | Aunque no quieras, escúchame. |

| 듣기 좋습니다. | Es agradable esta música. (이 음악~) |

| 듣기 좋은 소리도 한두 번이지. | Por muy bonito que suene, se aburre a las repetidas veces. |

듣는데 문제가 있어요.　　Tengo problemas para oír.

들 

들리지 않아요?　　¿No se oye?

들립니까?
　　¿Se oye?
　　// ¿Me oye?
　　= ¿Me puede oir? (제 말이 들리나요?)
　　➡ ⓐ Se oye. = Oigo. (들립니다.)
　　　ⓑ No se oye. = No oigo. (안 들립니다.)
　　　ⓒ Apenas se oye. (겨우 들리네요.)
　　　ⓓ Hable un poco más fuerte.
　　　　(조금만 더 크게 말씀 하세요.)

들어(요)!
　　[음식] ¡Que aproveche!
　　= ¡Buen provecho! (맛있게 드세요.)

들어가 봐라.
　　[안으로] Entra. = Pasa adentro.

들어가도 됩니까?
　　¿Puedo pasar? = ¿Se puede pasar?
　　➡ ⓐ Sí, pase. = Adelante. (예. 들어 오세요.)
　　　ⓑ No entre. (들어오지 마세요.)

들어가세요.
　　① [작별인사] Adiós.
　　② [안으로] Pase adentro.
　　③ [손님이 전송 나온 주인에게] No se moleste en salir.
　　　= No salga. ☞ 나오지 마세요.

들어가지 않아요.
　　[옷이 작아서] No me entra la ropa.

들어본 적 없습니다.
　　No lo había oído.

들어봐!
　　① [내 말] ¡Escúchame!　② [물건] Levántalo.

들어오든지 말든지 맘대로 하세요.	Si quiere entre, sino no. Haga como quiera.
들어 오세요.	Entre. = Pase. = Adelante.
들어와!	¡Entra! = ¡Pasa! = ¡Adelante!
들어주실거죠?	[부탁] ¿Me hace el favor?
들어줘요.	[물건] Ayúdeme a cargar esto. (이것 좀~)
들었습니까?	① ¿Lo ha escuchado? ➡ Si, lo he escuchado. (들었습니다.) ② ¿De dónde ha escuchado eso? (그걸 어디서 들었어요?) ➡ Me habló él. (그한테서 연락 왔어요.)
들으면 병이고 안 들으면 약이다.	La ignorancia es dicha.
들켜버렸네.	[발각] Me descubriste. (너한테~)

등

등 좀 긁어줘.	[가려워서] Ráscame la espalda.
등 좀 두드려라.	Golpéame un poco la espalda. = Dame golpecitos en la espalda.
등 좀 밀었으면 합니다.	[부탁] Quisiera que me tallara la espalda.
등기 우편도 있습니까?	¿Hay servicio de correo certificado?
등받이를 제 위치로 해주세요.	Por favor, enderece el respaldo de su asiento.

| 등산 갑니다. | [산악등반]
El fin de semana iré a la montaña. (주말에~) |

등신!

¡Idiota!

등이 가려워요.

Tengo comezón en la espalda.

등이 고장 났습니다.

① [램프] La lámpara no funciona.
  = La lámpara está descompuesta.
② [전구] El foco no sirve. = El foco no prende.

등쳐먹지마.

[사기. 속임수] No me estafes. = No me engañes.

디

디시(DC) 됩니까?

¿Hay descuento?
➡ Hay quince por ciento de descuento. (15%요.)

디시(DC) 해서 얼마입니까?

¿Cúanto es con el descuento?
= ¿Cuál es el precio descontado?
➡ Son veinte mil wones. (2만원 입니다.)

디자인에 만족합니까?

¿Le gusta el diseño?
= ¿Le satisface el diseño?
➡ Más o menos. (그런데로요.)

디자인이 아주 세련됐습니다.

El diseño es muy sofisticado.

디자인이 좀 야합니다.

El diseño es un poco provocativo.

딜

딜레마에 빠졌어!　¡Estoy en un dilema!

딩

딩동.　[벨소리] Ding, dong

따

따논 당상.　Asegurado.
// Está asegurado su triunfo.
(그의 승리는 따논 당상이다.)

따뜻합니다.　El tiempo en la primavera es templado.
(봄 날씨는~)

따뜻해졌습니다.　Hoy hace más calor que ayer.
(오늘은 어제보다 많이~)

따뜻해집니다.　Cada vez hace más calor. (날씨가 점점~)

따라오세요.　Venga conmigo. = Sígame.

따라오지 마세요.　No me siga.

따라하지 마세요.　No me imite.
= No haga lo que yo hago.

따로 따로 계산해요.　Que cada uno pague lo suyo.

따르릉!　[전화 벨소리] Ring, ring

따분할 때 전화해.　　　Llámame cuando estés aburrido.

따분합니다.　　　Estoy aburrido.

따 방법이 없습니다.　　　No hay otra manera.
= No hay más remedio.

딴 약속이 있습니다.　　　Tengo otro compromiso.
= Tengo otra cita.

딴 여자가 생겼답니다.　　　Tiene otra mujer. (그는~)

딴말하기 없기다!　　　¡Ya no hay vuelta atrás!

딴전 피우지 마세요.　　　[집중] Concéntrese en esto.

딸꾹질이 멈췄어요.　　　Se me ha parado el hipo.

딸은 출가외인　　　La mujer casada pertenece a la familia del marido.

딸이 둘 있습니다.　　　Tengo dos hijas.

딸이 참 예쁩니다.　　　Su hija es hermosa. (당신의~)

딸입니까? 아들입니까?　　　¿Es niña o niño?
➡ Es varón. (아들입니다.)

| 땀이 많이 납니다. | ① [체질] Sudo mucho.
 = Soy de transpirar mucho.
 ② [현재 상황] Estoy sudando mucho. |

땅 짚고 헤엄치기.	Es pan comido.
땅에 엎드려!	¡Tírate al piso!
땅이 미끄럽습니다.	El suelo está resbaladizo.

| 때가 되면 올 겁니다. | Vendrá cuando sea el momento. |
| 때리고 싶으시면 때리세요. | Si me quiere pegar, pégueme.
 = Si me quiere golpear, hágalo. |

| 땡 잡았네요. | ¡Qué suerte! = ¡Qué suertudo! |

땡땡이 쳤으면 벌을
받아야지.

[수업] Mereces un castigo porque has faltado
a clase.

땡땡이 치자.

[수업] Vamos a faltar a clase.
= No asistamos a clase.

떠

떠나고 싶으면 떠나.

Si te quieres ir, vete.

떠나기 섭섭 합니다.

Siento pena por irme. = Me duele irme.

떠나지 말아요.

No se vaya.

떠납니까?

¿Se va?
// ¿Cuándo se va? (언제?)
// ¿A qué hora se va? (몇시에~)
➡ Me voy el siguiente mes. (다음 달이요.)

떠납니다.

Me voy.
// Me voy el 15 de octubre. (10월15일에~)

떡

떡 줄 사람은 생각도
않는데 김치 국부터
마신다.

No se puede vender la piel del oso antes de
cazarlo.

떨

떨려 죽겠습니다.	Me muero de los nervios.
떨립니다.	Estoy muy nervioso. (너무~) // Estoy un poco nervioso. (약간~)
떨어뜨렸습니다	[땅바닥에] Se me cayó al piso.
떨어져!	[바짝 붙어있는 사람에게] ¡Quítate de mí! = ¡Aléjate de mí! = ¡Apártate de mí!
떨어져 있으면 더 애틋하다.	Estando separados el cariño se agranda.
떨지 마세요.	No se ponga nervioso.

또

또 놀러 오세요.	Vuelva a visitarme.
또 들려주세요.	[상점] Lo esperamos de nuevo.
또 만나게 되어 반갑습니다.	Me da gusto volver a verlo. = Me complace volver a verlo. = Me alegra volver a verlo.
또 만나요.	[작별인사] Hasta luego. = Nos vemos.
또 뭐야!	¿Y ahora qué? ➡ No es nada. (아무것도 아냐.)

| 또 뭘 원하십니까? | [상점] ¿Qué más desea? = ¿Qué más necesita?
➡ Es todo. (다 됐습니다.) |

또 뵙겠습니다.
☞ 또 만나요.

또 사고 쳤어!
¡Otra vez has causado problemas! (너~)

또 속았네.
Me han engañado de nuevo.

똑

똑같습니까?
[모양] ¿Todos son iguales? (다~)
➡ Son iguales. (똑같습니다.)

똑같은걸 먹으니
질립니다.
Me canso de comer lo mismo.
= Estoy harto de comer lo mismo.

똑같은 걸로 주세요.
Deme lo mismo.
// Deme lo mismo que ella. (그녀와~)

똑같은 걸로 하나 사줄게.
Te compraré uno igual.
// Luego te compro uno igual. (나중에~)

똑같은 걸로 할래.
Quiero lo mismo.

똑딱똑딱!
[시계소리] Tic, tac

똑똑하고 영리합니다.
Es listo e inteligente.
// El niño es listo e inteligente. (아이가 참~)

똑똑하네.
¡Qué inteligente!
// ¡Qué niño tan inteligente! (이 아이 참~)

| 똑똑합니다. | Es inteligente.
// Ella es muy inteligente. (그녀는 매우~) |

똑똑히 기억하고 있습니다.   Lo recuerdo perfectamente.

똑똑히 들어!   ¡Escucha bien!

똑똑히 봐!   ¡Fíjate bien!

똑똑히 봤어?
¿Te fijaste bien?
= ¿Lo has visto claramente?
➜ ⓐ Lo he visto claramente. (똑똑히 봤어.)
ⓑ No. (아니.)

똑바로 가세요.   Siga derecho. = Siga recto.

똑바로 가시면 됩니다.   ☞ 똑바로 가세요.

똑바로 잘 들어봐!
① ¡Escucha bien! = ¡Escucha atentamente!
= ¡Presta mucha atención!
② ¡Escúchame bien!
= ¡Escucha bien lo que te digo! (내가 하는 말~)

똑바로 서!   ¡Párate bien!

똑바로 앉아봐.   Siéntate bien.

똑바로 쳐다봐!   ¡Mírame bien! (나를~)

똘

똘똘하네.   Muy inteligente.

똥

| 똥 묻은 개가 겨 묻은 개 나무란다. | Ves la paja en el ojo del vecino pero no ves la viga en tu ojo. |

똥마려워요.

*Quiero cagar. // Necesito ir al baño.
➡ Aguanta un poco. (조금만 참아라.)
　➡ Ya se me salió.
　= Me hice encima. (이미 쌌어!)
* "Quiero cagar."는 매우 직설적 표현으로서 왠만해서는 쓰지 않는다.

똥배가 나왔네.

Tengo mucho vientre.

똥 오줌을 가린다.

[아기가] El bebé ya sabe ir al baño.

똥이 무서워서 피하냐, 더러워서 피하지.

Evitas la mierda no por miedo sino por sucia.

뚜

뚜껑 열린다!

[화가 남] ¡Qué furor!

뚜껑을 열어.

Destápalo. = Abre la tapa.

뚝

뚝 그쳐!

¡Deja de llorar! = ¡Para de llorar!

뚝배기보다 장맛이 좋다.

Las apariencias engañan.
= Nada es lo que parece.

뚱

뚱돼지!	¡Gordo!
뚱뚱합니다.	① [본질] Soy gordo. ② [상태 · 주관적 의견] Estoy gordo.

뛰

뛰는 놈 위에 나는 놈 있다.	Siempre hay personas que son mejores que uno.
뛰어 와!	¡Ven corriendo!
뛰어!	¡Corre!

뜨

뜨거우니까 식혀서 드세요.	Espere que se enfríe porque está caliente.
뜨거울 때 드세요.	① Cómalo mientras esté caliente. ② Ella ha cocinado esto para usted. (이건 그녀가 당신을 위해 만든 요리에요.) ➡ Me da pena por tanta molestia. (이거 미안해서 어떡하지?)
뜨거워요.	Está caliente.

뜸

뜸 너무 들이다 누룽지 된다.	A la ocasión la pintan calva.

뜻

뜻밖의 일입니다.
Es algo inesperado. = No lo esperaba.

뜻이 있는 곳에 길이 있다.
Donde hay voluntad, hay camino.

띠

띠가 무엇입니까?

¿Cuál es su signo zodiacal chino?
= ¿Cuál es su signo del zodíaco chino?
➡ Soy caballo. (말 띠입니다.)

관련표현

*rata (쥐) buey (소) tigre (호랑이)
conejo (토끼) dragón (용) serpiente (뱀)
caballo (말) oveja (양) mono (원숭이)
perro (개) gallo (닭) cerdo (돼지)

라디오 좀 틀어.	Enciende la radio. // Sube el volumen. (소리 좀 크게 해.)
라면 먹을래요?	¿Quiere comer ramen? ➡ No quiero. (먹고 싶지 않아요.)
라이터 팝니까?	¿Vende mecheros? = ¿Se venden encendedores? ➡ Sí, los vendo. (네. 팝니다.)

랩을 씌워서 10분 동안 냉장고에 넣어두면 돼.	Hay que envolverlo en film transparente y dejarlo diez minutos en la nevera.

레스토랑 있습니까?	① ¿Hay algún restaurante? // ¿Hay algún restaurante por aquí? (여기~) ➡ ① Sí, hay. (있습니다.) ② No, no hay. (없습니다.)
레이디 퍼스트!	¡Primero las damas!

렌즈를 낍니다.	Me pongo los lentes de contacto. = Uso los lentes de contacto.

렌지에 물 끓이고
있습니다.

Estoy calentando agua en el horno de
microondas.

렌트하시겠습니까?

① [불특정] ¿Va a alquilar una casa? (집을~)
② [특정] ¿Va a alquilar la casa? (집을~)

로또 일등 당첨
축하합니다.

Lo felicito por haber ganado el premio
gordo.

로마는 하루아침에
이루어지지 않았다.

Roma no se hizo en un solo día.

로마에 오면 로마의 법을
따라야 한다.

A donde fueres haz lo que vieres.

룸메이트는 외국사람
입니까?

¿Es extranjero su compañero de cuarto?

룸으로 배달해주세요.

[아침식사]

Tráigame el desayuno a la habitación, por
favor.

룸은 몇 호실입니까?

¿Qué número es su habitación?
// ¿Qué número de habitación tiene?
➡ Es la habitación número ciento uno.
(101호 실입니다.)

리모컨도 고장 난 것 같습니다.

Parece que el control remoto está descompuesto.

= El control remoto parece estar bloqueado.

리필 해주세요.

[음료] Vuelva a llenarme el vaso.

링거도 맞았습니다.

Me inyectaron suero.

마구 지껄여라!	¡Habla lo que quieras! (마음대로~)
마누라가 바람난걸 모르고 있단 말이야?	¿No sabe que su mujer le está poniendo los cuernos? (그가~) ➡ ¿Aunque se entere, qué puede hacer? (알면 또 어떻게 하는데?)
마누라한테 꽉 잡혀 살고 있습니다.	Vivo atado a mi mujer. = Soy un mandilón. // Es un calzonazos. (그는~)
마늘 냄새는 정말 못 견디겠어요.	No puedo soportar el olor a ajo.
마늘이나 까요.	Pele el ajo.
마드리드 사람입니다.	Soy de Madrid. = Soy madrileño.
마셔!	¡Tómatelo! = ¡Tómalo!
마셔 보세요.	Pruébelo.
마시면서 이야기 하자.	Hablemos tomando algo. (뭐 좀 ~)
마실 것 좀 줄래요?	¿Me da algo de beber?
마실래요?	¿Quiere tomar algo? (뭐 좀 ~)
마음 아파하지 마세요.	No se sienta mal.
마음 고생하지 마세요.	No sufra.
마음대로 되는 게 아니야.	No siempre salen las cosas como uno quiere.

| 마음대로 생각해요. | Piense como quiera. |

마음대로 하세요.
Haga como quiera. = Haga lo que quiera.
= Como quiera hacer.

마음에 두고 있는 사람이 있습니다.
Hay alguien que me gusta.
= Tengo una persona que me interesa.
= Estoy interesado en alguien.
= Me atrae una persona.

마음에 두지 마세요.
[용서] No sea rencoroso. = No guarde rencor.
// Perdón por lo de la mañana.
No fue a propósito. No me tenga rencor.
(아침에 미안했습니다. 고의는 아니니~)
➡ ¿Cómo cree? No se preocupe.
(그럴 리가요. 전 괜찮습니다.)

마음 먹기 나름이야.
Todo depende de cómo te lo propongas.

마음에 들면 일찍 결혼해요.
Si le gusta ella, cásese con ella pronto.
(그녀가~)

마음에 듭니까?
¿Le gusta?
➡ ⓐ Me gusta mucho.
= Me encanta. (아주 마음에 듭니다.)
ⓑ Cada vez me gusta más. (점점 마음에 듭니다.)

마음은 굴뚝같다.
Me gustaría. = Me encantaría.

마음이 잘 맞아요.
Me llevo bien con él. (그와~)
// Nos llevamos muy bien. (우린~)

마음이 편하겠어요?
¿Cree que me siento bien?
= ¿Cree que estoy a gusto? (내가 지금~)

마이돌풍
Le entra por un oído y le sale por el otro.

마중 나와서 감사합니다.
Gracias por venir a recogerme.

마침 잘 됐습니다.　　[공교롭게 상황이 일치함] ¡Qué buena coincidencia!

막내입니다.　　Soy el más chico. = Soy el menor. (저는~)

막무가내에 입니다.　　Hace lo que quiere.
= Hace lo que se le antoja. (그는~)

막상막하야.　　[스포츠 경기] Está de tú a tú. = Está equilibrado.

막지 마세요.　　No me impida.

막차는 몇 시입니까?　　¿A qué hora es la última salida?
➡ A las doce de la noche.
= A medianoche. (심야 12시 입니다.)

막차는 몇 시에 도착합니까?　　[버스] ¿A qué hora llega el último autobús?

막차는 몇 시에 출발합니까?　　¿A qué hora sale el último autobús para Seúl? (서울행~)

막차를 놓쳐 버렸습니다.　　Perdí el último autobús.

막히지 않으면 30분이면 갑니다.　　Si no hay tráfico, llego en treinta minutos.
*스페인에서는 tráfico 대신 atasco를 쓴다.

만나 뵙게 되어 반갑습니다.　　Encantado de conocerle.
= Mucho gusto en conocerle.

| 만나 뵙게 되어 영광입니다. | Es un honor conocerle. |

| 만나서 얘기합시다. | Hablemos personalmente. |

만난 지 백일입니다.
Hoy se cumplen cien días desde que nos conocimos. (오늘 우리가 ~)

만날 장소를 정합시다.
Fijemos el lugar donde nos vamos a ver.

만날까요?
¿Cuándo nos vemos? (언제~)
// ¿Dónde nos vemos mañana? (내일 어디서~)
// ¿A qué hora nos vemos? (몇 시에~)
➡ Dígame usted.
   // Decídalo usted. (그 쪽에서 정하세요.)

만납시다.
Vamos a vernos esta noche. (오늘 밤에~)
// Nos vemos a las ocho de la noche.
   (저녁 8시에~)
➡ Bueno. = De acuerdo. (좋지요.)

만 리 길도 한걸음부터.
Paso a paso se llega lejos.
= A camino largo, paso corto.
= Hoja a hoja se come la alcachofa.
☞ 천리 길도 한걸음부터.

만사형통하세요.
Mucha suerte en todo lo que desee.

만수무강하세요.
[생신] Que cumpla muchos más.

만족합니까?
¿Está contento?
➡ No estoy contento. = No me conformo.
   (만족스럽지 않습니다.)

만지지 마세요.
① No lo toque.
② [경고문] NO TOCAR

많아요.	① Mucho.
	// Es mucho para mí. (제겐 양이 너무~)
	// Hay muchos libros en el cuarto de mi padre. (아버지의 방에는 책이 ~)
	② [나이비교] Tengo dos años más que usted.
	= Le llevo dos años. (나는 당신보다 두 살이~)

많은 지도 부탁합니다.	Le pido muchos consejos.
많이 기다리셨지요?	Ha esperado mucho, ¿verdad? ➡ No hay problema. (괜찮아요.)
많이 도와주세요.	Espero contar con su apoyo.
많이 드세요.	Coma mucho. = Sírvase mucho.
많이 마셨습니다.	He tomado bastante.
많이 먹었습니다.	He comido mucho.
많이 배웠습니다.	He aprendido mucho.
많이 생각해봤어요.	Lo he pensado mucho.
많이 아파요.	Tengo mucho dolor. = Me duele mucho.
많이 아픕니까?	¿Le duele mucho?
많이 좋아졌습니까?	[몸의 상태] ¿Se ha mejorado? = ¿Está mejor de salud? ➡ Me he mejorado mucho. = Estoy mucho mejor. (많이 좋아졌습니다.)
많이 취했네요.	Está borracho. = Está ebrio. (그 사람~)

| 많이 컸구나! | ¡Has crecido mucho!
= ¡Cuánto has crecido! |
| 많지 않습니다. | No es mucho. // No hay mucho. |

말 

말 타면 경마하고 싶다.	Entre más tiene, más quiere.
말과 행동이 다르다.	Del dicho al hecho hay un buen trecho.
말은 심하게 해도 마음은 여리다.	Aunque habla fuerte, su corazón es tierno.
말이 말을 만든다.	El rumor crea otro rumor.
말 돌리지 마세요.	No cambie de tema.
말 들어.	[티이름] Hazme caso. = Haz lo que te digo.
말 막하지 마세요.	Por favor, piense antes de abrir la boca.
말 바꾸지 마세요.	No cambie su palabra.
말 알아듣겠니?	¿Me explico? = ¿Me comprendes? = ¿Entiendes lo que te digo? ➜ He entendido. (알아들었어요.)
말 잘했어!	¡Bien dicho!
말 주의하세요.	Cuidado con lo que dice.
말 참 많다!	¡Cuánto hablas! = Hablas hasta por los codos. (너~)

| 말 취소해. | Retira lo que has dicho. = Retráctate. |

말 한마디에 천 냥 빚 갚는다.
Cortesía de boca gana mucho a poca costa.
= Cortesía de boca, mucho consigue y nada cuesta.

말 함부로 하지 마세요.
No hable imprudentemente.
= Tenga cuidado al hablar
// No diga nada si no sabe. (모르면서~)

말괄량이
Traviesa

말 나온 김에 좀 물어봅시다.
Ya que salió el tema, aprovecho para preguntar algo.

말대꾸 하지 마세요.
No sea contestón.

말대로 하세요.
Haga lo que le digo. (제~)

말도 꺼내지 마세요.
Ni siquiera saque ese tema.
= No toque ese tema. = No saque ese tema.

말도 안돼!
// 말도 안되는 소리!
① [그런 일 없음] No ha ocurrido eso.
② [황당한 말] ¡Qué ridículo!
③ [불가능] No puede ser. = No es cierto.

말도 제대로 안 나옵니다.
Ni siquiera puedo hablar.
// Estoy tan contento que ni me salen las palabras. (얼마나 기쁜지~)

말뜻이 뭔지 잘 모르겠습니다.
No comprendo bien lo que dice.
// No sé qué es lo que quiere decir.
(하고자 하는~)

말랐어요.
① [본질] Soy delgado. = Soy flaco.
② [상태 · 주관적 의견] Estoy delgado.
　　= Estoy flaco.

| 말로만 하지마라. | [실천을 요구] Que no sean sólo palabras. |

말 마세요.
① No saque ese tema.
 = No toque ese tema.
② ¿Cómo te ha ido en la entrevista de hoy?
(오늘 면접 어땠어요?)
 ➡ No me pregunte de eso. (묻지마세요.)

말 시키지 마세요.
No me hable.
// No me hable más. (더 이상~)
// En este momento no tengo ganas de hablar con nadie. (지금 누구하고도 말하고 싶지 않아요.)

말씀 계속하세요.
Siga hablando.

말씀 많이 들었습니다.
He escuchado mucho sobre usted.
(당신에 대해서~)

말씀 좀 낮추세요.
Tráteme de tú. = Me puede tutear.

말씀 좀 들어보세요.
Escúcheme, por favor.
➡ No quiero ni verlo. Así que váyase.
(쳐다보기도 싫으니까 가세요.)

말씀 함부로 하지마세요.
☞ 말 함부로 하지 마세요.

말씀 대로 따르겠습니다.
Haré lo que usted me diga.
= Le voy a hacer caso.

말씀 드리겠습니다.
① Les voy a hablar sobre eso nuevamente.
(그것에 대해 여러분께 다시~)
② [해명] Les daré explicaciones sobre eso.
(그것에 대해 여러분께~)

말씀 드리기 곤란합니다.
Es difícil hablarle sobre eso en este momento.
(그것에 대해 지금~)
// No es momento de hablar de eso.
(그것에 대해 이야기 할 때가 아닙니다.)

말씀 드릴 수 없습니다.
No puedo comentar sobre eso. (그것에 대해~)

| 말씀들 나누세요. | Que tengan una agradable charla. (천천히~) |

말씀을 잘하십니다.　Tiene don para hablar.

말씀이 일리가 있습니다.　Tiene razón.

말씀하세요.
= 말씀해보세요.　Hable. // Diga.

말씀해주세요.
① [알려줌] Cuénteme. = Dígame
　// Cuénteme, por favor. (세빌~)
② [전달] Dígale lo que le he dicho.
　(내 말을 그에게 전해주세요.)

말씨가 중국인 같습니다.　Tiene acento chino.

말은 쉽지!　Es fácil decirlo. = Decirlo es fácil.

말을 들어보세요.　Escúcheme. (내~)

말을 못하겠어요.　No puedo hablar.

말을 물가로 끌고 갈수는 있지만 억지로 물을 먹일 수는 없다.　Puedes darle un consejo a alguien, pero no puedes obligarlo a que lo siga.

말을 빙빙 돌리지마세요.　Hable sin tantos rodeos.

말을 했으면 실천에 옮겨야합니다.
Uno debe cumplir lo que dice.
= Hay que cumplir las palabras.

말이 그렇게 많아?
¿Qué tanto hablas? (너 무슨~)
➡ Es en serio. = No estoy bromeando.
　(헛소리 아니야.)

말이 너무 많습니다.　Habla demasiado. (그는~)

말이 너무 빠릅니다.	Habla muy rápido. (그는~)
말이 맞습니다.	Tiene razón en lo que dice. (당신~)
말이 안 통합니다.	No nos entendemos. (우리는~) // Mi esposa y yo no nos entendemos. (저와 아내는~)
말 조심해.	① Cuidado con lo que dices. ② [거친 욕설에] No insultes. = No seas grosero.
말주변이 없어요.	No soy bueno para hablar.
말짱해요.	Estoy bien. // Estoy mejor que nunca. (그 어느때보다도~)
말참견 하지마세요.	No se meta en las conversaciones.

말하고 싶지 않아.	No quiero hablar.
	= No tengo ganas de hablar.
	// No tengo ganas de hablar contigo. (너하고~)
	// Me aburre hablar contigo.
	(너하고 말하는 게 재미없어.)

말하기 곤란합니다.	No puedo hablar.
말하기 난처합니다.	☞ 말하기 곤란합니다.
말하기에 이상한 일이지만!	Es extraño hablar de eso.
말하자면 길어요.	Es una larga historia.

말하지 마세요.	No diga más. (더 이상~)
	// No se lo diga a cualquiera. (아무에게나~)
	// No se lo diga a nadie. (누구에게도~)
	// No diga a nadie sobre esto.
	(이 일을 누구에게도~)

| 말한대로 하지. | [동의] Te voy a hacer caso.
= Haré como me has dicho.
(자네가~) |

말할 수 없습니다.
No puedo hablar ahora sobre eso.
(지금은 그것에 대해서~)

말해!
¡Dime!
// ¡Dime rápido! (빨리~)
// ¡Sigue hablando! (계속해서~)

말해두지만!
[경고] ¡Te advierto!

말해주세요.
Dígame, por favor. ☞ 말씀해주세요.

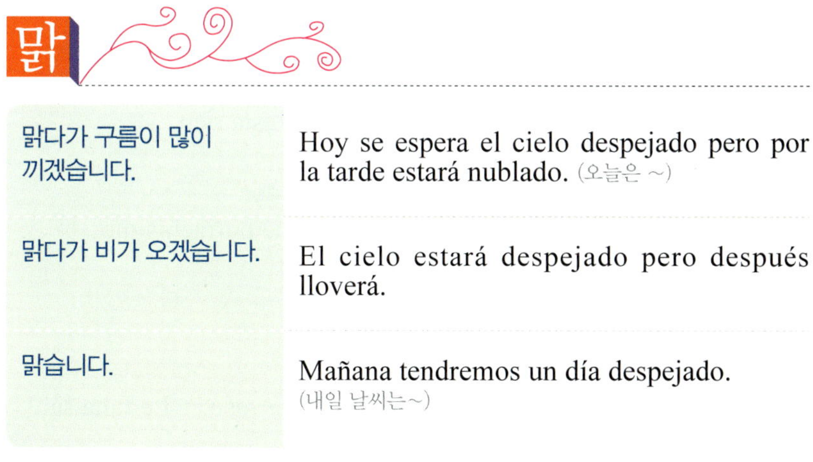

맑

맑다가 구름이 많이 끼겠습니다.
Hoy se espera el cielo despejado pero por la tarde estará nublado. (오늘은 ~)

맑다가 비가 오겠습니다.
El cielo estará despejado pero después lloverá.

맑습니다.
Mañana tendremos un día despejado.
(내일 날씨는~)

맘

맘대로 해.
Haz como quieras.

맙 

맙소사! | ¡Dios mío! = ¡Por dios!
// ¡Ay, caray!

맛

맛 좀 보세요. | Pruebe el sabor.
// Pruebe esto que hice por primera vez.
= Preparé esto por primera vez. Pruébelo.
(이거 처음 만들어 본건데 ~)

맛 좀 보십시오. | [시식 평가] Pruebe el sabor. = Pruébelo.

맛 좋다! | ¡Rico! = ¡Sabroso! = ¡Exquisito!

맛 없습니다. | ① [본질] No es rico.
② [상태 · 주관적 의견] No está rico.

맛이 갔어. | ① [음식] Se echó a perder.
② [술로 인해 인사불성] Está borrachísimo.

맛이 괜찮습니다. | Está bien el sabor.

맛이 싱겁습니다. | ① [본질] Es soso.
② [상태 · 주관적 의견] Está soso. = Le falta sal.

맛이 어떻습니까? | ¿Qué tal sabe el kimchi? (김치~)
[본질]
➡ ⓐ Es rico. (맛있습니다.)
ⓑ No es rico. (맛없습니다.)
ⓒ Es salado. (짭니다.)
ⓓ Es soso. (싱겁습니다.)

152

ⓔ No es nada ácido. (조금도 시지 않습니다.)
ⓕ Es dulce. (답니다.)
ⓖ Es un poco amargo. (약간 씁니다.)
ⓗ Es picante. (맵습니다.)

➡ ⓐ Está rico. (맛있습니다.)
ⓑ No está rico. (맛없습니다.)
ⓒ Está salado. (짭니다.)
ⓓ Está soso. (싱겁습니다.)
ⓔ No está nada ácido. (조금도 시지 않습니다.)
ⓕ Está dulce. (답니다.)
ⓖ Está un poco amargo. (약간 씁니다.)
ⓗ Está picante. (맵습니다.)

맛이 좋습니다.

① [본질] Es sabroso.
② [상태 · 주관적 의견] Está sabroso.

맛있게 드세요.

¡Que aproveche! = ¡Buen provecho!

맛있게 잘 먹었습니다.

① [감사인사] Gracias por la comida.
② Realmente fue deliciosa la comida.
(음식이 정말 맛있었습니다.)
// He disfrutado mucho la comida.
(즐거운 식사였습니다.)

맛있게들 들어요.

☞ 맛있게 드세요.

맛있습니까?

① [본질] ¿Es rico? = ¿Sabe rico?
➡ Es rico. = Sabe rico. (맛있어.)
② [상태 · 주관적 의견] ¿Está rico? = ¿Sabe rico?
➡ Está bien. Está rico.
= Está bien. Sabe rico. (괜찮아. 맛있어!)

망신스럽네.	¡Qué vergüenza! = ¡Qué pena!
망신을 당했어요.	¡Qué pena me dio! = He pasado vergüenza.
망쳤어.	① [일] Se ha arruinado el trabajo. ② [시험] Me fue mal en el examen.
망할 놈!	〈속어〉 ¡Cabrón!
망할 자식!	☞ 망할 놈!

맞는 말씀입니다.	Tiene razón.
맞아(요).	① [동의] Es cierto. = Es verdad. ② [확인] Correcto.
맞춰봐!	¡Adivina!

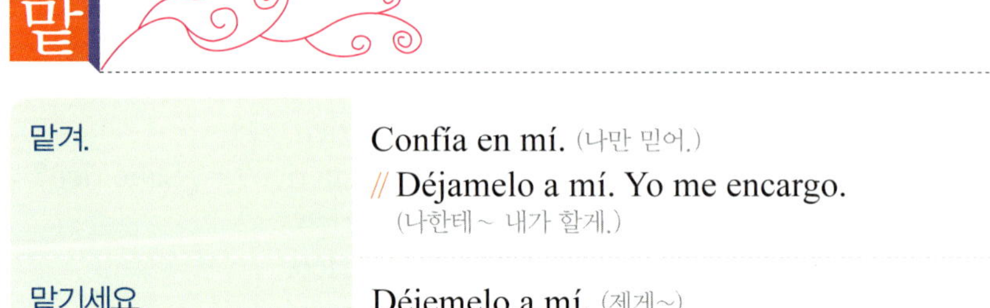

맡겨.	Confía en mí. (나만 믿어.) // Déjamelo a mí. Yo me encargo. (나한테~ 내가 할게.)
맡기세요.	Déjemelo a mí. (제게~)

매

매너가 없네요.
① [예절] No tiene modales.
= No tiene educación. (그 사람~)
② [신사] No es un caballero.

매력적입니다.
Es muy atractivo. (정말~)

매를 아끼면 아이를 버립니다.
La letra con sangre entra.

매우 기쁩니다.
También estoy muy alegre. (저도~)

매우 똑똑합니다.
Soy muy inteligente.

매운 것, 짠 것, 단 것 다 피하세요.
Evite todo lo que sea picante, salado y dulce.

매일 몇 시에 일어납니까?
¿A qué hora se levanta a diario?
➡ A las seis y media. (6시 반이요.)

매정합니다.
Su corazón es frío. (그는~)
// Eres muy cruel conmigo.
(너는 나한테 너무 매정해.)

매진되었습니다.
Las entradas están agotadas. (표가~)
// Las entradas de hoy están todas agotadas.
(오늘 표는 다~)

맥

맥도날드를 무척 좋아합니다.
A muchos niños les encanta la comida del McDonald's. (많은 아이들이~)

맥주 한 병 주세요.
Deme una botella de cerveza.

맵

맵습니다.	① [본질] Es picante. ② [상태 · 주관적 의견] Está picante.

맹

맹세합니다.	Se lo juro.
맹세코 사실입니다.	Le juro que es verdad.

머

머리 드라이 해드리겠습니다.	[두발 건조] Le secaré el cabello.
머리 들지 마세요.	No levante la cabeza.
머리 빗으려고 합니다.	Me voy a peinar.
머리 숙여요.	Agache la cabeza.
머리 조심하세요.	Cuidado con la cabeza.
머리 좀 써라.	Sé más inteligente.
머리 좀 잘라주세요.	Me quiero cortar el cabello. = Quiero hacerme un corte de cabello.
머리 검은 짐승은 남의 공을 모른다.	El ser humano es peor que los animales a la hora de dar las gracias.

| 머리가 나쁩니다. | No soy inteligente. |

| 머리가 많이 아픕니다. | Me duele mucho la cabeza. |

| 머리가 약간 어지럽습니다. | Me siento un poco mareado. |

| 머리가 어지러워서 토하고 싶습니다. | Me siento tan mareado que me dan ganas de vomitar. |

| 머리가 총명합니다. | Soy inteligente. |

머리를 어떻게 해드릴까요?

¿Qué estilo de pelo desea?
= ¿Qué estilo quiere que le hagamos?
➡ ⓐ Quiero raparme. (삭발해 주세요.)
　 ⓑ Quiero que me hagan la permanente. (파마할래요.)
　 ⓒ Quiero teñirme el cabello. (염색해주세요.)

| 머리를 그냥 다듬어 주세요. | Sólo quiero que me empareje el cabello. |

| 머리부터 감으세요. | Primero lávese el pelo. |

| 머리에 피도 안 마른 것이! | ¡Inmaduro! = ¡Mocoso! |

머물 겁니까?

① [숙박] ¿Cuántos días se va a alojar?
　(며칠〜)
② [체류]
　¿Hasta cuándo se va a quedar en China?
　(중국에 언제까지〜)
　➡ Hasta el día diez. (10일까지요.)
③ ¿Cuánto tiempo se va a quedar aquí?
　(여기에 얼마나〜)
　➡ Un año. (1년입니다.)

먹고 가.	Come antes de irte.
먹고 싶어요.	Tengo ganas de comer esto. (이것~) // Yo también quiero comer esto. (저도 이거~)
먹고 있어요.	Estoy comiendo.
먹기에 아까워요.	Me da pena comerlo.
먹는 양이 적습니다.	Como poco. = No como mucho.
먹다 죽은 귀신이 붙었나.	Tiene un montón de hambre. (그사람)
먹던 것도 괜찮아요.	No me molesta que sea comida sobrante.
먹보!	¡Comilón!
먹어!	¡Come!
먹어도 될까요?	¿Puedo comer esto? = ¿Se puede comer esto? (이거~) ➡ No puede. = No se puede. (안 됩니다.)
먹어보세요.	Pruebe esto. (이것 좀~)
먹어보지 않았습니다.	Todavía no lo he probado.
먹어본 적이 없습니다.	Todavía no he tenido la oportunidad de probar la comida china. (중국요리는 아직~)
먹었어요.	Ya comí. // Acabo de comer. (방금전에~)

| 먹으러 가자. | Vamos a comer. |

| 먹으면 먹을 수록 맛있네. | Cuanto más como, más me gusta. |

| 먹을 때는 개도 안 건드린다. | Ni al perro lo molesta cuando come. |

| 먹을 복이 없습니다. | No tengo suerte con los alimentos. |

| 먹을 수 없습니다. | ① [건강에 해로워서] No puedo comerlo porque perjudica la salud.
② [습관이 안 돼서] No puedo comerlo porque no estoy acostumbrado.
③ [양이 많아서] No puedo comer todo porque es mucha cantidad.
④ [비싸서] No puedo comerlo porque es muy caro.
⑤ [시간이 없어서] No puedo comerlo porque no tengo tiempo.
⑥ [배가 불러서] Ya no puedo comer más porque estoy lleno. |

| 먹읍시다. | Empecemos a comer. |

| 먹자. | Comamos. = Vamos a comer. |

먼

| 먼 길 오시느라 힘드셨지요. | Debe estar cansado por el largo viaje. |

| 먼 친척 보다 이웃사촌이 낫다. | No hay mejor hermano que un buen vecino. |

| 먼저 가세요! | ¡Adelántese! = ¡Vaya primero! |

| 먼저 갑니다. | ① Me adelanto.
② [작별인사] Ya me voy. |

| 먼저 내리고 나중에 타세요. | Primero bájense y luego súbanse.
= Suban después de que hayan bajado. |

| 먼저 본 사람이 임자다. | El primero que lo encuentra se lo queda. |

| 먼저 일어나겠습니다. | [작별인사] Me retiro primero. |

| 먼저 주무세요. | Vaya a dormir primero. (가서~) |

| 먼저하세요. | [동작을 권유] Empiece primero.
= Usted primero. |

멀

| 멀리 못 나갑니다. | [전송 나온 주인이 손님에게] Me despido aquí.
(여기서 인사 드릴게요.) |

| 멀미가 나서 토하고 싶습니다. | Estoy mareado. Tengo ganas de vomitar. |

| 멀었습니까? | ① [준비] ¿Aún no está listo? (준비가 아직도~)
➡ Estoy listo. (다 됐어요.)
② [주문] ¿Falta mucho para que nos sirva la comida?
➡ Está lista su orden. (다 됐습니다.)
③ [거리] ¿Queda mucho para llegar?
➡ ⓐ Falta poco para llegar. (곧 도착합니다.)
ⓑ Casi llegamos. (다 왔어요.)
ⓒ Falta mucho todavía. (아직 멀었습니다.) |

④ [기다리는 시간]
¿Tengo que esperar más? (아직~)

멀었습니다.

① [시간] Hay que esperar más. (아직~)
② [실력·수준] Aún me falta mucho. (아직~)
// En comparación con usted, aún me falta mucho. (당신에게 비하면~)
③ [거리] Aún queda mucho. (아직~)
// Desde aquí hasta Yongsan aún queda bastante camino. (여기서 용산까지는 아직~)
④ [연습을 더 요구함] Necesito practicar más.

멀쩡해요.

[별 문제 없음]
No hay problema. = Todo está bien.

멀쩡했는데.

[물건, 건강 등이]
Estaba bien hasta ayer. (어제까지~)

멈춰(요)!

[차량] ¡Para! = ¡Frena!

멉니까?

① ¿Está lejos de aquí? (여기에서~)
➡ ⓐ Más o menos (그런대로요.)
  ⓑ Un poco (조금요.)
② ¿Qué tan lejos está? (얼마나~)
➡ Son dieciocho kilómetros. (18킬로미터입니다.)

| 멉니다. | Está muy lejos. (아주~) |

멋

| 멋대로 짐작하지 마세요. | No se imagine como quiera.
= No se imagine cualquier cosa. |
| 멋있다! = 멋지다! | ① [외모] ¡Qué guapo!
Aún mantiene su figura.
(지금도 몸매가~) (*세월의 흐름에도 불구하고)
② [칭찬] Estuviste sensacional hoy.
(오늘 정말 멋졌어.)
③ [차림새 · 모습] Te ves fabuloso. (너 참~)
// Luces muy bien con esta ropa.
(이 옷 입으니까~)
④ [상황] ¡Excelente!
⑤ [상당한 능력] ¡Asombroso!
⑥ [멋진 행위] ¡Bien hecho! = ¡Muy bien! |

멍

멍멍	[개소리] Guau, guau
멍석 펴놓으면 못한다.	Si te invita a hacerlo, no lo haces.
멍청이!	¡Tonto!
멍청한놈! // 멍청한자식!	¡Estúpido! = ¡Idiota!

메뉴 좀 보여주세요.	Tráigame el menú, por favor.
메리크리스마스!	¡Feliz Navidad!
메모 남기세요.	Deje un mensaje. = Deje un recado.
메모 남기시겠어요?	¿Quiere dejar algún mensaje? ➡ No, está bien. Llamaré por la noche. (아니요, 저녁에 전화 드리겠습니다.)
메모리 용량은 좀 커야합니다.	Debe tener gran capacidad de memoria.
메스꺼워.	Tengo revuelto el estómago. (속이~) // La comida grasosa me causa náuseas. (기름기 있는 것을 먹기만 하면 속이~) *스페인에서는 grasosa 대신 grasienta를 쓴다.
메시지 받으면 전화해줘.	Llámame cuando recibas mi mensaje.
메시지를 남겨주시면, 연락을 드리겠습니다.	[전화녹음] Hola. Soy Carmen. No puedo atender su llamada en este momento. Deje su mensaje y le devolveré la llamada. (안녕하세요. 카르멘입니다. 지금은 전화를 받을 수 없습니다. ~)
메시지를 남기고 별표를 누르세요.	Deje su mensaje y pulse el asterisco.
메일은 잘 받았습니다.	Recibí su correo electrónico que me había enviado. (지난번~)

며

며칠 쉬면 괜찮아질 겁니다.	[건강] Con unos días de descanso me voy a recuperar.
며칠만 더 기다려주세요.	Espere unos días más.
며칠입니까?	① ¿Qué fecha es hoy? = ¿A qué estamos? (오늘은~) ➡ Hoy es diez. = Estamos a diez. (오늘은 10일입니다.) // Hoy es diez de octubre. = Estamos a diez de octubre. (오늘은 10월10일입니다.)
며칠 정도 걸릴까요?	[소포나 화물 등] ¿Cuántos días se va a tardar en llegar? ➡ Tres días. (사흘이요.)

면

면도 좀 해주세요.	Afeíteme, por favor.
면도하시겠습니까?	¿Desea afeitarse? ➡ Sí. (예.)
면목없습니다.	① [체면] Me siento avergonzado. = No tengo cara. ② [할 말 없음] No tengo nada que decir. = No tengo palabras.
면이나 끓여먹읍시다.	Comamos fideos.
면접결과는 어떻습니까?	¿Cómo le resultó la entrevista? ➡ ⓐ Pasé la primera entrevista. (1차에 합격했습니다.)

ⓑ Me han rechazado. (떨어졌습니다.)
ⓒ No lo sé. (모르겠습니다.)

면허증있습니까?

¿Tiene carné de conducir?
= ¿Tiene permiso de conducción?
= ¿Tiene licencia de manejo?
➡ ⓐ Sí. (있습니다.)
　　ⓑ Todavía no. (아직 없습니다.)

명

~명

una persona (한 명)
dos personas (두 명)
esta persona (이 사람)
aquella persona (저 사람)
esa persona (그 사람)
esas tres personas (그 세 명)

명령 좀 작작해.

Deja de dar órdenes. = Deja de mandar.

명령하지마세요.

No me dé órdenes.
= A mí no me dé órdenes. (저한테~)

명심하세요.

Téngalo muy en cuenta.
= No se olvide de eso. = No lo olvide.

명심해!

¡Tenlo en cuenta! = ¡Recuérdalo!

명함을 가지고 계십니까?

¿Lleva consigo su tarjeta de presentación?
➡ La tengo. (가지고 있지요.)

몇

몇가지 물어볼게.	Te haré unas preguntas. ➡ **Sí, adelante.** (그래.)

몇 개 드릴까요?

¿Cuántos desea?
➡ **Primero deme seis.** (먼저 6개 주세요.)

몇 년 되었습니까?

¿Cuánto tiempo lleva aprendiendo español?
= ¿Cuántos años ha estudiado español?
(스페인어를 배운지~)

➡ **Apenas un año.** (겨우 1년 됐습니다.)

몇 년도입니까?

¿En qué año estamos? (올해는~)
➡ **Estamos en el año dos mil diez.**
(올해는 2010년입니다.)

〈연도와 관련한 표현〉

hace tres años (재재작년)

hace dos años = el año antepasado (재작년)

el año pasado (작년)

este año (올해)

el año próximo = el año que viene (내년)

몇 대 몇으로
이겼습니까?

[축구] ¿Con cuántos goles ha ganado?
➡ ⓐ **Ganó por dos a uno.** (2대 1로 이겼습니다.)
　ⓑ **Perdió por uno a cero.** (0대 1로 졌습니다.)

몇 대 몇입니까?

¿Cómo va el partido?
➡ **Estamos ganando por dos a uno.**
(우리가 지금 2대 1로 이기고 있습니다.)

몇 도입니까?

① [기온] ¿A cuántos grados estamos hoy?
(오늘은~)

➡ **Estamos a doce grados centígrados.** (섭씨
12도요.)

② [술] ¿Cuántos grados de alcohol tiene este
licor? (이 술은)

➡ **Tiene cuarenta y cinco grados.** (45도입니다.)

몇 등 했습니까?

¿En qué lugar quedaste?
➡ Por supuesto en el primer lugar.
(당연히 1등이죠.)

몇 번 버스를
타야합니까?

¿Que número de autobús debo tomar?
= ¿Qué ruta debo tomar?

몇 번으로 거셨습니까?

[전화] ¿Que número ha marcado?

몇 분 남았습니까?

¿Cuántos minutos quedan todavía? (아직~)
➡ Quedan diez minutos. (10분이요.)

몇 분간 입니까?

¿Por cuántos mimutos?
➡ Por quince mimutos.
= Por un cuarto de hora. (15분이요.)

관련표현

*Treinta minutos = Media hora (30분)
Cuarenta y cinco minutos
= Tres cuarto de hora (45분)
Sesenta minutos = Una hora (60분)
Setenta minutos (70분)
Noventa minutos
= Una hora y media (90분)

몇 분 입니까?

① [사람] ¿Cuántas personas son?
➡ Somos ocho. (8명입니다.)
② [시간] ¿Son las dos con qué? (지금 두시~)
➡ Son las dos con quince minutos.
(두시 15분입니다.)

몇살이니?

¿Cuántos años tienes? = ¿Qué edad tienes?

몇 시 되었습니까?

¿Qué hora es? = ¿Tiene hora?
➡ Es la una. (1시입니다.)

몇 시 비행기입니까?

¿A qué hora sale el avión?
➡ Sale a las once. (11시입니다.)

몇 시 표가 있습니까?

¿A qué hora hay billete?

몇 시간 걸립니까?

¿Cuántas horas se tarda para llegar a Nueva York desde Seúl? = ¿Cuántas horas se hace desde Seúl hasta Nueva York?
(서울에서 뉴욕까지~)
➡ Se tarda doce horas. (열두 시간정도 걸립니다.)

몇 시간입니까?

¿Cuántas horas son?
➡ Una hora y quince minutos. (한 시간 15분이요.)
Una hora y media (한 시간 반이요.)
Dos horas (두 시간이요.)
Tres horas (세 시간이요.)
Cuatro horas (네 시간이요.)
Cinco horas (다섯 시간이요.)

몇 시입니까?

¿Qué hora es? (지금~)
➡ Son las dos con diez minutos.
(2시 10분입니다.)
Es la una de la tarde. (오후 1시입니다.)
Son las dos. (2시입니다.)
Son las tres. (3시입니다.)
Son las cuatro. (4시입니다.)
Son las cinco. (5시입니다.)
Son las seis. (6시입니다.)
Son las siete. (7시입니다.)
Son las ocho. (8시입니다.)
Son las nueve. (9시입니다.)
Son las diez. (10시입니다.)
Son las once. (11시입니다.)
Son las diez de la mañana.
(지금 오전 10시입니다.)
Son las ocho y media (8시 반입니다.)

몇 식구 입니까?	¿Cuántos son en su familia?

☞ 식구는 몇 입니까?

몇 월 며칠입니까?	¿A qué estamos?

= ¿Qué fecha es hoy?

➡ Estamos a dos de octubre.

= Hoy es dos de octubre. (10월 2일입니다.)

관련표현

〈월 표현〉 ¿Qué mes? (몇 월?)

➡ enero(1월) febrero (2월) marzo (3월)
abril(4월) mayo (5월) junio (6월)
julio(7월) agosto (8월) septiembre (9월)
octubre (10월) noviembre(11월)
diciembre (12월)

〈일 표현〉 ¿Qué fecha? (며칠?)

➡ primero(1일) dos (2일) tres (3일)
cuatro (4일) cinco (5일) seis (6일)
siete (7일) ocho (8일) nueve (9일)
diez (10일) once (11일) doce (12일)
trece (13일) catorce(14일) quince (15일)
dieciséis (16일) diecisiete (17일)
dieciocho (18일) diecinueve (19일)
veinte (20일) veintiuno (21일)
veintidós (22일) veintitrés (23일)
veinticuatro (24일) veinticinco (25일)
veintiséis (26일) veintisiete(27일)
veintiocho (28일) veintinueve (29일)
treinta (30일) treinta y uno (31일)

〈개월 수 표현〉 ¿Cuántos meses? (몇 개월?)

➡ un mes(1개월, 한 달)
dos meses (2개월, 두 달)
tres meses (3개월, 세 달)
cuatro meses (4개월, 네 달)
cinco meses (5개월, 다섯 달)
seis meses (6 개월, 여섯 달)

siete meses (7개월)
ocho meses (8개월)
nueve meses (9 개월)
diez meses (10 개월)

몇 입니까?

¿Qué número es éste? (이것은~)
➡ Es siete. (이것은 7입니다.)

관련표현

〈수사〉

uno (1)　dos (2)　tres (3)　cuatro (4)　cinco (5)
seis (6)　siete (7)　ocho (8)　nueve (9)　diez (10)
once (11)　doce (12)　trece (13)　catorce (14)
quince (15)　dieciséis (16)　diecisiete (17)
dieciocho (18)　diecinueve (19)　veinte (20)
treinta (30)　cuarenta (40)　cincuenta (50)
sesenta (60)　setenta (70)　ochenta (80)
noventa (90)　cien (100)　ciento cuatro (104)
ciento diez (110)　ciento once (111)
ciento diecinueve (119)　ciento veinte (120)
doscientos (200)　doscientos dos (202)
doscientos veinte (220)　mil (1,000)
mil cuatro (1,004)　mil cuarenta (1,040)
mil cuatrocientos (1,400)　dos mil (2,000)
dos mil doscientos (2,200)　diez mil (10,000)
veinte mil (20,000)
veinte mil doscientos dos (20,202)
cien millones (1억)　doscientos millones (2억)

몇 점입니까?

¿Qué puntaje ha sacado en la materia de español? = ¿Qué calificación tiene en la materia de español? (스페인어 성적은~)
➡ Ochenta y cinco puntos. (85점입니다.)

몇 초입니까?

¿Cuántos segundos?
➡ Diez segundos. (10초요.)
// Veinte segundos. (20초요.)

몇 학년에 다닙니까?	¿En qué curso está su hijo? (아이가~)
	➡ Está en segundo curso. (2학년이요.)
몇 학년입니까?	¿Qué año está cursando?
	➡ Estoy en segundo curso de bachillerato. (고등학교 2학년이요.)
몇 호실입니까?	¿Qué número de habitación?
	➡ Habitación número ciento dos. (102호실이요.)
몇 째입니까?	¿Tiene hermanos? (형세가 있습니까?)

관련표현

ⓐ Soy el mayor (첫째입니다.)

ⓑ Soy el del medio. (둘째입니다.)

ⓒ Soy el más chico. = Soy el menor.
(막내입니다.)

모

모닝콜 해주세요.	Despiérteme a las siete de la mañana por teléfono. (아침 7시에~) ☞ 깨워주세요.
모두	Todo
모두들	Todos
모든 것이 잘 되길 빕니다.	Espero que le vaya bien en todo. = Espero que le salga todo bien.
모든 길은 로마로 통한다.	Todos los caminos conducen a Roma.
모든 일이 뜻대로 되길 빕니다.	Espero que se le cumpla todo lo que desee.

| 모든 일은 마음먹기에 달려있다. | Todo depende de cómo te lo propongas.
= Todo depende de nuestra voluntad. |

모든 준비가 끝났습니다.
Todo está listo. = Está todo listo.

모로 가도 서울만 가면 된다.
El fin justifica los medios.
(결과가 방법을 정당화 시킨다.)

모레 만나는 게 어때요?
¿Qué le parece si nos vemos pasado mañana?
➡ Está bien. = De acuerdo. (좋아요.)

모르겠습니까?
① [이해] ¿No lo entiende?
➡ No lo entiendo. (모르겠어요.)
② [어떤 사실을] ¿No lo sabe?
③ [면식] ¿No me reconoce? (날~)
➡ No, no lo reconozco. (모르겠습니다.)

모르겠습니다.
① [이해] No entiendo.
② [눈으로 봐서] A la vista no lo entiendo.
③ [어떤 사실을] No lo sé.
// No lo sé de verdad. (정말~)

모르는 게 약입니다.
La ignorancia es una bendición.
// A veces es mejor no saber.

모르는 소리!
No sabes de qué hablas.

모릅니까?
① [지식이나 어떤 사실을] ¿No lo sabe?
= ¿No está informado?
➡ No estoy al tanto. (몰라요.)
② [사람을] ¿No lo conoce? (그 사람~)
➡ No lo conozco. (몰라요.)
③ [길을] ¿No conoce el camino?
// ¿No sabe el camino?
➡ No conozco el camino.
// No sé el camino. (몰라요.)

④ [이해] ¿No entiende?

➡ No entiendo. (모릅니다.)

⑤ [자세히] ¿No está muy bien informado?

　　➡ Sí, estoy informado. (아니요, 압니다.)

모셔다 드리겠습니다.

Lo llevo. = Lo acompaño. ☞ 바래다줄게요.

모습이 예전 그대로네.

No has cambiado. = Estás igual.

= Sigues igual que antes.

➡ Tú también igual. No has cambiado en nada. (너 역시 그래. 하나도 변한 게 없네.)

모임이 있어서 일찍 나갔습니다.

[퇴근] Me fui temprano porque tenía un compromiso.

모입니까?

① ¿En dónde nos reunimos mañana?
(내일 어디서~)

　　➡ En la entrada principal. (정문에서요.)

② ¿Cuándo nos volveremos a reunir?
(언제 또~)

　　➡ Un año después. (1년 후에요.)

모처럼 한자리에 모였으니 거국적으로 건배!

Por fin nos reunimos. Así que, brindemos.

= Levantemos la copa porque por fin nos hemos reunido.

모처럼만에 만났는데.

No es fácil reunirnos. (우리 만나기 쉽지 않아.)

목

목구멍이 포도청.

El estómago manda.

목마른 사람이 우물판다.	Quien tiene sed cava el pozo. = El que tiene necesidad lo hace.
목말라요?	¿Tiene sed? ➡ ⓐ Tengo sed. (목말라요.) 　ⓑ No tengo sed. (목마르지 않습니다.)
목소리 들으니 반갑습니다.	Me alegra escuchar su voz. = Me alegra escucharlo.
목욕탕에 가서 목욕할까요?	¿Le gustaría ir a sauna para bañarnos? (우리~) ➡ Sería bueno. (좋지요.)
목이 몹시 아픕니다.	Me duele mucho la garganta. = Tengo mucho dolor en la garganta.
목이 무척 마릅니다.	Tengo muchísima sed.
목이 쉬었구나.	Estás afónico. (너~)
목이 아픕니다.	Me duele la garganta.
목이 좀 마릅니다.	Tengo un poco de sed.

몰

몰라뵈었습니다.	No lo reconocí.
몰라, 몰라!	[짜증내며] ¡No sé!
몰라도 돼.	① [비아냥 거림] ¿Qué te importa? ② [알 필요 없을 경우] No hace falta que lo sepas. 　= No es necesario que lo sepas.

몰라서 물어?	① [알면서] ¿Para qué me preguntas, si tú sabes?

① [알면서] ¿Para qué me preguntas, si tú sabes?

② [시치미] No te hagas la tonta.

= No hagas como que no sabes.

➡ No me hago la tonta.
(누가 시치미 뗐다고!)

몰라요.

Yo no sé.

// ¡Yo qué sé! = ¡Qué sé yo!

// Yo no sé. Así que, no me eche la culpa por llegar tarde.
(난~, 약속에 늦었다고 제 탓하지 마세요.)

몰래 빠져나갔어요.

Se escabulló. = Se escapó.

= Se fue sin que nadie se diera cuenta.
(그가~)

몰상식하네!

① [무지] ¡Qué ignorante!

② [버릇없음] ¡Qué falta de educación!

= ¡Qué maleducado!

몰카에 찍혔어.

Me grabó una cámara oculta.

몸

몸 건강하시길 빕니다.

Le deseo que tenga mucha salud.

몸매가 멋지십니다.

Tiene buena figura corporal.

몸무게는 얼마입니까?

¿Cuánto pesa?

➡ ⓐ Peso cincuenta kilogramos.
(50킬로그램입니다.)

ⓑ Peso unos sesenta kilos.
(60킬로그램 정도입니다.)

몸에 손대지 마세요.	No me toque. // ¡Quita las manos de mi cuerpo! (내 몸에서 손 떼!)
몸에 안 좋습니다.	No es bueno para la salud. // Esto no es saludable. (이건~)
몸에 좋습니다.	Esto es muy bueno para la salud. (이거~)
몸에 힘이 하나도 없습니다.	No tengo nada de fuerza.
몸은 어떻습니까?	¿Cómo está de salud? ➡ Más o menos. (그런대로요.)
몸이 나셨네요.	Se ha recuperado. ☞ 회복하셨네요.
몸이 멀어지면 마음도 멀어진다.	Ojos que no ven, corazón que no siente.
몸이 불편한 것 같습니다.	① [병] Se ve que está mal de salud. (그가 좀~) ② [장애] Parece que tiene discapacidad.
몸이 불편합니까?	① [병] ¿Le duele algo? = ¿Se siente mal? ➡ Me siento un poco mal. (약간 불편해요.) ② [자세] ¿Está incómodo?
몸이 좋아졌습니다.	① [살이 찜] Aumenté de peso. = He subido de peso. ② [체력] Agarré condición.
몸조심하세요.	[작별인사. 당부] Cuídese. ➡ Tú también. (너도.)
몸짱이야.	Tiene un cuerpazo. (그는~)

몹쓸 사람들!	¡Malvados!

못 가봤습니다.	Nunca he estado ahí. = No había ido ahí. // No tuve la oportunidad de visitar ese lugar. (거기 가볼 기회가 없었습니다.)
못 갑니다.	① [의지] No voy a ir. ② [불가] No puedo ir.
못 견디겠습니다.	No lo puedo soportar // No soporto este lugar. (여긴 정말~)
못 나갑니다.	[허가] No se puede salir. = No está permitido salir.
못난이!	[외모] ¡Feo!
못됐다!	[마음씨] ¡Qué mala persona!
못 들은 걸로 할게.	Haré como si no lo hubiera escuchado. = Haré oídos sordos. = Haré caso omiso.
못 들은 척 했지.	Me hice el que no escuché
못 떠나겠어요.	No me puedo ir de aquí. = No puedo dejar este lugar. (여길~)

못 만났어요.	Ya han pasado diez días sin verlo. = Ya pasaron diez días que no lo he visto. (그를 벌써 10일이나~)
못 먹겠습니다.	No puedo comer esta comida. (이 음식은~)
못 먹는 음식이 있습니까?	¿Hay algún tipo de alimento que no pueda ingerir? ➡ No aguanto el olor a pescado. = No soporto el olor a pescado. (생선 비린내를 못 견딥니다.)

못 먹었습니다.	No he comido.
	// No he podido comer. (점심~)
	// Antes no podía comer pescados.
	(예전에는 생선을~)

못 믿겠습니다.	① No lo puedo creer. ② No puedo confiar en él. = No puedo creer en él. (그를~) // Realmente no puedo confiar en él. = Realmente no le tengo confianza. (정말 그를~)
못 봤습니다.	No lo he visto. // No he visto a Julio hoy. (오늘 훌리오를~)
못 살게 구는구나.	¡Cómo molesta a su hermano! (걔는 참 지 동생을~)
못 살게 군단 말이야.	Me molestan mis amigos a diario. = Mis amigos no me dejan en paz. (친구들이 나를 만날~)
못 살게 굴지 마세요.	No me haga sufrir. = Déjeme en paz. = No me moleste.
못 살아요.	[목숨] No le queda mucho tiempo de vida. (얼마~)

못생겨서 죄송합니다.	Perdón por ser feo.
못생겼습니다.	Esa mujer es realmente fea. (그 여자 정말~)
못 쓰겠습니다.	① [글씨가 많아서] No puedo escribir todo porque son demasiadas palabras. ② [약 등이 효과가 없음] Esta medicina no me hace efecto. = Esta medicina no me sirve. (이 약이 저한테는 효과가 없네요.)
못 알아들었습니다.	[이해가 안 돼] No lo he entendido.
못 올라갈 나무는 쳐다보지도 마라.	No te propongas metas inalcanzables.
못 올지도 모릅니다.	Puede que no llegue. = Tal vez no venga.
못 읽겠습니다.	[많아서] No puedo leer tanto.
못 입겠습니다.	[옷이 작아서] No puedo ponerme esta ropa porque me queda pequeña.
못 참겠어!	¡No aguanto más! = ¡Es inaguantable! = Ya no puedo soportar más. (더 이상은~) // No puedo estar más tiempo en este lugar. = No soporto más este lugar. (도저히 여기에 못있겠어.)
못 챙겨왔습니다.	No lo he traído. // También me olvidé de traerlo. (저도~)
못하겠습니다.	① [하기 싫어서] No quiero hacerlo. ② [일이 많아서] No voy a hacerlo. Es demasiado trabajo. ③ [능력이 안 되어] No puedo hacerlo. No tengo la capacidad suficiente. ④ [계속해서] No puedo seguir haciéndolo. ⑤ [포기] Me rindo.

못합니다.	① [능력] No lo puedo hacer.
	= No tengo capacidad para hacerlo.
	② [수준] No soy bueno.
	③ [스포츠] No sé jugar al fútbol. (축구를 잘~)
	④ [상황판단] No podría hacerlo. (그런 일은~)
	⑤ [허가] No tengo permiso.

| 묘하네요! | ① ¡Qué raro! (이상함) |
| | ② ¡Qué coincidencia! ☞ 우연의 일치네요 |

| 무거워 죽겠어요. | Pesa muchísimo. |

무겁습니까?	¿Pesa?
	① [본질] ¿Es pesado?
	② [상태 · 주관적 의견] ¿Está pesado?
	③ ¿Cuánto pesa? (얼마나~)
	➡ Pesa setenta kilogramos. (70킬로그램입니다.)

| 무게가 초과되었습니까? | ¿Mi equipaje supera el límite de peso? (제 짐~) |
| | ➡ Excede cinco kilos. (5킬로 초과입니다.) |

| 무는 말 있는데 차는 말 있다. | Dios los cría y ellos se juntan. |

| 무능한 인간! | ¡Inútil! |

| 무단횡단은 위험합니다. | Cruzar la calle indebidamente es peligroso. |

무더워 죽을 지경입니다.	Me está matando el calor. = Me muero de calor.
무덥습니다.	Hace un calor sofocante. = Está muy caluroso. (날씨가~)
무례하군요.	No tiene cortesía. // Es muy descortés. (너무~)
무례함을 용서하세요.	Disculpe mi descortesía.
무료로 증정합니다.	Se lo obsequiamos. = Se lo regalamos.
무료배송은 몇 킬로그램까지입니까?	¿Cuál es el límite de peso para el envío gratuito? = ¿Hasta cuántos kilos se manda gratis? ➡ Hasta veinte kilogramos. (20킬로그램입니다.)
무리야.	[실현 불가능] Es imposible.
무리하지 마세요.	[일] No trabaje en exceso.
무사히 잘 다녀오세요.	[여행] Que tenga un buen viaje.

무서워요.	Tengo miedo.
	// Estoy muy atemorizado. (너무~)
	// Le tengo mucho miedo a mi papá.
	(아버지가 너무~)
	➡ ¿A qué le temes?
	= ¿Qué te da miedo? (뭐가 무서워?)

무서워 죽겠어요.	Me muero de miedo.
무서워 하지마세요.	No tenga miedo.
무섭긴!	¡No hay nada que temer!

| 무소식이
희소식이라잖아요. | La falta de noticias es buena noticia. |

무슨 날입니까?

☞ 날입니까?

무슨 뜻이야?

① ¿Qué significa? = ¿Qué quiere decir?
② ¿A qué te refieres? (너 그게 무슨~)
  ➡ No es nada. (아무것도 아니야.)

무슨 말씀인지요?

① [의미 확인] ¿Qué quiere decir?
  = ¿A qué se reficre?
② [하고자하는 말이]
  ¿Qué es lo que intenta decir?

무슨 말이야?

① [반문] ¿Qué dices?
② [헛소리] ¡Qué tontería estás diciendo! (그게~)

무슨 상관이야!

¡Qué te importa!

무슨 소리야?

① [반문] ¿Qué?
② [말뜻이] ¿A qué te refieres?
  // ¿Qué quieres decir con eso? (그게~)
③ [허튼소리에] ¡Qué tontería dices!
④ [바깥소리에] ¿Qué suena?
  // ¿Qué es este ruido que se oye?
⑤ [외부의 움직임에] ¿Quién anda ahí?
  (거기 누구요?)

무슨 요일입니까?

¿Qué día es hoy? (오늘은~)
➡ Hoy es martes. (오늘은 화요일입니다.)

〈요일〉

lunes (월요일)　martes (화요일)

miércoles (수요일)　jueves (목요일)

viernes (금요일)　sábado (토요일)

domingo (일요일)

무슨 일 생겼습니까?

① ¿Ha pasado algo? = ¿Ha sucedido algo?
 // ¿Le ha pasado algo?
  = ¿Qué le ha pasado? (당신에게~)
  ➡ Me chocó un coche. (차에 부딪쳤습니다.)
② ¿Le pasó algo al profesor? (선생님한테~)
  ➡ Tuvo un accidente de tráfico.
   (교통사고 났어요.)

무슨 일인지 말해봐.

Dime lo que ha pasado.

무슨 일입니까?

① [용무] ¿Qué pasa?
② [확인] ¿Todo bien? (별 일 없죠?)

무슨 짓이야?

¿Qué haces?
➡ No, no es nada. (아무 것도 아니에요.)

무승부로 끝났습니다.

Empataron. = Terminó en un empate.
// Los dos equipos empataron. (양 팀은~)

무시하지 마세요.

No me ignore.
= No me subestime.

무식한 놈!

¡Ignorante!

무엇 때문이야?

① [이유] ¿Cuál es la razón? = ¿Cuál es el
  motivo? = ¿A qué se debe?
② ¿Por qué estudias español?
  ➡ Porque es divertido. (재미있어서요.)

무엇을 도와드릴까요?	¿En qué le puedo servir?

무엇을 도와드릴까요?

¿En qué le puedo servir?
= ¿En qué le puedo ayudar?
➡ Gracias. Cuando necesite algo, lo llamo.
(고맙습니다. 필요할 때 부르겠습니다.)

무엇을 드실래요?

① [음식] ¿Qué le gustaría cenar?
= ¿Qué quiere cenar? (저녁은~)
➡ Me gustaría cenar arroz frito.
(볶음밥이요.)
② [음료] ¿Qué quiere tomar?
➡ Quiero un té. (차 마실래요.)

무엇을 원합니까?

¿Qué desea?
➡ Quiero una botella de vino. (포도주 한 병요.)

무엇을 잘 먹습니까?

¿Qué come bien?
= ¿Qué le gusta comer?

무엇을 좋아합니까?

[음식] ¿Cuál es su comida favorita?
➡ El bulgogi. (불고기요.)

무엇을 주문하시겠습니까?

[음식] ¿Qué desea pedir?

무엇을 하고 있습니까?

¿Qué está haciendo?
➡ [포커] Estamos jugando al Bridge.
(브리지를 하고 있습니다.)

무엇을 하려고요?

¿Qué quiere hacer?
➡ Voy a bañarme en aguas termales.
(온천에 몸을 좀 담그려고.)

무엇을 합니까?

¿Qué hace en su tiempo de descanso?
(쉴 때~)
// ¿Qué hace en su tiempo libre? (한가할 때~)
// ¿Normalmente qué hace? (보통~)

// ¿Qué hace los fines de semana? (주말에~)
➡ Siempre voy a jugar al golf.
(항상 골프하러갑니다.)

무엇입니까?

¿Qué es esto? (이것은~)
➡ Es un libro. (이것은 책입니다.)

무엇 좀 드시겠습니까?

① [음식] ¿Desea algo de comer?
➡ No, estoy bien. No se preocupe.
(아니요. 신경 쓰지 마세요.)

② [음료] ¿Desea algo de beber?
➡ ⓐ Sí, me da un té verde, por favor.
(녹차 한잔 주세요.)

ⓑ Lo que sea está bien.
= Cualquiera está bien.
(뭐든 괜찮습니다.)

③ [주문] ¿Qué desea pedir?
= ¿Qué quiere ordenar?
➡ Quiero tomar un té. (차 마실래요.)

무엇 좀 살까요?

¿Compramos algo?
➡ Pues compremos frutas.
(과일 좀 사면 되겠지요.)

무자식이 상팔자.

Quien no tiene hijos no tiene de qué
preocuparse.

무정합니다.

Es frío conmigo. (그는 나에게~)

무지 쉬워요.

① [본질] Es muy fácil.
② [상태 · 주관적 의견] Está muy fácil.

무척

① Muy // Isabel es muy gorda.
(이사벨은 무척 뚱뚱합니다.)
② Mucho // Isabel come mucho.
(이사벨은 무척 먹습니다.)

문

문 닫아요.	Cierre la puerta, por favor.
문 닫을 시간입니다.	[영업 종료] Es hora de cerrar.
문단속 잘 해.	Cierra bien la puerta.
문병 가겠습니다.	[병원] Cuando tenga tiempo, lo voy a visitar al hospital. (시간 나면~)
문안인사를 가야지요.	Tenemos que ir a saludar al profesor. (우리 선생님께~)
문은 열려있어요.	La puerta está abierta.
문을 닫습니까?	¿A qué hora cierra la tienda? (상점은 몇 시에~)
	➡ A las diez de la noche. (저녁 10시입니다.)
문을 엽니까?	[영업] ¿Cuál es el horario de atención al público? (몇 시에서 몇 시까지 ~)
	➡ Está abierto hasta la una de la tarde. (오후 1시까지 문을 엽니다.)
문자도 씹어.	Tampoco responde a mis mensajes de texto. (내~)
	// No contesta el télefono ni el mensaje de texto. ☞ 전화 받지도 않고, 문자도 씹어.
문자 보낼게.	[핸드폰] Te mandaré un mensaje de texto.
문자 왔어.	[핸드폰에] Tienes un mensaje de texto. = Te llegó un mensaje. (너~)
문제 없습니다.	No hay problema. ① [안심] No hay nada de qué preocuparse. 　= No pasa nada. ② [완벽함] Todo está perfecto.

| 문제 있습니까? | ① [질문] ¿Tiene alguna pregunta? (무슨~)
➡ Ninguna. (없습니다.)
② [곤란] ¿Tiene algún problema? (무슨~)
➡ No, estoy bien. (괜찮아요.) |
| 문 좀 열어주세요. | Ábrame la puerta, por favor. |

| 묻지 마세요. | No me pregunte. |

물

물 끓이는 중이에요.	Puse el agua a calentar. = Estoy calentando el agua. = Estoy hirviendo el agua.
물 내려!	[화장실 변기] ¡Baja el agua de la taza! = ¡Bájale al baño!
물 만난 고기야.	Es como pez en el agua.
물 있습니까?	¿Tiene agua? = ¿Hay agua? ➡ Sí, tengo agua. = Sí, hay. (있습니다.)
물 좀 더 주세요.	Deme más agua, por favor.
물 한병 갖다주세요.	Tráigame una botella de agua, por favor.

물 한잔 주세요.	Deme un vaso de agua.
	// Deme un vaso de agua fría (찬~)
	// Deme un vaso de agua caliente. (뜨거운~)

| 물건 올리는 것 좀 도와주세요. | Ayúdeme a subir mis cosas, por favor. (제~) |

물건을 잃어버렸습니다.　Perdí mis cosas.

물건을 찾아주셔서 감사합니다.　Gracias por haberme encontrado mis cosas.

물고기와 곰발바닥을 함께 얻을 수 없다.　No se puede matar dos pájaros de un tiro.

물러나세요.
① Retroceda. (뒤로~)
② [자리나 직위에서] Retírese.
③ Hay que saber cuándo bajar las manos.
(이쯤에서 깨끗하게 손 떼세요)

물려주세요.　[반품] Quiero hacer la devolución.

물론 아니지요.　Claro que no.

물론이지요.
① [상대의 말이 긍정일때] Claro que sí.
　 = Por supuesto que sí.
② [상대의 말이 부정일때] Claro que no.
　 = Por supuesto que no.
☞ 당연하지요.

물속에서 사는 고기 물 귀한줄 모른다.　Nadie sabe apreciar lo que tiene hasta que lo ve perdido.

물어보겠습니다.
Voy a preguntar.
// En seguida le pregunto. (그에게 바로~)

물어줄게.　[변상] Me haré cargo de los daños ocasionados.

물어줘.　[변상] Págame por el daño que has causado.

물은 건너보아야 알고 사람은 지내보아야 한다.　Se conoce mejor a las personas con el tiempo.

물을 많이 드세요.　Beba mucha agua. = Tome mucha agua.

물이 끓어요.	Está hirviendo el agua.
물이 나오지 않습니다.	No sale el agua.
물이 뜨겁네요.	El agua está un poco caliente. (약간~)
물이 샙니다.	Hay una fuga de agua.

뭉

| 뭉치면 산다. | En la unión está la fuerza. |

뭐

뭐 그런 놈이 다 있냐?	¡Qué clase de persona!
뭐 대단한 것도 아닙니다.	No es nada. = No es gran cosa. = No es nada importante.
뭐 대단한 일이라고.	☞ 뭐 대단한 것도 아닙니다.
뭐 마실래?	¿Qué quieres tomar? ➡ Quiero una cerveza. = Voy a tomar una cerveza. (맥주 한 잔 할래.)
뭐 먹고 싶니? 만들어줄게.	¿Qué te apetece? Te lo preparo. ➡ Quiero comer espagueti. = Tengo ganas de comer espagueti. (스파게티 먹고 싶어.)
뭐 먹을래요?	¿Qué desea comer? ☞ 무엇을 드실래요? // ¿Qué le apetece? = ¿Qué le antoja?
뭐 어때서!	¿Y qué tiene?

| 뭐 잘못 됐냐? | ¿Hay algo que esté mal? = ¿Algo está mal? |

뭐 잘못 먹었냐?

① [비난] ¿Qué te pasa?
② [음식] ¿Te cayó algo mal?
➡ No sé. (모르겠어요.)

뭐 좀 드실래요?
뭐 좀 마실래요?

☞ 무엇 좀 드시겠습니까?

뭐가 그리 급해?

¿Por qué tienes tanta prisa?
= ¿Qué es lo que te apura tanto?
= ¿Por qué estás tan apurado?
➡ Es que ya comienza la clase. (수업시작해요.)

뭐가 달라요?

¿Cuál es la diferencia?
➡ Claro que es diferente. (당연히 다르지요.)

뭐가 대단해!

[폄하] Nada espectacular.
= No es nada espectacular.
= No es gran cosa.

뭐가 되고 싶니?

¿Qué quieres ser de grande?
= ¿Qué te gustaría ser cuando crezcas?
= ¿Qué te gustaría ser cuando seas mayor?
➡ Quiero ser científico. (과학자가 되고 싶습니다.)

뭐든지 괜찮습니다.

Lo que sea está bien.
= Cualquiera está bien.

뭐든지 다 잘 먹습니다.

Como de todo.

뭐든지 말씀만 하십시오.

Estoy a sus órdenes.
// Di lo que quieras. Te lo consigo.
(뭐든지 말만해. 내가 다 구해줄게)

뭐든지 먹을 수 있습니다.

Como cualquier cosa. = Como de todo.

뭐라고?

¿Qué? = ¿Cómo? = ¿Perdón?

| 뭐랄까? | ¿Cómo te diré? = ¿Cómo te lo explico?
= ¿Cómo podré explicártelo? |

| 뭐랬어? | ¿Qué te dije? (내가~) |

| 뭐로 만들었습니까? | ¿De qué está hecho esto? (이것은~)
➡ Está hecho de harina. (밀가루요.) |

| 뭐야 그놈? | ① [신분파악] ¿Quién es ése?
② ¿Qué quería? // ¿Qué quiere? (원하는 게 뭐야?) |

| 뭐야 또? | [불평] ¿Y ahora qué? |

| 뭐야 이게! | [비난조] ¿Qué demonio es esto? |

| 뭐하는 거야? | ① [꿍꿍이 속] ¿Qué estás tramando? (대체~)
② [행위에 대한 비난] ¿Qué demonio haces? |

| 뭐하는 사람이요? | [직업] ¿A qué se dedica?
➡ Soy comerciante. (저는 상인입니다.) |

| 뭐하려고? | ① [행동] ¿Qué vas a hacer?
= ¿Qué quieres hacer?
② [용도] ¿Para qué?
➡ Nada. (아무 것도 아니에요.) |

| 뭐해? | ① ¿Qué haces?
// ¿Qué haces hoy? (오늘~)
② [멍하니 한눈 팔 때] ¿Qué piensas tanto?
= ¿En qué estás pensando? |

뭔

| 뭔 일 있어? | ¿Pasa algo?
// ¿Pasa algo con ella? (그 여자와~)
➡ ¿Qué puede pasar? = ¿Qué puede ocurrir?
(무슨 일이 있을 게 뭐있어!) |

뭔 일인데?	¿Qué pasa? = ¿Qué ocurre? = ¿Qué sucede?
뭔데?	① [확인] ¿Qué? ② [사물에 대해] ¿Qué es?
뭔데 그래?	① ¿Pues qué es? ② [상대폄하] ¿Quién te crees? = Tú no eres nadie. (네가~)

뭘

뭘 드릴까요?	[상점] ¿Qué desea? = ¿Qué necesita? = ¿Qué busca? ➡ Quiero una botella de whisky. (위스키 한 병이요.)
뭘 드실래요?	¿Qué quiere comer? = ¿Qué le apetece?
뭘 모르는군.	No tienes ni idea. = No sabes de nada.
뭘 봐?	¿Qué me miras? = ¿Qué me ves?
뭘 시킬까요?	[주문] ¿Qué pedimos? = Qué ordenamos? ➡ Pida lo que sea. = Pida cualquier cosa. (아무거나 시켜요.)
뭘 원하십니까?	☞ 무엇을 원합니까?
뭘 찾는 거야?	¿Qué buscas?
뭘 하고 있어?	[망설임에 대한 비난] ¿Qué esperas?
뭘까?	[추측] ¿Qué será?
뭘요!	① [감사에 대한 대답] De nada. = Por nada. ② [실례에 대한 대답] No se preocupe.

뭣

뭣 하러 갔어?

¿A qué fuiste ahí? (거기에~)
➡ Fui a hacer compras.
= Fui a comprar algo. (물건 사러 갔었어.)

미

미국 대사관은 어디에 있습니까?

¿Dónde está la Embajada de los Estados Unidos?

미국 사람입니까?

¿Es usted estadounidense?
= ¿Usted es de los Estados Unidos?
➡ Sí, soy estadounidense.
= Sí, soy de los Estados Unidos.
(예. 미국 사람입니다.)

미국 생활에 익숙합니까?

¿Está acostumbrado a la vida en los Estados Unidos?
➡ Ya estoy acostumbrado.
= Ya me acostumbré. (익숙해졌어요)

미국 선생님이 가르쳐 주었어요.

Me lo enseñó mi maestro estadounidense.

미국 어디 어디 가봤습니까?

¿Qué lugares de los Estados Unidos conoce?
= ¿Qué parte de los EE.UU. conoce?

미국 영화도 좋아합니까?

¿Le gustan las películas estadounidenses?

미국 요리를 잘 먹습니다.

Me gusta la comida estadounidense.

미국에 언제까지 머뭅니까?

¿Hasta cuándo se queda en los Estados Unidos?
➡ ⓐ Hasta noviembre del año que viene.
(내년 9월까지요.)

ⓑ Aproximadamente un mes.
(약 한달입니다.)

미국에 온지 얼마나 됐습니까?

¿Cuáno tiempo lleva en los Estados Unidos?
= ¿Hace cuánto que llegó a los Estados Unidos?
➡ Llevo un mes en los Estados Unidos.
= Hace un mes que llegué a los Estados Unidos. (미국에 온지 한달 됐어요)

미국에 처음 왔습니까?

¿Ésta es la primera vez que visita los Estados Unidos?

미국인입니다.

Soy estadounidense.

미끄럼 조심하세요.

Cuidado porque está resbaloso.

미끄럼 주의

[경고문] CUIDADO PISO RESBALOSO

미리 생일을 축하합니다.

Le deseo de antemano un feliz cumpleaños.

미리 알려주세요.

Avíseme con anticipación.

미리 좀 깨우지?

Me hubieras despertado antes.
➡ Lo dejé para que durmiera un poco más.
(좀 더 주무시라고요.)

미스 리입니다.

① Soy la señorita Lee. (제가~)
② [성씨] Me apellido Lee.

미스입니다.

Soy soltera todavía. (아직~)
☞ 독신입니다.

미스터 김이군요.

Usted es el Sr. Kim. (당신이~)

미안!

Perdón. = Lo siento.
☞ 미안합니다. = 죄송합니다.

194

미안하게 생각합니다.　Lo siento.

미안합니다.
① [실례를 범하는 경우] Perdón.
// Lo siento de verdad. (정말~)
// Perdón, voy a fumar. Una disculpa.
(~, 담배 좀 피우겠습니다.)
// Perdón. Me tengo que ir por un asunto pendiente.
= Disculpe. Me retiro porque tengo unos asuntos que atender.
(~, 일이 좀 있어서 나가 보겠습니다.)
➡ No se preocupe. (괜찮습니다.)
② [폐를 끼치는 경우] Disculpe las molestias.

미운 일곱살이지.　Está en plena edad de hacer travesuras.

미워!　¡Te odio! = ¡No te quiero! (너~)

미쳐버리겠다!
¡Me vuelvo loco!
= ¡Me estoy volviendo loco!

미쳤냐?
¿Estás loco? = ¿Estás mal de la cabeza?
= ¿Te has vuelto loco?
➡ ⓐ Sí, estoy loco. ¿Y qué? (미쳤다, 왜?)
ⓑ No estoy loco. (안 미쳤어.)

미쳤어!
¡Loco! // Loco de verdad.(정말~)
// Estás loco.
= Estás mal de la cabeza. (너~)

미치겠다!
① [정신] Me vuelvo loco.
② [불만] Me pone loco.
③ [화가 나서] Voy a perder el control.
= Voy a perder la cordura.
④ [초조] ¡Qué nervioso me pone!
⑤ [귀찮음] ¡Ah, qué pereza tengo!

⑥ [스트레스] El estrés me vuelve loco.
☞ 돌아버리겠네.

미친 년!	① ¡Loca!　② 〈속어〉 ¡Puta!
미친 놈!	① ¡Loco!　② 〈속어〉 ¡Puto!
미친 놈들!	① ¡Locos!　② 〈속어〉 ¡Putos!

민

민망해!	Me siento avergonzado. = Estoy avergonzado.
민심을 얻는 사람이 천하를 얻는다.	Quien gana el corazón del pueblo gana el mundo entero.
민심이 천심.	Lo que desee el pueblo es lo que desea Dios. = La voluntad del pueblo es la voluntad de Dios.

믿

믿거나 말거나!	Lo creas o no.
믿는 도끼에 발등 찍힌다.	Donde menos piensa, salta la liebre.
믿습니다.	Confío en usted. (당신을~)
믿어요.	Confíe en mí. (나만~)
믿어주세요.	Créame.

믿을 수 없습니다.	① [불신] No lo puedo creer. (이건 정말이지~)
	② [황당] ¡Ridículo!
	③ [의심] No le tengo confianza.
	= Le tengo dudas.

믿지 않아요.	No lo creo.
	// No le creo en nada. (그 사람 말 전혀~)
	☞ 못 믿겠습니다.

밀

밀지 마세요.	No me empuje.
	// No empuje. Hay muchas personas adentro.
	(~안에도 사람이 많습니다.)

밉

| 밉살스러운 인간! | ¡Qué persona tan detestable! |

밑

| 밑빠진 독에 물 붓기. | Es como llenar un barril sin fondo. |

| 밑져야 본전입니다. | No se pierde nada. |

| 밑천도 못 찾아요. | Ni siquiera se recupera la inversión. |

바가지 그만 긁어! | ¡Ya no me acoses! = ¡Ya deja de acosarme!

바가지 씌우지 말아요. | [가격을] No me estafe con el precio.
= No me engañe con el precio.

바가지 요금이네. | El precio está demasiado elevado.
= Está demasiado caro.

바겐세일입니다. | Se ofrecen grandes rebajas. (대~)

바깥에 나가서 바람 좀 쐬자. | Salgamos a tomar un poco de aire fresco.

바꿔드리겠습니다. | ① [반품] Se lo cambiamos.
② [전화] Se lo comunico. (그를~)

바꿔주세요. | ① [전화] ¿Me comunica con el Sr. Lee, por favor?
= Comuníqueme con el Sr. Lee, por favor. (미스터 리를~)
② [물건을] Cámbiemelo por esto. (이것으로~)

바늘 가는데 실 간다. | Por donde pasa la aguja, pasa el hilo.

바늘도둑이 소도둑 된다. | Quien roba una vez, roba diez.

바늘방석에 앉은 것 같다. | Me siento muy incómodo.

바다는 메워도 사람의 욕심은 채우지 못한다. | Entre más tiene, más quiere.

바다에서 바늘 찾기야. | Es como buscar una aguja en un pajar.

| 바닥을 쓸어라. | Barre el piso. |

바람 맞았어요.
Me dejó plantado.

바람 불어요.
Hace aire. = Hay viento.

바람 쐬러 갑시다.
Vamos a tomar aire fresco.

바람 쐬러 나왔어요.
Salí a tomar aire fresco.

바람 앞의 등불.
Como una vela en el viento.

바람났어요.
① Mi esposo me puso los cuernos.
　= Mi esposo es infiel conmigo. (내 남편이~)
② Mi esposa me puso los cuernos.
　= Mi esposa es infiel conmigo. (아내가~)

바람둥이입니다.
Es un mujeriego. = Es un donjuan. (그는~)

바람을 넣어야 합니다.
Hay que inflar las ruedas porque están desinfladas. (타이어에 바람이 빠져서~)

바람이 불어서 왔어?
¿Qué te trae por aquí?
= ¿Cuál es el motivo de la visita?
= ¿A qué vienes aquí? (무슨~)

바람이 붑니다.
Hace aire. = Hace viento. = Sopla el viento.

바람이 세찹니다.
[일기예보] Hoy habrá fuertes vientos. (오늘~)

바람이 약해졌어요.
Se ha calmado el viento.

바람피웁니까?
¿Tiene otra mujer? = ¿Tiene amante?
= ¿Le está poniendo los cuernos a su pareja?
(다른 여자와 ~)
➡ Nada de eso. (그런 일 없어요.)

바래다줄게요.
Lo llevo hasta su casa. (집까지~)

| 바로 | Ahora. = En seguida. = De inmediato. |

바로 갈게요.
Ya voy. = En seguida voy.
= De inmediato voy.

바로 돌아올 거야.
Voy a volver pronto.
= Voy a volver en seguida.
= No voy a tardar en regresar.

바로 말해!
¡Di la verdad! ☞ 바른대로 말해!

바로 저사람입니다.
Es esa persona.
// Es exactamente esa persona.

바른대로 말해!
¡Di la verdad! = ¡No ocultes nada!
// ¡Di la verdad rápido! (빨리~)

바보!
① [무지] ¡Tonto! = ¡Ignorante!
② [무능] ¡Inútil!

바보 같은 놈!
〈속어〉
¡Tonto! = ¡Estúpido! = ¡Idiota! = ¡Imbécil!

바보 같은 소리!
¡Tonterías!

바보 같은 짓 그만해!
Deja de actuar como un tonto.
= Deja de hacer tonterías.

바보 같이 굴지마!
① ¡No seas estúpido! = ¡No seas tonto!
② [속고 있는 경우] No te dejes engañar.

바보 아니냐!
[비난] ¡Eres un tonto!

바보 취급 하는구나!
Me tratas como un tonto.

바보냐?
¿Eres tonto? (너~)
➡ ⓐ ¡No soy tonto! (나 바보 아냐.)
　　ⓑ ¡Tú eres el tonto! (너야말로 바보지!)

바빠서 죽을 지경입니다.	Estoy ocupadísimo. = No tengo tiempo ni para comer. = No tengo tiempo ni para respirar.
바쁘기는요.	No estoy nada ocupado.
바쁘십니까?	¿Está ocupado?
바쁘지 않나요?	¿No está ocupado? ➡ Estoy muy ocupado. Es que tengo un asunto urgente que resolver. (아주 바빠요. 급히 처리할 일이 있어요.)
바쁜 것 없습니다.	No tengo apuro. = No tengo prisa.
바쁩니까?	¿Está ocupado ahora? (지금~) ➡ ⓐ Estoy un poco ocupado. (약간 바쁩니다.) ⓑ No tengo tiempo para nada. = Ando ocupadísimo. (바빠 죽을 지경입니다.) ⓒ Estoy libre. (한가합니다.)

바쁩니다.	Estoy ocupado.
	// Estoy un poco ocupado. (약간~)
	// Hoy estoy un poco más ocupado que ayer.
	(오늘은 어제보다 좀~)
	// Estos días ando ocupadísimo. (요즘 참~)

바지 좀 추켜올려.	Súbete el pantalón.
바지를 벗어봐.	Quítate el pantalón.
바짝 따라와!	¡Sígueme como mi sombra!

박

박수 치세요. — Aplausos, por favor.

박수로 격려해주세요. — Anímelos con aplausos.
= Los animemos con aplausos. (그들을~)

밖

밖에 나가 바람 좀 쐬고 와라. — Sal a tomar un poco de aire.
= Ve afuera a tomar un poco de aire.

밖으로 나갑시다.
① Vamos a salir afuera.
② [적당한 자리를 찾아]
　　Salgamos afuera a buscar un lugar.
　　= Busquemos un lugar afuera.

반

반갑습니다. — [처음 만나는 인사] Encantado. = Mucho gusto.
= Encantado de conocerle.
= Mucho gusto en conocerle.

반납해주세요. — Devuélvalo pasado mañana antes de las seis de la tarde. (이틀 후 저녁 6시전에~)

반대방향으로 왔습니다. — He tomado el camino contrario.

반대합니다.　Me opongo. = Estoy en contra.
= No estoy de acuerdo.

반드시　Sin falta.

반반이야.　Mitad y mitad.

반씩 나눠.　Dividámoslo por la mitad para cada uno.
= Dividámoslo. Mitad para ti y mitad para mí. (나 반, 너 반, ~)

반칙입니다.　Esto es falta. = Esto es contra las reglas. (이건~)

반품해주세요.　Hágame la devolución.

반했습니다.　Me he enamorado de ella. (그녀에게~)

받

받겠습니다.　① [전화] Yo contesto el teléfono.
② [물건] Yo lo recibo.

받아주세요.　① [물건] Recíbalo, por favor.
= Tómelo, por favor.
② Acépteme, por favor. (저를~)

받으세요.　Tómelo. = Acéptelo. = Recíbalo.

받을 수 없어요.　No puedo recibirlo. = No puedo aceptarlo.
= No puedo tomarlo.

발 들어.	Levanta los pies.
발 디딜 틈이 없습니다.	[차안] Está llenísimo. = No cabe ni un alfiler.
발 없는 말이 천리 간다.	Los rumores viajan rápido. = Los chismes se riegan como la pólvora.
발목이 삐었어요.	Me torcí el tobillo.
발밑을 조심하세요.	Cuidado al caminar.
발에 쥐가 났어요.	Tengo calambres en el pie.
발을 다쳤습니다.	Me lastimé el pie.
발을 밟아서 미안합니다.	Perdón por pisarlo.
발음이 매우 좋습니다.	Tiene muy buena pronunciación.
발음이 스페인 사람 같습니다.	Tiene acento español.
발이 넓다.	[지인이 많음] Conoce mucha gente. = Tiene muchos conocidos.
발이 붓습니다.	Se me hinchan los pies.
발이 아파요.	Me duelen los pies.

밤

밤새도록 울었어요.	Lloré toda la noche. = Lloré hasta amanecer.
밤새웠어요.	Me desvelé toda la noche. = No pude pegar el ojo toda la noche. = Estuve despierto toda la noche. (어제~)
밤새시 마세요.	No se desvele.

밥

밥 먹고 가!	¡Come antes de irte!
밥 먹고 출근해.	Levántate. Desayuna y ve a trabajar. (빨리 일어나. ~)
밥 먹으러 가자.	① [아침] Vamos a desayunar. ② [점심] Vamos a comer. ③ [저녁] Vamos a cenar.
밥 먹자!	¡Vamos a comer!
밥 생각 없습니다.	No tengo ganas de comer. = No tengo apetito.
밥 차려!	¡Sirve la comida!
밥맛 없습니다.	No tengo apetito.

밥맛이야!	¡Desagradable!
	// Esa persona es realmente desagradable.
	(그 사람 정말~)
	// No me agrada aquella persona. (저 사람~)

| 밥이 보약이다. | La comida es la mejor cura. |

| 밥통! | ☞ 바보! |

방

| 방 열쇠 여기 있습니다. | Aquí está la llave de la habitación.
= Aquí tiene la llave de la habitación. |

| 방 열쇠 주세요. | Deme la llave del cuarto. |

| 방 열쇠입니다. | Ésta es la llave de mi cuarto. (이게 제~) |

| 방 있습니까? | ¿Tiene habitación disponible?
= ¿Tiene cuarto libre?
➡ ⓐ Sí, hay habitación. (있습니다.)
ⓑ No hay habitación libre desde hace dos días. (이틀 전부터 빈방이 없습니다.) |

| 방 좀 치워주세요. | Límpieme la habitación, por favor. |

| 방 카드를 반납하세요. | Devuelva la tarjeta de la habitación, por favor. |

| 방 카드를 잃어버렸습니다. | Perdí la tarjeta de la habitación. |

| 방금 나갔습니다. | ① [외출] Acaba de salir.
// Salió hace poco. (그는~)
② [방] Ya sé ocupó la habitación. |

| 방금 뭐라고 했어요? | ¿Qué acabas de decir?
➡ Nada. No he dicho nada. (아무 말도 안했어요.) |

방법을 생각 좀 해봐.	[같이 하는 일에 대해] Piensa cómo lo vamos a hacer. = Piensa de qué manera lo vamos a hacer.
방법이 없습니다.	① Esta vez no hay manera. 　= Esta vez no hay remedio. 　= Esta vez no hay solución. (이번에는 정말~) ② [해결불가] Es imposible resolver.
방심했어요.	No he prestado atención. // Estuve muy distraído. = Me he distraído mucho. (너무 한 눈 팔았어.)
방으로 드시죠.	Pase a la habitación.
방을 예약해 두었습니다.	① [특정] Dejé reservada la habitación. 　= Reservé la habitación. 　= Está reservada la habitación. ② [불특정] Dejé reservada una habitación. 　= Reservé una habitación. 　// Reservé una habitación por dos noches. 　(이틀 밤 묵을~)
방이 지저분합니다.	① [더러움] La habitación está sucia. ② [정리정돈] La habitación está desordenada. 　= La habitación está desarreglada.
방학에 어디 가고 싶어?	¿Adónde quieres ir en vacaciones?
방학은 언제부터 시작입니까?	¿Cuándo comienzan las vacaciones? = ¿Desde cuándo comienzan las vacaciones? ➡ ⓐ Las vacaciones comienzan a mediados 　de diciembre. (방학은 12월 중순입니다.) 　ⓑ Empiezan desde el día veintidós. 　(22일부터 시작합니다.)

방학을 뭘하며 보낼까?	¿Qué voy a hacer en las vacaciones?
	➡ Llámame cuando estés aburrido.
	(심심할 때 전화해.)
방학을 했습니다.	Todos los colegios están de vacaciones.
	(모든 학교가~)

배

배 터지겠어.	[과식] Me va a reventar el vientre.
배가 아픕니다.	Tengo dolor de estómago.
	= Me duele el estómago.
배가 좀 고픕니다.	Tengo un poco de hambre.
배가 터지겠습니다.	[과식] Comí tanto que me va a explotar la panza.
배고파 죽겠어요.	Me muero de hambre.
배고파.	Tengo hambre. Dame de comer. (~밥 줘!)
	➡ Pues salgamos a comer. (그럼 밥 먹으러 가자.)
배고픕니까?	¿Tiene hambre?
배달됩니까?	¿Tienen servicio a domicilio?
	= ¿Realizan envíos a domicilio? (집까지~)
배달서비스가 있습니까?	¿Tienen servicio a domicilio?
	➡ ⓐ Sí, tenemos servicio a domicilio. (배달합니다.)
	ⓑ Disculpe. No tenemos servicio a domicilio. (미안합니다. 배달은 안 합니다.)

배달해주세요. Me lo manda a casa, por favor.
= Envíemelo a casa, por favor. (집으로~)

배보다 배꼽이 더 크다. Sale más caro el caldo que las albóndigas.
= Es más caro el pan que el perro.

배부르게 먹었습니다. Estoy satisfecho.
= He comido lo suficiente.

배불러 죽겠네. Estoy muy lleno.

배불러요. Estoy satisfecho. = Estoy lleno.

배상해드릴게요. Se lo compensaré.

배신을 때리다니! ¡Me traicionó! (그가~)

배우고 싶습니다. Quiero aprender español. (스페인어를~)

배운게 없습니다. [교육] No tengo estudio.
= No tengo formación educativa.

배운지 반년 됐습니다. Llevo medio año aprendiendo español.
(스페인어를~)

배움에는 나이가 없다. Nunca es tarde para aprender.

배웁니까? ¿Qué estás aprendiendo? (뭘~)
// ¿Qué estás estudiando? (뭘 공부합니까?)
➡ Aprendo cómo usar el ordenador.
(컴퓨터를 배웁니다.)
// Estudio computación.
(컴퓨터를 공부합니다.)

배웅 나오지 마세요. No hace falta que salga a despedirme.

배웅해 드리겠습니다. Lo acompaño hasta la puerta. (문까지~)
➡ Está bién. No hace falta que salga.
(괜찮아요. 나오지 마세요.)

배웠습니까?

① ¿Dónde lo ha aprendido? (어디서~)

// ¿Dónde aprendió español?
(스페인어를 어디서~)

➡ ⓐ Lo aprendí en la Universidad de Salamanca. (살라망카대학에서 배웠습니다.)

ⓑ En un instituto de idiomas.
(어학원에서 배웠습니다.)

② ¿Cómo aprendió español?
(스페인어를 어떻게~)

➡ ⓐ Lo estudié solo. = Fui autodidacto.
(혼자 배웠습니다.)

ⓑ Lo he aprendido en las clases que se dan en la televisión.
(TV방송으로 배웠습니다.)

③ ¿Por cuánto tiempo lo estudió?
(몇 년간 공부했습니까?)

➡ Lo estudié tres años. (3년이요.)

배탈납니다.

Se va a enfermar de estómago si come algo frío. = Comiendo alimentos fríos se le va a descomponer el estómago. (찬 것 먹으면~)

배탈났습니다.

① [증상] Tengo problemas estomacales.

= Me enfermé del estómago.

= Estoy enfermo del estómago.

② [설사] Tengo diarrea.

백

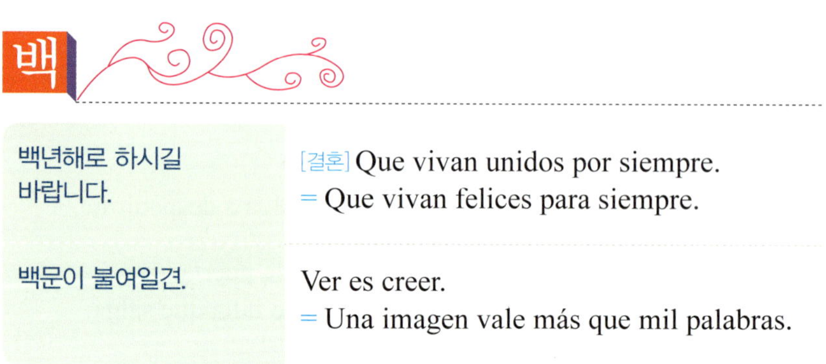

백년해로 하시길 바랍니다.

[결혼] Que vivan unidos por siempre.

= Que vivan felices para siempre.

백문이 불여일견.

Ver es creer.

= Una imagen vale más que mil palabras.

백수라서 돈이 없습니다.

No tengo dinero porque no trabajo.
= Estoy sin dinero porque estoy desempleado.

백지장도 맞들면 낫다.

Dos cabezas piensan mejor que una.
= Más ven cuatro ojos que dos.
= Cuatro ojos ven mejor que dos.
= El trabajo compartido es más llevadero.

백화점이 있습니까?

¿Hay grandes almacenes por aquí? = ¿Hay alguna tienda departamental cerca de aquí?
(이 근처에~)

➡ Sí, hay. (있습니다.)

밸런타인데이 축하해!

¡Feliz Día de San Valentín!

뱁새가 황새 따라가려다 가랑이 찢어진다.

Cada asno, con su tamaño.

버스 왔어요!

¡Ya ha llegado el autobús!

버스 지난 다음에 손 흔들어봐야 소용없다.

A la ocasión la pintan calva.

버스를 타고 갑니다.	Voy en autobús.
버스를 타고 출퇴근합니다.	Todos los días tomo el autobús para ir a trabajar y regresar a casa. (매일~)
버스정거장은 어디에 있습니까?	¿Dónde está la parada del autobús? ➡ Vaya unos mil metros para adelante. (앞쪽으로 1000미터 가세요.)
버스표는 어디에서 사야합니까?	¿Dónde compro el billete para el autobús? = ¿Dónde se compra el billete de autobús? ➡ En la parada. (정거장요.)

번

번갯불에 콩 볶아 먹듯	Deprisa.
번거롭게 해드려 죄송합니다.	Disculpe por las molestias ocasionadas. ➡ No es molestia para nada. (조금도 번거롭지 않습니다.)
번데기 앞에서 주름잡네.	No puedes enseñar a un pez a nadar. ☞ 공자 앞에서 문자 쓴다.

벌

| ~벌 | ① Una prenda (한 벌의 옷)
Dos prendas (두 벌의 옷)
② Esta prenda (이 옷)
Estas dos prendas (이 두 벌의 옷)
Aquellas tres prendas (저 세 벌의 옷) |

벌써 8시입니다.
Ya son las ocho.

벌써 일어났어?
¿Ya te has levantado?

벌컥 벌컥
[물을 들이키는 소리] Gluc, gluc

벌통을 쑤셔놓은 듯
Un desorden total.

법

법은 멀고 주먹은 가깝다.
Cuando la fuerza manda, la ley calla.

베

베풀어주신 은혜에
감사드립니다.
Gracias por su gentileza.
= Gracias por su amabilidad.

벨

벨소리가 납니다.
[초인종] Tocan el timbre.

벼

벽락출세네.
Es un ascenso acelerado.

변명하지 마세요.	No diga más excusas. = No lo justifique más. (더 이상~)
변상해!	Tienes que pagar la compensación. ☞ 물어줘!
변한 게 하나도 없네.	No ha cambiado en nada.

별 차이 없습니다.	No hay mucha diferencia.
별개의 것입니다.	Los dos son diferentes. = Los dos no tienen nada que ver. (둘은~)
별거 중입니다.	Estoy separado de mi esposa. (아내와~)
별것 아닙니다.	No es nada especial.
별로 멀지 않습니다.	No está tan lejos.
별로 바쁘지 않습니다.	No estoy tan ocupado.
별로 비싸지 않습니다.	① [본질] No es tan caro. ② [상태·주관적 의견] No está tan caro.
별로 좋아하지 않습니다.	No me gusta mucho.

별로 좋지 않습니다.	① [상태] No está tan bueno. ② [수준] No tiene buen nivel. 　　= No es de un nivel alto.
별로 춥지 않습니다.	No hace mucho frío. = No hace tanto frío.
별말씀을!	De nada. = No hay de qué. = Por nada. ☞ 천만에요.
별말씀을 다 하십니다.	No es nada. – No es para tanto.
별문제 없습니다.	No hay gran problema.
별일 다 있네.	Pasa de todo en la vida.
별표(*) 버튼을 누르세요.	Pulse el botón del asterisco. // Pulse el asterisco, luego de marcar el número. = Marque el número y al final el botón del asterisco. (전화번호를 다 누르고~)

병

병세가 많이 호전되었습니다	Está mucho mejor. = Se ha mejorado mucho.
병세가 어떻습니까?	¿Cómo va la enfermedad? = ¿Cómo está de su enfermedad? ➡ Está bastante grave. (꽤 심각합니다.)
병신!	〈속어〉 ¡Estúpido! = ¡Idiota!
병신들!	〈속어〉 ¡Estúpidos! = ¡Idiotas!

| 병원에 갑시다. | ① [불특정] Vamos con un doctor. |
| | ② [특정] Vamos al doctor. |

| 병원에 빨리 갑시다. | [특정] Vamos al hospital rápido. |

병은 나았습니까?	¿Se ha curado?
	= ¿Se ha recuperado?
	➡ Ya casi estoy curado. Gracias por preocuparse por mí.
	(거의 다 나았습니다. 신경 써 주셔서 감사합니다.)

보

| 보고 싶어 미치겠어! | ¡Me muero por verte! |
| | = ¡Me muero de ganas de verte! |

| 보관됩니까? | [물건] ¿Se puede dejar guardadas las cosas? |
| | ➡ Por supuesto. (그럼요.) |

| 보기 좋습니다. | Se ve muy bien. (너무~) |

보긴 뭘 봐?	① ¿Qué me ves? (나를)
	➡ ¿No te puedo ver? (보면 안 돼?)
	② [보지 못함] No vi.

| 보살펴주셔서 정말 감사합니다. | Muchas gracias por su atención. |
| | = Muchas gracias por haberme cuidado. |

| 보세요. | Mire esto. (이것 좀~) |
| | // Mírelo de nuevo. (다시 한 번~) |

보여주세요.	Muéstremelo, por favor. = Enséñemelo, por favor.
보입니다.	Veo. = Se ve. // Veo un árbol. = Se ve un árbol. (나무 한 그루가 ~)
보자고 했습니까?	¿Me quería ver? = ¿Me buscaba? // ¿Por qué me buscaba? = ¿Para qué me buscaba? (무슨 일로~) ➡ Lo buscaba para pedirle dinero prestado. = Lo buscaba para que me prestara dinero. (돈 좀 빌리려고요.)
보증합니다.	Se lo garantizo.
보충수업 받으러 갑니다.	Voy a tomar clase de regularización.
보통 인연이 아니네.	Es el destino. (이건~)
보통이 아니네.	[사람] No es nada tonto.
보통입니다.	[수준] Es regular.
보험에 들고 싶습니다.	Quiero contratar un seguro.
보험에 들었습니다.	Contraté un seguro para su vejez. (당신을 위해 노후~)

복

| 복 많이 받으시고
오래오래 사세요. | Que tenga mucha suerte y una larga vida.
= Que tenga una vida próspera y mucha salud. ☞ 오래오래 사세요. |

복도 많아요.	Tiene mucha suerte. (그 사람은~)
복도 청소하러 갈게.	Voy para limpiar el pasillo.
복사 좀 부탁합니다.	Sáqueme fotocopias, por favor. = Quiero sacar copias.
복수하고 말거야.	Me voy a vengar.
복잡하게 생각지마세요.	No se complique.
복잡하네요.	Es muy complicado.

본

본 기억이 있습니다.	Recuerdo haberlo visto.
본 듯합니다.	Creo haberlo visto en algún lado. (어디서~)
본 적이 있습니다.	Lo he visto en España. (스페인에서~)
본론으로 들어갑시다.	① Vamos al grano. ② [회의·강연 등] Ya toquemos el tema principal.
본인 부담입니까?	¿El costo corre a cargo de cada uno? ➡ Sí, cada quien paga lo suyo. (네, 본인 부담입니다.)
본인입니까?	¿Es usted? ➡ Sí, soy yo.
본전도 못 건질 수 있어.	Puede que no se recupere ni la inversión.

| 본전도 안 남아요. | [상점] Así ni recupero la inversión. (이러시면~) |

볼

볼 것도 없네, 뭐!	[재미없음] No hay nada interesante que ver. = No hay nada interesante.
볼만합니다.	Una vez, vale la pena verlo. (한번~)
볼일 보세요.	Ocúpese por sus asuntos. = Haga sus cosas.

봄

봄에 씨를 뿌려야 가을에 거둔다.	Lo que siembra hoy lo cosecha mañana. = El bien que hicimos la víspera es el que nos trae la felicidad por la mañana.
봄을 좋아합니다.	Me gusta la primavera.
봄은 따뜻합니다.	En la primavera hace un calor agradable.

봅

| 봅시다. | ① [관찰] Veamos. = Vamos a ver.
② [대화] Quiero hablar contigo. (나 좀~)
③ [만남] Nos vemos mañana. (내일~)
// Nos vemos la próxima semana. (다음주에~)
// Nos vemos el año que viene. (내년에~) |

봐

봐!	¡Mira! // ¡Mírame! (날~)
봐도 될까요?	¿Puedo ver? ➜ Sí, claro. (그러세요.)
봐드리겠습니다.	[검토] Le echaré un vistazo.
봐주세요.	① [관찰] Obsérvelo, por favor. ② [용서] Perdóneme. = Discúlpeme. ③ [보살핌] Cuídelo, por favor. (그를 좀~) ④ [짐 등을] ¿Le puedo encargar mis cosas?

뵌

뵌 적 있지요?	Ya nos habíamos visto antes, ¿no? = Ya nos conocemos, ¿no?

뵙

뵙게 되다니 정말 우연이네요.	¡Qué casualidad que nos encontramos aquí! (여기서~) ➜ ¿Adónde iba? (어디 가시는 중이셨어요?)
뵙고 싶었습니다.	Yo también tenía ganas de volver a verlo. (저도 다시~)

| 부끄러워하긴!! | ¡Qué tímido eres! = ¿Y esta timidez? |

부끄러워하지 마세요.　No esté tímido. = No se ponga tímido.

부끄럽습니다.
① [미안함] Lo siento mucho. ☞ 미안합니다.
② [기대에 못 미침] Siento haberlo decepcionado.
// Me siento avergonzado. ☞ 창피해.
③ [부끄러움] ¡Qué vergüenza me da!

부끄럽지도 않냐!　¿No te da vergüenza?

부담 갖지 마세요.
① [걱정 · 스트레스]
No esté preocupado ni estresado.
② [선물] No es gran cosa.

부득이합니다.　Es inevitable.

부러질지언정 굽히지 말아야 한다.　No hay que dar el brazo a torcer.

부럽습니다.　¡Qué envidia! (정말~)

부모 마음은 다 똑같습니다.　Los padres son todos iguales.

부모님, 안녕하셨어요?　Padres, ¿cómo están?

부부싸움 했어요?
¿Se han peleado?
= ¿Han tenido una discusión?
➡ ① Nos peleamos a golpes. (주먹다툼했어요.)
② Discutimos. (말다툼했어요.)

부자되세요!　¡Que la fortuna le acompañe!

부자입니다.
Él es bastante rico. = Está forrado de dinero.
= Tiene mucho dinero. (그는 상당한~)

부전자전입니다. De tal padre tal hijo.

부주의했습니다. He sido poco cuidadoso.
// He sido muy descuidado. (제가 너무~)

부탁 좀 할게요.
① [부탁한 후] Se lo encargo mucho.
② [부탁하기 전] Le pido un favor.

부탁 하나 있는데요.
Tengo un favor que pedirle.
➡ ¿Qué favor? = ¿Qué es? (뭔데요?)

부탁 하나 할게요. Le pido un favor.

부탁드립니다.
[간청] Se lo suplico.
// Ayúdeme. Se lo suplico. (저 좀 도와주세요.~)
➡ ⓐ Está bién. Lo ayudaré.
(좋습니다. 도와드리죠.)
ⓑ Lo siento. Estoy también ocupado.
(미안합니다, 저도 바쁩니다.)

부탁했습니다. Alguien me lo ha pedido. (누가~)

북

바르셀로나에서 왔습니다.
① Vengo de Barcelona.
② [출신] Soy de Barcelona.

북적북적한 분위기를 좋아합니다.
Me gusta el bullicio.

분명히 말해주지.	Te lo digo claramente.
분발해!	¡Esfuérzate más! (더욱~)
분위기 깨네.	No seas aguafiestas. (분위기 깨지마.)
분통이 터진다!	¡Qué ira!

불 좀 켜주세요.	[전등] Encienda la luz, por favor.

불가능합니다.	Es imposible.
	// Eso es imposible. (그건~)
	// Es imposible que ocurran estas cosas.
	(이런 일이 일어난다는 것은~)
	// Es imposible de curar.
	= Es incurable. (치료가~)

불고기 2인분 주세요.	Deme dos porciones de bulgogi, por favor.
불공평해요.	Eso no es justo. = Eso es injusto. (그건~)
불난 집에 부채질이야!	¡Estás echando más leña al fuego!
불러줘서 고마워요.	[초대] Le agradezco por invitarme.
불만있으면 말씀하세요.	Si algo no le parece, dígamelo. = Si está insatisfecho, dígamelo. = Si tiene alguna queja, no dude en expresármela. (무슨~)

| 불붙여주세요. | Encienda el fuego, por favor. |

| 불쌍하네요. | Me da pena por él.
= ¡Qué pena por él! (그는 참~) |

| 불이야! | ¡Incendio! |

| 불편합니까? | ① [자세 등] ¿Está incómodo?
= ¿Le incomoda algo?
② [아픔] ¿Se siente mal? = ¿Le duele algo?
(어디가~)
➡ ⓐ Sí, me duele el brazo. (팔이요.)
ⓑ Sí, me duele un poco la cabeza.
(머리가 좀 아파요.)
ⓒ Me duele un poco el estómago.
(위가 좀 아파요.)
// Me duele la panza. (배가 아파요.) |

| 불행 중 다행입니다. | Menos mal. |

붕

| 붕 | ① [비행기 소리] Fiuuu
② [방귀소리] Pum |

| 붕붕 | [벌이 나는 소리] Bzzz Bzzz |

| 붕어빵이네. | [부자 두 사람을 보고] Son idénticos.
= Son iguales. (영락없는~) |

블랙커피 한잔이요.　　Un café solo, por favor.

비가 내리기 시작했어.　　Empezó a llover.

비가 오네.　　Está lloviendo.

비가 올 것 같습니다.
Parece que va a llover.
// Está a punto de llover.
　= Ya va a llover. (곧~)
　// Parece que mañana va a llover.
　(내일~)

비가 자주 옵니까?
¿Llueve frecuentemente?
➡ Llueve de vez en cuando.
= Llueve a veces. (가끔 옵니다.)

비겁한 놈!　　¡Cobarde!

비겼어요.　　Empatamos. (우리~)

비꼬지마.
No seas sarcástico.
= Puedes ahorrarte tus comentarios sarcásticos.
= No seas burlón. = No seas irónico.

비누 좀 빌려쓸까요?
¿Me presta su jabón?
➡ Sí, úselo. (쓰세요.)

비닐봉지 하나 주세요.　　Deme una bolsa de plástico.

비밀 지켜.
Mantenlo en secreto. = Guárdalo en secreto.
= No se lo cuentes a nadie.

비밀번호 네자리를 입력해주세요.	Ponga la clave de cuatro dígitos. = Ingrese la contraseña de cuatro dígitos.

비밀입니다.	Esto es secreto. (이건~)
	// Eso es secreto. (그건~)
	// Es secreto para ella. (그녀에게는~)

비빔밥하고 김치찌개주세요.	Quiero un bibimbap y sopa de kimchi.
비슷합니다.	Es parecido. // Es similar.
비싼 것 같습니다.	Me parece caro.
비쌉니까?	¿Es caro? ➡ ⓐ Es caro. (비쌉니다.) ⓑ Es barato. (쌉니다.)
비쌉니다.	Es caro el precio. // Es muy caro. (너무~)
비열한 놈!	¡Tramposo! = ¡Sucio!
비용이 얼마나 듭니까?	¿Cuánto cuesta? // ¿Cuánto cuesta ir ahí? (거기에 가려면 얼마나~) ➡ Cuesta cinco dólares. (5불 듭니다.)
비웃지 마세요.	No se burle de mí.
비위가 좋아요.	[대인관계] Ella es muy sociable. (그 여자는~)
비자가 한달이군요.	La visa es por un mes. = El visado es por un mes.

비자를 못 받았습니다.　[발급제지] No pude obtener la visa.
= No me otorgaron el visado.

비자를 연기했습니까?　¿Ha renovado la visa?
= ¿Ha prorrogado el visado?
➡ He renovado el visado una vez.
(비자를 한번 연기했습니다.)

비켜!　¡Quítate!

비켜주세요.　① [길 양보] ¿Me deja pasar, por favor?
② [거친 표현] Quítese.

비행기 태워주니까 하늘 높은 줄 몰라요.　Si te alaban, te olvidas de quién eres.

비행기는 몇 시 것입니까?　¿A qué hora es el vuelo?
➡ El avión sale a las tres de la tarde.
(오후 세시 출발입니다.)

비행기는 몇 시에 떠납니까?　¿A qué hora sale el avión?

비행기는 몇 시에 탑니까?　¿A qué hora se embarca en el avión?

비행기는 언제 착륙합니까?　¿Cuándo aterriza el avión?

비행기는 정시에 출발합니까?　¿El avión sale a la hora fijada?
➡ El vuelo novecientos dos despegará a la hora prevista. (902편 비행기는 정시에 이륙합니다.)

비행기는 탑승을 시작했습니까?　¿Ya comenzó a embarcar el avión?
= ¿Ya empezó a abordar el avión?

비행기를 갈아타야합니다.　[경유] Tengo que hacer transbordo.

비행기입니까?	¿Para cuándo es el vuelo? (언제~) ➡ Mañana a las seis de la tarde. (내일 저녁 6시요.)
비행기표 좀 확인하고 싶습니다.	Quiero verificar mi billete de avión.
비행기표 좌석을 확인하고 싶은데요.	Quiero verificar el asiento del vuelo que he reseravado. (예약한~) ➡ Dígame su nombre, por favor. (성함을 말씀해주세요.)
비행기표는 얼마입니까?	¿Cuánto cuesta el pasaje en avión hasta León? (레온까지~)
비행기표를 보여주세요.	Muéstreme su billete de avión, por favor.
비행기표를 예약하고 싶습니다.	Quiero reservar un vuelo.
비행기표를 예약하시겠습니까?	[특정] ¿Desea reservar el vuelo? // ¿Para qué fecha desea reservar? (어느 날 예약하시겠습니까?) ➡ Para el día seis. (6일 날이요.)

| 빅세일! | ¡Grandes ofertas! = ¡Grandes rebajas! |

| 빈 수레가 소리만
요란하다. | Mucho ruido y pocas nueces. |

빈 좌석이 있습니까?	¿Hay asiento disponible? ➡ Sí, hay asiento libre. (있습니다.)
빈방 있습니까?	¿Tiene habitación libre? // ¿Tiene habitación libre para esta noche? (오늘 저녁~)
빈방이 나면 바로 연락해주세요.	Cuando se desocupe una habitación, avíseme, por favor.
빈자리가 없습니다.	Ya no quedan lugares. = Ya no hay lugares. // Por ahora no hay lugar. (현재로서는~)
빈자리가 있습니까?	¿Tiene lugar? = ¿Hay lugar? // ¿Todavía hay lugar? (아직도~)

빌

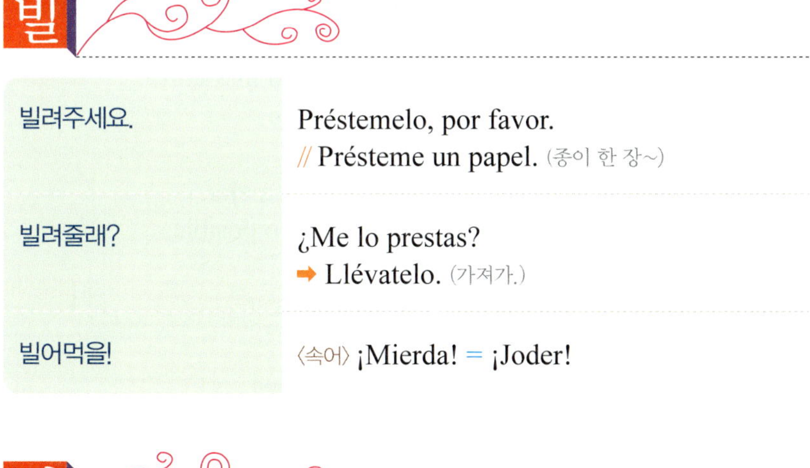

빌려주세요.	Préstemelo, por favor. // Présteme un papel. (종이 한 장~)
빌려줄래?	¿Me lo prestas? ➡ Llévatelo. (가져가.)
빌어먹을!	〈속어〉 ¡Mierda! = ¡Joder!

빙

| 빙고! | ¡Bingo! |

빙빙 돌리지 말고 말해.　No des vueltas con lo que quieras decir.

빛 좋은 개살구.　Las apariencias engañan.

빛난다고 모두 금은 아니다.　No todo lo que brilla es oro.
= No es oro todo lo que reluce.

빠른 걸로 주세요.　[음식주문] Deme lo que se prepare más rápido.

빠른 길로 가주세요.　Vaya por el camino más corto, por favor.

빠른 길로 갑시다.　Vamos por el camino más corto.
// Vamos por el atajo. (지름길로 갑시다.)

빠를 수록 좋습니다.　① [시기] Cuanto antes mejor.
② [속도] Lo más rápido posible.

빠이빠이 [Bye bye]　¡Adiós! ☞ 안녕히 가세요!

빠져!　[말참견] ¡Tú no te metas!
// ¡Los niños, fuera! (애들은~)

빠져있어.　No te metas. (넌~)

빠지면 안돼.　[참석] No faltes. (너~)

빨대가 없습니다.	No hay pajilla. = No hay popote.
빨래판으로 빨래를 합니다.	Lavo la ropa en la tabla de lavar.
빨리 가 문 열어주세요.	Vaya rápido a abrir la puerta, por favor.
빨리 가봐!	¡Ve rápido!
빨리 가자.	Vamos rápido. = Vamos deprisa.
빨리 갔다와.	Vuelve pronto.
빨리 나와.	Sal rápido. = Sal de inmediato.
빨리 뛰어!	¡Corre deprisa!
빨리 문 열어!	¡Abre la puerta rápido!
빨리 와!	¡Ven rápido!
빨리 자라.	Duérmete ya.
빨리 좀 가주세요.	Acelere más la velocidad, por favor. = Vaya más rápido, por favor.
빨리 좀 해!	[재촉] ¡Apúrate! = ¡Date prisa! = ¡Apresúrate!
빨리 치워!	① [청소] ¡Limpia esto! (이것 좀~) ② [정리] ¡Ordena tus cosas! (네 물건들 좀~)
빨리 타!	¡Súbete rápido! = ¡Sube ya!
빨리요, 빨리!	¡Deprisa! = ¡Rápido!

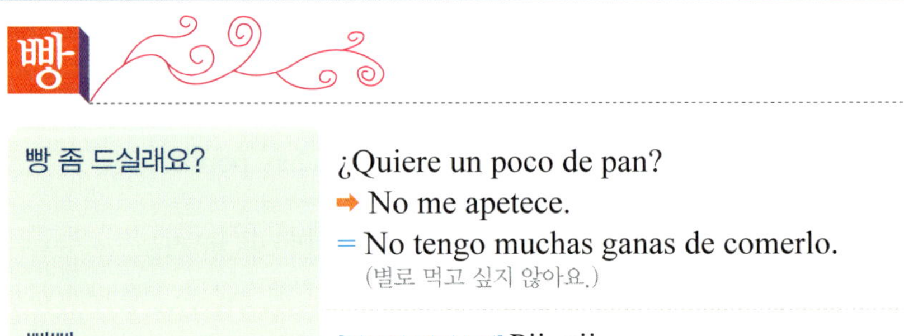

빵 좀 드실래요?	¿Quiere un poco de pan? ➡ No me apetece. = No tengo muchas ganas de comerlo. (별로 먹고 싶지 않아요.)
빵빵	[자동차 경적소리] Pii, pii

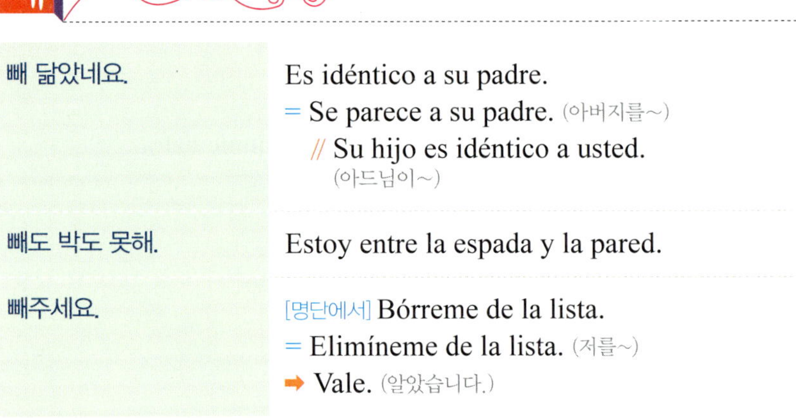

빼 닮았네요.	Es idéntico a su padre. = Se parece a su padre. (아버지를~) // Su hijo es idéntico a usted. (아드님이~)
빼도 박도 못해.	Estoy entre la espada y la pared.
빼주세요.	[명단에서] Bórreme de la lista. = Elimíneme de la lista. (저를~) ➡ Vale. (알았습니다.)

뺏는 사람이 임자다.	Quien se lo quita, se lo queda.

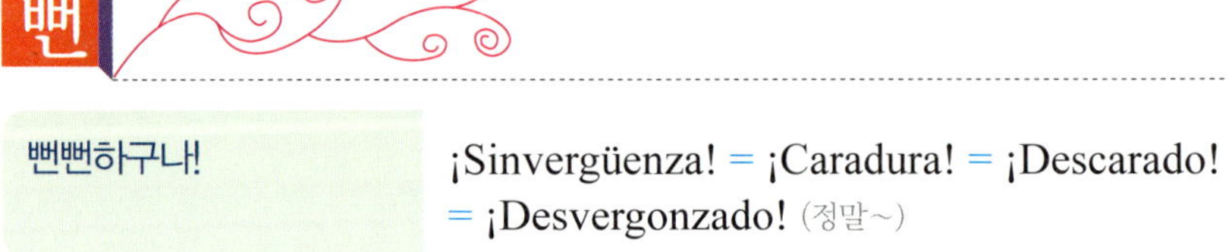

뻔뻔하구나!	¡Sinvergüenza! = ¡Caradura! = ¡Descarado! = ¡Desvergonzado! (정말~)

| 뻔뻔하군! | No tiene vergüenza.
= ¡Qué caradura es! (그놈 참~) |
| 뻔뻔한 놈! | ¡Sinvergüenza! = ¡Caradura!
= ¡Descarado! = ¡Desvergonzado!
// Se cree mucho. Es un descarado.
(지가 잘난줄 알아.~) |

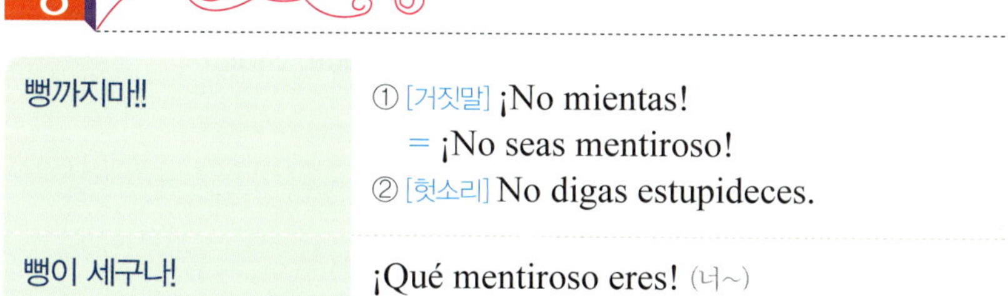

| 뻥까지마!! | ① [거짓말] ¡No mientas!
= ¡No seas mentiroso!
② [헛소리] No digas estupideces. |
| 뻥이 세구나! | ¡Qué mentiroso eres! (너~) |

| 뼈가 부러졌어요. | Se me fracturó el hueso. |

뽀뽀!	¡Un beso! = ¡Un besito!
뽀뽀하네.	Se están besando. (저 사람들~)
뽀뽀해줘!	¡Dame un beso!
뽀뽀해줄게.	Te doy un beso.

뿌린 대로 거둔다.

Quien siembra vientos, recoge tempestades.

뿡

① [방귀] Pum
② [배] Puuuu
③ [기차 소리] Pupu, chucu, chucu

삐딱하게 생각하지마.

No pienses equivocadamente.
= No pienses mal.

사겠습니다.	① [구입] Me quedo con esto. = Me llevo esto. 　= Compro esto. (이것으로~) ② [접대] Lo invito. = Yo pago la cuenta. ☞ 내겠습니다.
사계절 모두 아름답습니다.	Las cuatro estaciones son hermosas.
사계절이 분명합니다.	Las cuatro estaciones son muy marcadas. = Las cuatro estaciones del año se presentan 　muy marcadas.
사고 났어요!	① [현재] ¡Hay un accidente! ② [과거] ¡Hubo un accidente!
사고 쳤어?	[비난의 어조] ¿Y ahora qué hiciste? (너 또 무슨~) ➡ ① No ha pasado nada grave. 　= No es nada grave. (별일 아니에요.) ② ¡No hice nada! (무슨 사고를 쳤다고!)
사공이 많으면 배가 산으로 간다.	Muchas manos en un plato hacen garabato.
사과드립니다.	Le pido disculpas.
사귀고 있습니다.	Estoy saliendo con él. (그 남자하고~) // Somos novios. (우리~)
사귀는 사람 있습니다.	① [남자는] Tengo novia.　② [여자는] Tengo novio.
사귑시다.	① [연애] ¿Quiere salir conmigo? 　// ¿Quieres ser mi novio / a? (나랑 사귈래?) ② [친구] Vamos a ser amigos.
사기꾼!	¡Tramposo! // ¡Defraudador! // ¡Ladrón! (도둑)

235

사기당했습니다.	Me estafaron. = Me engañaron.
사기치네.	No me estés engañando. (사기치지마.)
사기치지 마세요.	No me engañe. = No me estafe. = No trate de engañarme.
사는 게 재미 없습니다.	Mi vida es aburrida.
사는 게 죽느니만 못합니다.	Vivir es peor que morir.
사돈어른	Consuegro / a (부부의 부모님들끼리 서로를 부르는 말)
사라져!	¡Desaparece!
사람 살려!	¡Socorro! = ¡Auxilio!
사람 싱겁긴!	¡Qué insípido!
사람 죽어요!	① [한 명] ¡Hay una persona muriéndose! ② [여러명] ¡Hay personas muriéndose!
사람 팔자 알 수 없다더니!	Nadie puede predecir el futuro.
사랑에 빠졌어요.	① [여자] Estoy enamorada. ② [남자] Estoy enamorado.
사랑에는 국경이 없다.	Amor no respeta ley, ni obedece a rey.
사람은 빵만으로는 살 수 없다.	No sólo de pan vive el hombre.
사람은 외모로 판단하는 것이 아니다.	No hay que juzgar a las personas por su apariencia. = Las apariencias engañan.

사람을 뭐로 보고 그래!	① [무시하지 말라는 의미] No me desprecies.
	② [놀리지 말라는 의미] No te burles de mí.
	= No seas burlón.

| 사람이 참 좋으시네요. | Es muy buena persona. |

| 사랑하게 해주세요. | No nos impida que nos amemos. (우리 그냥~) |

사랑하는 사람 있습니까?	¿Está enamorado de alguien?
	➡ Sí, estoy enamorado.
	(네, 사랑하는 사람 있습니다.)

| 사랑하지 않아요. | No lo amo. // No lo quiero. |

| 사랑한 적 없어요. | Nunca lo he amado. |
| | // Nunca lo he querido. |

| '사랑한다'라고 말한 적이 없어. | En estos tres años jamás me has dicho que me amas. (요3년 동안 넌 한 번도~) |

| 사랑해. | Te amo |
| | ➡ Yo también. (나도.) |

사랑해?	① ¿Me amas? // ¿Me quieres?
	② ¿Cuánto me amas? (날 얼마나~)
	➡ Te amo desde el cielo hasta la tierra, y te amaré mientras respire.
	(하늘만큼 땅만큼, 죽는 날까지 사랑해.)

| 사먹습니다. | Todos los días como en la calle. |
| | (점심을 날마다~) |

사무실이 찾기 쉬워요.	La oficina es fácil de encontrar. = Es fácil encontrar el despacho.
사부님!	¡Maestro!
사세요.	[구입] Cómprelo.
사시겠습니까?	¿Lo compra? = ¿Se lo lleva? ➡ Disculpe. No me interesa. (죄송합니다, 관심 없습니다.)
사실대로 말해!	¡Dime la verdad! (나에게~)
사실입니다.	Es la verdad.
사십니까?	[거주지] ¿Dónde vive? (어디서~) ➡ Vivo en Seúl. (서울에서 삽니다.)
사양하지 마세요.	No lo rechace. = No lo niegue. // No lo niegue más. (더는~)
사양합니다.	Se lo agradezco pero no lo puedo aceptar. = Gracias pero no. (감사합니다만~)
사업이 날로 번창하길 바랍니다.	Le deseo éxito y prosperidad en su negocio. = Espero que tenga muchos éxitos en su negocio.
사업이 순조롭길 바랍니다.	Le deseo que su negocio marche bien. = Deseo que le vaya bien en su negocio.
사업이 잘 되시길 바랍니다.	☞ 사업이 순조롭길 바랍니다.

사용법을 가르쳐주세요.
Enséñeme cómo utilizarlo.
= Deme la instrucción.

사이가 좋지 않습니다.
No nos llevamos bien.
= No tenemos buena relación. (우리는~)

사이다 한 잔 주세요.
Quiero un vaso de Sprite.
*해설: 스페인어권에서는 사이다란 명칭이 따로 없고 음료명을 부른다. 본 책에서는 사이다의 한 종류인 '스프라이드'를 사용했다.

사이로 좀 지나가겠습니다.
Voy a pasar por el medio.
☞ 가운데로 좀 지나가겠습니다.

사이즈와 디자인이 다양합니다.
Se presentan en distintos tamaños y diseños. = Varian de tamaño y diseño.
= Hay variedad de tamaño y diseño.

사이트를 찾습니까?
¿Qué sitio web busca? (어느~)
➡ ⓐ El sitio web SINA. (SINA사이트요.)
　 ⓑ El sitio Yahoo. (야후요.)

사이트에 자주 들어갑니까?
¿Qué página web visita frecuentemente? (어느~)
➡ Visito a menudo los sitios web sobre literatura. (문학 사이트에 자주 들어갑니다.)

사인 좀 해주세요.
① [연예인] Por favor, deme su autógrafo.
② [서류] Firme aquí, por favor. (여기에~)

사인하고 받아주세요.
Antes de recibirlo, fírmelo, por favor.

사인해주세요.
Firme aquí, por favor. (여기에~)

사정 좀 봐주세요.	Por favor, entienda mi situación. // Espero su consideración. (양해 부탁드립니다.)
사직하셨습니다.	Ha renunciado. (그분은~)
사진 같이 찍을까요?	¿Nos sacamos una foto? = ¿Nos tomamos una foto? ➡ Sí, claro. (그럼요.)
사진 좀 찍어주세요.	Sáqueme una foto.
사진 좀 찍어줄래요?	¿Me toma una foto? ➡ Claro. (그러지요.)
사진 찍어도 됩니까?	¿Se puede tomar una foto aquí? (여기서~) ➡ Sí, se puede. (됩니다.)
사진 찾으러 왔습니다.	Vengo por las fotos. = Vengo a recoger las fotos.
사진을 현상해주세요.	Revéleme las fotos, por favor.
사진촬영 금지입니다.	Aquí no está permitido tomar fotos. = Aquí está prohibido sacar fotos. (여기는~)
사촌이 땅을 사면 배가 아프다.	Buena suerte de los demás causa mal humor.

산 

산 입에 거미줄 치랴.	A mal tiempo buena cara.
산책하러 갑시다.	Vamos a caminar. = Vamos a dar un paseo. = Vamos a dar una vuelta.

살 거면 사고 안 살 거면 관둬요.	Si lo va a comprar, cómprelo. Si no, ya déjelo.
살 겁니까?	¿Lo va a comprar? // ¿ Lo va a comprar en serio? (정말~) ➡ Sí, lo voy a comprar de verdad. (네, 정말 살겁니다.)
살 빠졌다.	He bajado de peso. = He adelgazado. // Estoy más delgado. (살이 더 빠졌다.)
살 좀 빼라.	Haz dieta. = Baja de peso.
살 좀 쪘습니까?	¿Me engordé? = ¿Subí de peso? ➡ Sí, bastante. (그럼요. 많이 쪘어요.)
살고 싶지 않냐?	① [직역] ¿No quieres vivir? ② [협박] ¿Estás buscando problemas? ☞ 죽고 싶냐!
살고 싶지 않아요.	No quiero vivir. // En verdad no tengo ganas de vivir. (정말이지~)
살게.	[식사대접] Yo te invito comer. (내가~)
살려주세요.	① [구조요청] ¡Socorro! = ¡Auxilio! ② [용서] Perdóneme. = Discúlpeme. ③ [석방] ¡Libéreme!
살살 다루세요.	[물건을 옮김] Con cuidado, por favor. = Tenga cuidado, por favor.

| 살살 좀 해! | ① [상처부위를 만짐] ¡Con cuidado! = ¡Despacito!
② [일을 쉬어가며] Trabaja descansando.
③ [물건 운반] Muévelo con cuidado, por favor. |

| 살쪘다. | ① [체중이 늚] Se engordó demasiado.
= Subió mucho de peso. (저 사람 너무~)
② [뚱뚱함] Está muy gordo. (저 사람 너무~) |

| 살찝니다. | Sigo engordándome.
= Estoy subiendo de peso. (계속~) |

| 살코기 주세요. | Deme carne sin grasa.
= Deme carne maciza. |

| 살펴가세요. | [가는 이에게 하는 작별인사] Que le vaya bien.
➡ Gracias. Adiós.
(감사합니다. 안녕히계세요.) |

삼

| 삼가 조의를 표합니다. | Quiero expresar mis condolencias.
= Expreso mi más profundo pésame. |

| 삼가세요. | Trate de no tomar alcohol.
= Evite tomar alcohol. (술을~) |

| 삼겹살 먹고 싶다. | Tengo ganas de comer panceta a la coreana. |

| 삼계탕 일인분 주세요. | Deme un samgyetang, por favor. |

| 삼십분이나 늦었어요. | Llegué treinta minutos tarde. |

삽

삽니까?

¿Dónde vive? (어디에~)

샀

샀습니까?

¿Dónde lo compró? (어디서~)
➡ Lo compré en una tienda. (상점에서 샀습니다.)

샀습니다.

Lo compré.
// Compré un escritorio. (책상 하나~)

상

상관없는 일입니다.

Este asunto no tiene nada que ver conmigo.
= No tengo nada que ver con esto.
(이건 저와~)

상관없습니다.

① [신경 안 씀] Me da igual.
② [중요하지 않음.] No me importa.

상관하지마!

¿Qué te importa? = ¡Que no te importe!
= ¡No te entrometas! = ¡No te metas!

상다리가 부러진다.

La mesa está repleta.

상대가 안됩니다.

① [싸움이나 운동] Él no puede ser mi rival.
= Él no puede contra mí.
= No puede competir conmigo.
= Él no puede conmigo. (그는 나한테~)
② [술] Yo aguanto más que él tomando alcohol.
= Soy más fuerte que él para tomar.
(그는 나한테~)

| 상대하지 마세요. | No lo trate más. (그를 더 이상~) |

| 상상도 못했습니다. | Ni me lo imaginé. (정말~) |

| 상세히 좀 말씀해보세요. | Hable con más detalle.
= Hable detalladamente.
// Explíqueme con más detalles.
(자세히 설명해주세요.) |

| 상심하지 마세요. | ① [위로] No se decepcione mucho.
　= No se desilusione mucho. (너무~)
② [조문] Lo siento mucho. (너무~) |

| 상영은 몇 시에 합니까? | ¿A qué hora empieza la función?
➡ A las siete de la tarde. (저녁 7시요.) |

| 상의합시다. | Consultemos con él. (그와~)
// Consultemos otro día. (다음에 다시~) |

| 상점 좀 둘러보자. | Vamos a ver qué vende.
= Vamos a ver qué hay. |

| 상점은 몇 시에 문을 닫습니까? | ¿A qué hora cierra la tienda?
➡ ⓐ Esta tienda no cierra.
　(이 상점은 문을 닫지 않습니다.)
　ⓑ Está abierta las veinticuatro horas.
　(24시간 영업합니다.) |

| 상점을 돌아다닙니다. | Paseo por las tiendas cuando estoy aburrido.
(심심할 때~) |

| 상점이 어디에 있습니까? | ¿Dónde está la tienda Pepe? (페페~)
➡ Al norte de esta calle. (이 길 북쪽에요.) |

상점이 있습니까?	¿Por aquí cerca hay tiendas? (이 근처에~)
상처받지 마세요.	No se ponga triste. = No se haga daño.
상황을 봐서요.	Voy a ver la situación.
상황을 봐야합니다.	Hay que ver la situación. // Eso va a depender de la situación. (그건~)
상황이 이렇게 된 겁니다.	Así pasó. = Así fue la situación.

새

새것으로 교환해주시면 됩니다.	Me lo cambia por uno nuevo.
새로 산 옷입니다.	Esta ropa la compré hoy. = Esta ropa es la que compré hoy. = Ésta es la ropa que he comprado hoy. (이거 오늘~)
새벽에 잠들었어요.	No pude dormir hasta la madrugada.
새빨간 거짓말!	¡Qué mentira!
새옹지마.	La vida es una rueda de la fortuna.
새집으로 이사한 거 축하합니다.	Lo felicito por haberse mudado a la nueva casa.

새치기하지 마세요.	Tiene que hacer fila. = Tiene que respetar la fila.
새파랗게 어린 것이!	¡Mocoso!
새해 복 많이 받으세요.	¡Feliz Año Nuevo!
새해에 건강하세요.	Le deseo mucha salud en este año nuevo.
새해에 무슨 계획있습니까?	¿Qué plan tiene para el año nuevo? ➡ No tengo ningún plan. (계획 같은 거 없습니다.)
새해에는 무슨 소망있습니까?	¿Qué desea para el año nuevo? ➡ Sólo deseo tener salud. = Con que esté sano, lo demás no importa. (몸만 건강하면 돼죠.)
새해에는 좋은 일만 생기길 바랍니다.	Les deseo sólo buenas cosas en este año nuevo. = Les deseo bienaventuranzas para el año nuevo. (여러분께~)

색

| 색깔을 가장 좋아합니까? | ¿Qué color le gusta más?
= ¿Cuál es su color preferido? (어떤~)
➡ Me gusta el color rojo.
= El color rojo es el que más me gusta.
= El rojo es mi favorito.
(빨간색을 가장 좋아합니다.) |
| 색깔이 너무 어둡습니다. | Es muy oscuro el color. |

색깔이 너무 찐합니다.　Es muy intenso el color.

색깔이 너무 화려합니다.　Es muy colorido.

색깔이 더 어울립니까?　¿Qué color me queda mejor? (내게 어느~)
➡ El rojo. (빨간색이요.)

샌드위치 만들어왔어요.　Traje un sándwich casero.
= Preparé un sándwich.

샘플있습니까?　[견본품] ¿Tiene muestra? ☞ 견본 있습니까?

생각 안납니까?　¿No se acuerda de mí? (저~)
➡ Sí, me acuerdo de usted. (아, 생각납니다.)

생각 없습니다.　[식사] No tengo ganas de comer.
= No quiero comer.
// No voy a comer. (안 먹겠습니다.)
➡ Tienes que comer. (먹어야지.)

생각 잘했다!　¡Buena idea!

생각 중입니까?
¿Qué está pensando?
= ¿En qué está pensando? (무슨~)

생각 중입니다.
Estoy pensando.
// Yo también estoy pensando. (저도~)
// Aún estoy pensando. (아직도~)

생각나는 대로 말해봐.
① [기억] Dime lo que recuerdes.
② [아이디어] Dime lo que se te ocurra.

생각납니다.
① [기억 하고 있을때] Lo recuerdo.
② [갑자기 기억 났을때] Ya me acordé.

생각도 그렇습니다.
Yo pienso lo mismo.
= Totalmente estoy de acuerdo.
= Tengo la misma opinión. (제~)

생각도 못한 일입니다.
Nunca me he imaginado esto. (이건 정말~)

생각보다 별로야.
Esperaba algo mejor.

생각에 변함이 없습니까?
¿No ha cambiado de idea?
➡ ¿Por qué tengo que cambiar? (왜 바꿔야 하죠?)

생각에 빠져있어요.
Está sumergido en sus pensamientos.
= Está pensativo. (그는~)

생각을 바꿨습니다.
Cambié de opinión. = Cambié de idea.

생각이 너무 짧았습니다.
No lo pensé bien.
= No alcancé a pensar todo.

생각이 똑같네요.
Tenemos la misma idea. = Pensamos igual.
= Pensamos en lo mismo. (우리 둘~)

생각이 삐딱해.
Su manera de pensar es negativa.
(생각이 부정적이야.)

| 생각이 있습니다. | [방법] Tengo una idea. |

생각이 틀렸습니다.　Ha pensado mal. (당신의~)

생각한 대로야.　[예상이 빗나가지 않음] Es exactamente lo que esperaba.

생각할수록
혼란스럽습니다.　Cuanto más pienso, más me complico.

생각해 볼 시간 좀
주세요.　Deme tiempo para pensarlo.
= Deme tiempo para analizarlo.

생각해보겠습니다.
① Lo voy a pensar.
　= Déjeme analizarlo. (좀~)
　// Lo voy a pensar un poco más. (좀 더~)
② ¿Cómo lo va a hacer?
　// ¿Qué plan tiene para hacer esto?
　(이 일을 어떻게 할 생각입니까?)
　// ¿Qué plan tiene para resolver esto?
　= ¿Cómo lo va a solucionar?
　(이 일을 어떻게 해결할 생각입니까?)
➡ Lo pensaré. Así que, regrese y espere.
　(~돌아가서 좀 기다리세요.)

생각해보세요.
Piénselo.
// Piénselo bien. (잘~)
// Piénselo otra vez. (다시 좀~)

생각해봐야겠습니다.
Lo tengo que pensar. (좀~)
➡ ¿Qué? ¿Aún tienes que pensar?
　(뭐라고? 아직도 좀 생각해봐야한다고?)

생각해봤습니다.　Lo pensé. = Ya lo he pensado.

생겼습니까?
[생김새] ¿Cómo es? (그녀는 어떻게~)
➡ ⓐ Regular. (보통입니다.)
　ⓑ Más o menos. (그런대로요.)

생겼습니다.	① [없던 것이] Ya tengo ~.
	② [임신] Estoy embarazada.
	= Estoy esperando un bebé.
	③ [여자] Es guapa. (예쁘게~)
	④ [남자] Es guapo. (잘~)

생긴 꼬락서니하고는!　　[외모] ¡Qué feo!

생긴대로 논다니까.　　Se comporta como su apariencia. (걘~)

생김새가 어떻습니까?
¿Cómo es él físicamente?
= ¿Cómo es su aspecto? (그 사람~)
➡ ⓐ Regular. (보통입니다.)
　 ⓑ Es atractivo. (잘생겼습니다.)

생리 중입니다.　　Tengo la regla. = Me vino la menstruación.

생리가 없어서 임신한줄 알았어.
Creí que estaba embarazada porque no he tenido la regla.

생리대 좀 사다주세요.
Cómpreme compresas.
= Cómpreme toallitas femeninas.

생사람 잡지마.　　No culpes al inocente.

생선이 싱싱합니까?
¿Están frescos los pescados?
➡ Están muy frescos porque son recién pescados. (방금 잡아 올려서 당연히 싱싱합니다.)

생수있습니까?
[상점] ¿Tiene agua mineral?
➡ Sí, hay. ¿Cuántas botellas quiere?
(팝니다. 몇 병 드릴까요?)

생신을 축하드립니다.
Felicidades por su cumpleaños.
= Le deseo un feliz cumpleaños.

생일축하합니다.　　¡Feliz Cumpleaños!

생일선물입니다.	Éste es el regalo para su cumpleaños. (이건 당신에게 드리는~)
생일은 몇 월 며칠입니까?	¿Cuándo es su cumpleaños? ➡ Es el veintinueve de abril. (4월 29일입니다.)
생일은 언제입니까?	¿Cuándo es su cumpleaños? ➡ ⓐ Mi cumpleaños es el cinco del próximo mes. (제 생일은 다음 달 5일입니다.) ⓑ Cumplo el dos de octubre. (10월 2일입니다.)
생일파티를 열자.	Vamos a celebar tu cumpleaños esta noche. = Vamos a organizar la fiesta de tu cumpleaños esta noche. (오늘저녁에 네~)
생트집 잡지 마세요.	① [꾸짖음] No me regañe sin razón. ② [비난] No me critique sin razón. // No busque atacarme.
생활에 익숙합니까?	[적응] ¿Se adaptó a la vida de aquí? (여기~) ➡ Sí, más o menos. (그런대로요.)

샤

| 샤워 중입니다. | Me estoy duchando.
= Estoy tomando una ducha. |
| 샤프(#)버튼을 누르세요 | Pulse la almohadilla.
☞ 우물정자(#) 버튼을 누르세요. |

서

| 서늘해졌습니다. | El tiempo ha resfrescado. (날씨가~) |

서두르재!	¡Apresurémonos! = ¡Démonos prisa!
서두르지 마세요.	No se dé prisa. = No tenga prisa.
서두르지 말고, 천천히 해.	Tranquilo. No te apresures.
서둘러!	¡Apresúrate! = ¡Deprisa!
서로 인사 나누세요.	Salúdense.
서류가 필요합니까?	¿Qué documento se necesita? (어떤~) ➡ Una copia de su identificación. (신분증 복사본 하나요.)
서류는 이력서와 신분증 복사본 한 부입니다.	Se necesitan el currículum y una copia de su identificación. (필요한~)
서먹서먹하네요.	① [불편한 관계] Es una relación incómoda. ② [처음 만나서] Aún no he roto el hielo.
서비스는 너무 엉망입니다.	Aquí no tiene buen servicio. = El servicio de aquí es malo. (여기~)
서울에 살고 있습니다.	Vivo en Seúl.
서툰 목수 연장 탓한다.	El mal escribano le echa la culpa a la pluma.

선

| 선곡할게요. | [노래방] Voy a elegir una canción. (노래 하나~) |

| 선량합니다. | Es muy buena persona. (그는 매우~) |

| 선무당이 사람 잡는다. | Poco conocimiento es peligroso. |

| 선물을 하나 하고 싶습니다. | Quiero hacerle un regalo hoy. (오늘 당신에게~) |

| 선생님, 안녕하세요? | Hola. ¿Qué tal, profesor?
= ¿Profesor, cómo está? |

| 신생님이 되려고 합니다. | ① [계획] Voy a ser maestro.
② [바람] Quiero ser maestro. |

| 선약이 있습니다. | Tengo un compromiso previo. |

| 선착순이야. | [입장] A medida que vayan llegando, entran.
= Es por orden de llegada. |

| 선택의 여지가 없습니다. | No hay otra opción. (달리~) |

| 선택해! | ¡Elige! = ¡Escoge! |

| 선풍기를 틉시다. | Encendamos el ventilador.
// Por ahora usemos el ventilador.
= De momento prendamos el ventilador. (우선~) |

설

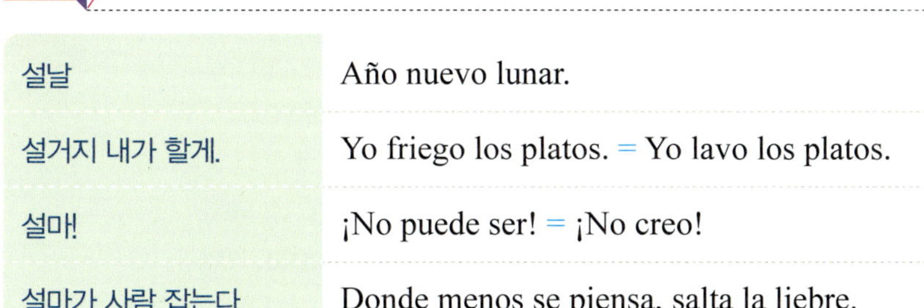

| 설날 | Año nuevo lunar. |

| 설거지 내가 할게. | Yo friego los platos. = Yo lavo los platos. |

| 설마! | ¡No puede ser! = ¡No creo! |

| 설마가 사람 잡는다. | Donde menos se piensa, salta la liebre. |

설사합니다.	Tengo diarrea. // Por la diarrea fui tres veces al baño por la mañana. (오전에 세 번이나 설사했어요.)
설상가상.	Siempre llueve sobre mojado. ☞ 엎친 데 덮친 격이군.
설탕 넣을까요?	¿Le pongo azúcar? ➡ Sí, por favor. (네.)
설탕 좀 넣어드릴까요?	¿Le agrego azúcar? ➡ Sí. Un poco, por favor. (네. 조금 만요.)

섭

섭섭합니다.	① [실망] Estoy decepcionado. (정말~) ② [헤어지기] ¡Qué tristes son las despedidas!

성

성가시게 한다.	¡Cómo me molestas! (너 참 사람~)
성격이 너무 좋습니다.	Tiene buen carácter.
성격이 좀 화끈합니다.	① [정열적] Soy una persona entusiasta. ② [뒤끝없음] No soy rencoroso.
성공하시길 빕니다.	Le deseo éxito.

성공할 겁니다.	Tendré éxito. (꼭~)
	// Pronto tendré éxito. (곧~)
	// Algún día tendré éxito. (언젠가~)
	☞ 조만간에 성공할 겁니다.

성공해서 돌아오세요.	Vuelva con éxito. (꼭~) // Vuelva con éxito lo más pronto posible. (하루 빨리~)
성내지 마세요.	No se enfade. = No se enoje.
성씨가 어떻게 되십니까?	¿Cuál es su apellido? = ¿Cómo se apellida? ➡ Mi apellido es Kim. (제 성은 김입니다.)
성의표시니 받아주세요.	Por favor, acéptelo como muestra de mi gratitud. (이건 제~) ➡ Gracias. Pero no tenía que molestarse. (감사합니다. 뭘 이런 걸 다…)
성의표시입니다.	Es la muestra de mi gratitud.
성이 뭐니?	¿Cuál es tu apellido? ➡ Mi apellido es Kim. (제 성은 김입니다.)
성적표가 나왔어요.	Me dieron hoy la lista de calificaciones. (오늘~)
성질 건드리지마!	¡No me provoques!
성질머리하고는! = 성질한번더럽네!	¡Qué carácter! = ¡Qué desagradable carácter!
성질이 급합니다.	Soy impaciente.
성질이 좀 더러워요.	[다혈질] Soy temperamental.
성탄을 축하합니다.	¡Feliz Navidad! ☞ 메리 크리스마스!
성함을 여쭤봐도 될까요?	¿Le puedo preguntar su nombre? ➡ Claro que sí. Mi nombre es Dae-myeong Kim. (물론이지요, 저는 김대명 입니다.)

성함이 어떻게 되십니까?

¿Cómo se llama usted?
➡ ⓐ Me llamo Dae-myeong Kim.
= Mi nombre es Dae-myeong Kim.
(제 이름은 김대명 입니다.)
ⓑ Mi apellido es Kim y mi nombre es Dae-myeong. (성은 김이고. 이름은 대명 입니다.)

성형수술했어요?

¿Le han hecho alguna cirugía estética?
➡ No, soy cien por ciento natural.
(아니요, 100% 자연산입니다.)

*100%는 ciento por ciento라고 읽는 것이 스페인 한림원의 규정이나 cien por cien, cien por ciento 라고도 통용된다.

섶을 지고 불 속으로 뛰어들다.

Meterse al fuego con el barril.

세 살 버릇 여든까지 간다.

Genio y figura hasta la sepultura.

세관신고서를 작성했습니다.

Rellené la declaración aduanera.

세상 말세다, 말세야.

El mundo se está acabando.

세상에!

[감탄] ¡Dios mío!

세상에 공짜는 없다.

Nada es gratis en la vida.

세상에 영원한 비밀은 없다.	Las mentiras tienen patas cortas. = Se pilla al mentiroso antes que al cojo.
세상에는 별별사람이 다 있다.	En el mundo existen personas de todo tipo.
세상은 돌고 돈다.	La vida da muchas vueltas.
세상을 떠났습니다.	[사망] Ha fallecido. (그 분은~)
세수하고 싶은데.	Quisiera lavarme la cara.
세숫비누는 어디에 있습니까?	¿Dónde está el jabón? ➡ ¿No es eso? (그거 아니냐?)
세어보세요.	[돈] Cuéntelo.

세워주세요.	Pare al lado. (옆쪽에~)
	// Pare enfrente. (앞에서~)
	// Pare aquí un momento, por favor.
	(여기서 잠깐~)

세월은 사람을 기다려주지 않는다.	El tiempo no espera.
세월이 약이다.	El tiempo lo cura todo.
세월이 참 빠르다.	El tiempo pasa corriendo.
세일 됩니까?	¿Hay descuento? ➡ Tiene veinte por ciento de descuento. (20% 할인됩니다.)
세일합니까?	¿Tiene rebaja? = ¿Está en oferta? ➡ Sí, está en oferta. (세일합니다.) // Este artículo tiene cuarenta por ciento de descuento. (이 상품은 40% 할인됩니다.)

| 세제를 다 썼습니다. | ① [세탁용] Ya no queda detergente. |
| | ② [주방용] Ya no hay lavavajillas. |

| 세차는 얼마입니까? | ¿Cuánto cuesta el lavado de coche? |
| | ➡ Son diez dólares. (10불 입니다.) |

| 세탁서비스를 부탁합니다. | Quiero el sevicio de lavandería. |

세탁소는 어디에 있습니까?	① [불특정 세탁소] ¿Dónde hay una tintorería?
	② [특정 세탁소] ¿Dónde está la tintorería?
	➡ Está aquí fuera sobre la avenida.
	(바로 바깥 큰길에 있습니다.)

| 세탁소에 맡기려고 합니다. | ① [불특정 세탁소] Quiero dejar la ropa en una tintorería. (옷을~) |
| | ② [특정 세탁소] Quiero dejar la ropa en la tintorería. (옷을~) |

| 세탁소에 맡기세요. | ① [불특정 세탁소] Lleve mi ropa a una tintorería. (제 옷을~) |
| | ② [특정 세탁소] Lleve mi ropa a la tintorería. (제 옷을~) |

세트메뉴에 커피는 들어갑니까?	[패스트푸드점] ¿Se incluye el café en el paquete?
	= ¿El café está incluido en el paquete?
	➡ No, el café no está incluido.
	(커피는 안 들어갑니다.)

섹

| 섹시하다. | Ella es muy sexy. (그녀는 정말~) |
| | // Esta ropa es muy sexy. (옷이 너무~) |

셋째입니다.	Soy el tercero. // Soy el tercero de mis hermanos. (형제 중에~)

셔츠를 사고 싶은데요.	Quiero comprar una camisa.
셔터를 누르면 됩니다.	[카메라] Sólo presione el botón de disparo.

소 잃고 외양간 고친다.	Después de ahogado el niño, tapan el pozo.

소개하겠습니다.	Le presento.
	// Le presento a mi familia. (당신께 우리 가족을~)
	// Me presento primero. (저를 먼저~)

소개해 줄래요?	¿Me lo presenta, por favor? (저 분을~)
소고기요리를 주세요.	Deme un plato de ternera.
소금을 건네주세요.	Páseme la sal, por favor.
소란 피우지 마!	¡No hagas escándalos! = ¡Pórtate bien!
소리 내지 마!	¡No hagas ruido!
소리 좀 높여주세요.	[라디오 등] Aumente el volumen, por favor. = Suba el volumen, por favor.

소리 좀 크게 해주세요.	[말소리] Hable más fuerte. = Hable en voz alta.
소리 치지 마!	¡No grites!
소매치기 당했어요.	Me robaron la cartera. (지갑을~)
소매치기 조심하세요.	Tenga cuidado con los carteristas.
소문 내지 마세요.	No se lo diga a nadie.
소문이 사람 잡는다.	Los rumores arruinan a las personas.
소변 보러 갔어요.	Fue al baño a orinar. = Fue a hacer pis. (그는~)
소식이 있으면 바로 연락해주세요.	En cuanto tenga noticias, llámeme.
소심하구나!	¡Qué tímido! = ¡Qué miedoso!
소용없습니다.	[효과·용도] No sirve. = No funciona.
소원 빌어요.	Pida un deseo. ➡ Estoy pidiendo deseos. (빌고 있습니다.)
소주 한 병 주세요.	Deme una botella de aguardiente.
소지품을 맡기는 곳이 있습니까?	¿Hay algún lugar donde se pueda guardar las pertenencias? ➡ Sí. (예.)
소탐대실.	Por buscar un pequeño beneficio, cae en una gran pérdida.
소파에 앉으세요.	Siéntese en el sofá. // Siéntese en este sofá. (이쪽~) ➡ Me siento en la silla. = Puedo sentarme en la silla. (의자에 앉으면 돼요.)

| 소화불량 같습니다. | Parece que es una indigestión.
= Parece ser una indigestión.
= Parece una indigestión. |
| 소화불량에 듣는 약을 주세요. | Deme pastillas para aliviar la indigestión. |

속 

속 보인다.	Se te notan tus intenciones. (너~)
속단하지 마세요.	No hay que hacer conclusiones apresuradas.
속상해요.	① [분노] Estoy enfadado. ② [슬픔] Estoy triste.
속셈이야?	¿Qué es lo que buscas? = ¿Qué es lo que pretendes? (무슨~) ➡ No busco nada. = No pretendo nada. (속셈은 무슨.)
속이 다 시원하다.	[걱정 · 골치거리에서 해방] ¡Qué alivio! = ¡Me sacó del apuro!
속이 불편합니다.	Me siento mal del estómago. = Tengo un malestar estomacal.
속이냐?	¿Me engañas? ➡ ⓐ Yo no sé engañar a las personas. (난 사람 속일 줄 몰라요.) ⓑ No te engañé. (속이지 않았어요.)
속지 마세요.	No se deje engañar. = No caiga en su trampa. (그의 속셈에~)
속히 연락주세요.	Por favor, llámeme lo antes posible.

손 내보세요.	Deme su mano. = Déjeme ver su mano.
손 놓으세요.	Suélteme la mano.
손 놔요!	① ¡Suelta mi mano! (내~) ② [몸을 잡고 있는 경우] ¡Suéltame!
손 뗄래요.	Ya me echo para atrás.
손 씻고 와라.	Lávate las manos.
손 씻었어요.	Me lavé las manos.
손 좀 봐줘라.	[혼내줌] Dale su merecido. = Aleccónalo.
손 좀 줘봐.	Dame tu mano.
손 치워!	¡Quita tu mano! // ¡Quita la mano ya! (얼른~)
손 펴봐.	Abre las manos.
손가락 걸어!	[약속] ¡Promételo!
손가락이 따끔거립니다.	Me pica el dedo. = Me arde el dedo.
손님 오셨습니다.	Hay visitas.
손님이 찾습니다.	[고객] Un cliente lo está buscando.
손님접대중입니다.	[특정] Estoy atendiendo a los invitados.

손대지 마세요.	① [사물에] No lo toque. 　　// No toque esta obra. (이 작품에~) ② 〈경고문〉 NO TOCAR
손도 굳었어요.	Mis manos están congeladas por el frío. (너무 추워서~)
손도 대지 않았어요.	Ni lo toqué.
손들어!	¡Arriba las manos!
손들었다.	[항복] Me rindo. = Me doy por vencido. ☞ 졌습니다.
손목을 삐었어요.	Me torcí la muñeca.
손바닥 뒤집듯 쉽다.	Es pan comido. ☞ 누워서 떡먹기.
손바닥도 마주쳐야 소리가 난다.	Dos no riñen si uno no quiere.
손바닥으로 하늘을 가릴 생각은 마라.	No quieras tapar el sol con un dedo.
손으로 더듬어봐.	Tócalo.
손을 데었습니다.	Me quemé la mano.

솔

| 솔직히 말해(봐)! | ¡Sé honesto! = ¡Habla honestamente!
= ¡Sé sincero! |

송구스럽게 생각합니다.	Lo siento mucho.
송별회를 해드리겠습니다.	Le haré su despedida. (당신에게~)
송사리 한마리가 온 강물을 흐린다.	Una manzana podrida estropea el barril. = Una manzana podrida pudre a las demás.

솥에 넣은 팥이라도 익어야 먹지.	No por mucho madrugar amanece más temprano. = A su tiempo maduran las brevas.

솰라솰라	[외국인 떠드는 소리] Bla, bla, bla

쇠귀에 경읽기.	Por un oído le entra y por el otro le sale. = Es como hablar con la pared.
쇠뿔도 단김에 빼라.	A la ocasión la pintan calva.

쇼 하니?	¿Estás haciendo un drama? ➡ Sí, un poco. (조금은요.)
쇼킹했어요.	Fue sorprendente.
쇼핑백이 필요하십니까?	¿Necesita bolsa de papel? ➡ Sí, por favor. (예.)
쇼핑하고 싶습니다.	Quiero ir de compras. // Quiero ir de compras a otro almacén. (다른 백화점에 가서~)
쇼핑해요.	Vamos de compras. (같이~)

수건으로 얼굴 닦으세요.	① Límpiese la cara con esta toalla. (이~) ② [건조] Séquese la cara con esta toalla.
수고 많았습니다.	[일] Muchas gracias por su trabajo. ➡ De nada. (천만에요.)
수고해주세요.	Espero su esfuerzo en este trabajo. (이번 일~) ➡ Es mi deber. (제가 할 일인데요.)
수고해주셔서 감사합니다.	Muchas gracias por su esfuerzo. ➡ No diga eso. = Ni lo mencione. (그런 말씀 마세요.)
수고했습니다. // 수고하셨습니다.	Gracias por el trabajo que ha realizado. = ¡Buen trabajo!

ㅅ

수다 좀 그만 떨어!	¡Deja de charlar!
수리 좀 해주세요.	Repárelo, por favor. = Arréglelo, por favor.
수리 중입니까?	¿Está en reparación? // ¿Está en reparación la televisión? (TV가~)
수속서류가 부족합니다.	Faltan documentos para realizar el trámite. = Se necesitan más documentos para el proceso.
수속은 다 끝났습니다.	Ya terminó el trámite.
수수료는 4% 받습니다.	Se cobra el 4% de comisión.
수수합니다.	[옷이] La ropa es sencilla.
수술해야합니다.	Hay que operarla de inmediato. (그녀를 즉시~)
수신인의 주소는 아래쪽에 쓰세요.	Escriba abajo la dirección del destinatario.
수신자 부담입니다.	① [전화] Es llamada por cobrar. = Es llamada a cobro revertido. ② [소포] Se cobra al destinatario.
수업은 몇 시에 시작해요?	¿A qué hora comienza la clase? ➡ A las ocho y media de la mañana. (오전 8시 반요.)
수업을 마칩니다.	Mi clase termina a las dos. (두 시에~)
수업을 몇 교시 합니까?	¿Cuántas clases tiene? ➡ Tengo cuatro clases. (4교시합니다.)

| 수업을 빼먹었습니다. | Falté a clase. |

| 수업하러 가니? | ¿Vas a la clase? |

| 수염이 석자라도 먹어야 양반이다. | En tripa vacía no cabe alegría.
= Con la tripa vacía, no hay alegría. |

| 수영을 못합니다. | No sé nadar. |

수영를 잘합니까?

¿Sabe nadar bien?
➡ ⓐ Sí, sé nadar bien. (잘합니다.)
　 ⓑ Más o menos. (보통입니다.)
　 ⓒ No sé nadar bien. (잘 못합니다.)
　 ⓓ No sé nadar. (못합니다.)

수영을 잘합니다.

Soy bueno en natación.
= Soy buen nadador.

수영을 할줄 모릅니다.

No sé nadar.

수입은 어떻습니까?

¿Cuánto gana? = ¿Qué ingreso tiene?
// ¿Cuánto recibe de sueldo por mes?
= ¿Cuánto es su ingreso mensual?
　(한 달 봉급은~)
➡ Más o menos tres mil dólares por mes.
　(한 달에 삼천불 정도요.)

수작부리지 마.

① [사기] No seas tramposo.
② [유혹] No trates de seducirla. (그녀한테~)

수줍어하지 마.

No seas tímido.

수표를 현금으로 바꿔주실래요?

¿Me cambia el cheque por efectivo?
➡ Sí, como no. (알겠습니다.)

수프를 먹을래요. [특정] Quiero comer la sopa.

숙박카드를 작성해주세요. Rellene el registro de los huéspedes, por favor.

숙제 먼저 하고 놀아라. Haz las tareas antes de jugar.

숙제는 다 끝냈습니다. Terminé la tarea. = Ya hice la tarea.

순진한 척 하기는. [여성에게] No te hagas la inocente.

술 가져와! ¡Trae licor!

술 끊었어요. Dejé de tomar.

술 냄새나. Tienes aliento a alcohol.
= Hueles a alcohol.

술 너무 많이 마셨어요. Tomé demasiado alcohol.

술 따라드리겠습니다. Le lleno la copa. = Le sirvo el licor.

술 따르지 마세요. No me sirva más, por favor. (더 이상~)

술 마셔도 됩니까?

[알콜음료] ¿Podría tomar un poco de bebida alcohólica?
➡ Claro que sí. (물론이지요.)

술 마시면 안됩니다.

No debo tomar alcohol.
= Debo evitar el alcohol.
= No debo beber alcohol.

술 못 마십니다.

No soy bueno para tomar alcohol.

술 잘 마십니다.

Soy bueno para tomar alcohol.

술 취했어요.

Estoy borracho. = Estoy ebrio.

술 한 잔 사겠습니다.

Le invito una copa.

술 할줄 압니다.

Sé tomar alcohol.

술래잡기 하자.

Vamos a jugar a las escondidas.

술맛 떨어지네!

¡Joder! Me quita las ganas de tomar. (젠장~)

술버릇이 없습니다.

Se porta mal cuando está borracho.
= Se cambia de persona al emborracharse.
(그는~)

술안주는 뭐로 할까요?

¿Con qué acompañamos los tragos? (우리~)
➡ Pidamos cacahuetes. (땅콩 안주로 하지 뭐.)

술에 약합니다.

No sé beber mucho alcohol.
= No soy bueno para tomar.
= No aguanto mucho alcohol.

술이 너무 독합니다.

Este licor está muy fuerte. (이~)

| 술잔이 비었다. | Está vacía la copa. |

| 술주정합니다. | Tiene malas costumbres cuando está borracho. = Él molesta a los demás en estado de ebriedad. (그는~) |

| 숨 막혀요. | No puedo respirar. |

| 숨 쉬어! | ¡Respira! |

| 숨 좀 돌리고. | Déjame respirar primero. |

| 숨을 깊이 들이쉬세요. | Respire hondo. = Respire profundo. |

| 숨이 막힙니다. | No puedo respirar bien. |

| 숭배합니다. | Lo admiro. = Lo adoro. (그를~) |

| 쉬고 싶습니다. | Quiero descansar un poco. (잠시~) // Quiero tomar descanso esta semana. (이번 주에는~) ☞ 좀 쉬고 싶습니다. |

쉬세요.	① [저녁 취침인사로도 쓰임] Que descanse.
	② Descanse. (좀~)
	  // Tómese un rato de descanso. (잠시~)
	  // Descanse mucho. (푹 ~)

쉬엄쉬엄해.	Debes descansar. = Necesitas descansar. = Tu cuerpo necesita descanso. = Tómate un descanso.

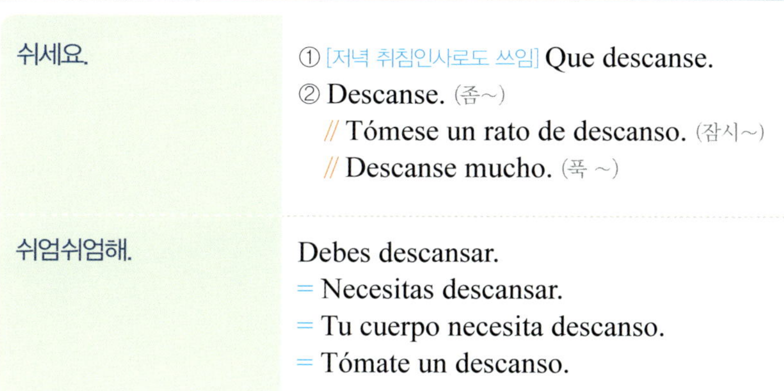

쉽게 믿지 마세요.	No debe confiarse tan fácilmente. ☞ 함부로 믿지 마세요.
쉽지 않습니다.	No es tan fácil esto. (이 일은 그리~)

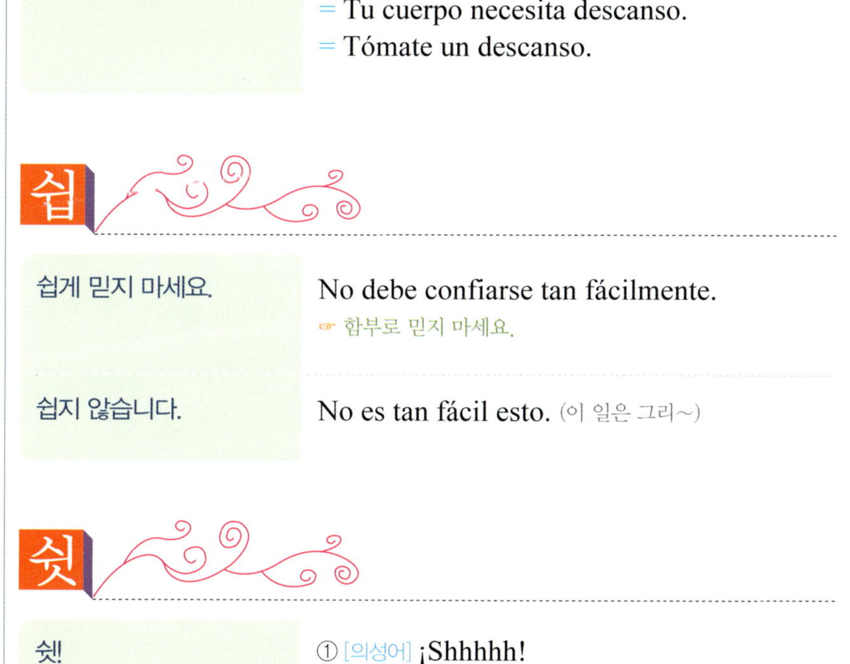

쉿!	① [의성어] ¡Shhhhh! ② ¡Cállate! ☞ 입 닥쳐!

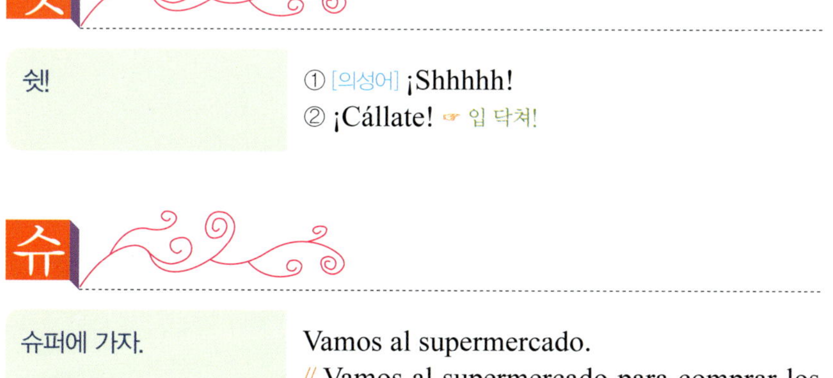

슈퍼에 가자.	Vamos al supermercado. // Vamos al supermercado para comprar los ingredientes. (재료 사러~)

슛!	¡Tira!

스승의 날을 축하드립니다!	¡Feliz Día del Maestro!

스위치는 어디에 있습니까?	¿Dónde está el interruptor de la luz? (등의~) ➡ Está a la izquierda de la entrada. (현관 왼쪽에 있습니다.)

스케이트 좋아합니까?	¿Le gusta patinar? ➡ Sí, me gusta. (좋아해요.)

스케줄이 빡빡합니다.	Tengo agenda muy apretada.

스키를 잘 탑니까?	¿Esquía bien? = ¿Es buen esquiador? ➡ ⓐ Sí, esquío bien. 　　= Sí, soy bueno. (잘 탑니다.) 　ⓑ No esquío bien. 　　= No soy bueno. (잘 못 탑니다.) 　ⓒ No sé esquiar. (못 탑니다.)

스테이크 하나 주세요.	[음식점에서] Deme un plato de bistec, por favor.

스톱!	① [동작] ¡Párate! = ¡No te muevas! ② [차] ¡Frena!

스트레스가 너무 심합니다.	Tengo mucho estrés. = Estoy muy estresado.

스페인 대사관은 어디에 있습니까?	¿Dónde queda la Embajada de España? ➡ Está en Hannam-dong. (한남동에 있습니다.)
스페인어를 잘 합니까?	¿Habla bien el español? ➡ ⓐ Lo hablo un poco. (조금 합니다.) ⓑ No hablo bien el español. (잘 못합니다.)
스페인어를 참 잘 합니다.	Hablo español fluidamente. = Hablo español con fluidez. = Hablo un español fluido. = Domino el castellano.
스페인 사람입니까?	¿Es usted de España? = ¿Es usted español? ➡ Sí, soy español. (예. 스페인사람 입니다.)
스페인 생활에 익숙합니까?	¿Está acostumbrado a la vida en España? ➡ Sí, ya estoy acostumbrado. (익숙해졌어요.)
스페인 선생님이 가르쳐줬어요.	Me lo enseñó mi profesor español.
스페인어가 어렵습니다.	El español es difícil de aprender.
스페인어 공부를 합니다.	Estudio el idioma español media hora por día. (매일 반시간~)
스페인어 노래 부를 줄 압니까?	¿Sabe cantar alguna canción en español? ➡ Sé dos canciones en español. (두 곡 할 줄 압니다.)
스페인어로 어떻게 말하는지 가르쳐주세요.	Enséñeme cómo se dice esto en español. (이 말을~)
스페인어를 아는 사람 있습니까?	¿Hay alguien que hable español?
스페인어를 얼마나 배웠습니까?	¿Cuánto tiempo ha estudiado español? ➡ Lo he estudiado un año. (1년 배웠어요.)

| 스페인어를 조금 합니다. | Sé hablar un poco de español.
= Hablo español un poco. |

| 스페인어를 할 줄
모릅니다. | No sé hablar español. = No hablo español. |

| 슬픔은 나누면 반이 된다. | Desgracia compartida, menos sentida.
= La compañía en la miseria hace a ésta más llevadera. |

| 습관이 됐습니다. | Ya se me hizo costumbre.
= Ya se me hizo un hábito. |

| 승낙했어요. | Di el permiso.
= Lo he autorizado. |

| 승진을 축하합니다. | ¡Enhorabuena por el ascenso! |

| 승패를 가리기가
어렵습니다. | Es difícil determinar quién será el ganador.
= Es difícil adivinar el resultado. |

시간 다 됐습니다.	[주어진 시간이 끝남] Ya se acabó el tiempo.
시간 됐습니다.	[뭐 할 시간이 됨] Es la hora.
시간 없습니다.	No hay tiempo. ☞ 시간이 없습니다.
시간 있습니까?	¿Mañana tiene tiempo? (내일~) ➡ No. Disculpe que tengo un asunto importante que atender. (아니요. 미안합니다, 중요한 일이 있어서요.)

시간 있습니다.	Mañana sí tengo tiempo. (내일은~)
	// Dispongo de tiempo cuando sea. (언제든지~)
	// Me sobra el tiempo. (남는 게 시간이야.)

시간 지켜라.	[약속시간] Sé puntual.
시간나면 꼭 연락주세요.	Cuando tenga tiempo, llámeme. = Cuando esté libre, llámeme.
시간나면 놀러오세요.	Cuando esté desocupado, venga a visitarme.
시간나면 또 놀러오세요.	Visíteme otra vez cuando tenga tiempo.
시간나면 자주 들르세요.	Cada vez que tenga tiempo, visíteme.
시간나면 자주 연락합시다.	Estemos en contacto. = Mantengámonos en contacto.
시간내주세요.	Para la próxima tome tiempo para mí. (다음에 꼭~)
시간에 늦겠어.	Voy a llegar tarde.
시간은 금이다.	El tiempo es oro.

시간은 얼마나 걸립니까?	① ¿Cuánto se tarda? // ¿Cuánto tiempo se tarda en tren? (기차를 타면~) ➡ Se tarda tres horas. (3시간 걸립니다.) ② ¿Cuánto tiempo se tarda en tren de Seúl a Daejeon? (서울에서 대전까지 기차를 타면~) ➡ Unas dos horas. (2시간 정도 걸립니다.)
시간을 낭비하지 마세요.	No desperdicie el tiempo.
시간을 어떻게 보냅니까?	[여유시간] ¿Qué hace en su tiempo libre? = ¿Cómo ocupa su tiempo libre? ➡ Leo novelas en Internet. (인터넷으로 소설을 읽습니다.)
시간을 지체하지 마세요.	No se demore más. (더 이상~)
시간이 늦었으니 빨리 주무세요.	Ya es tarde. Acuéstese. ➡ Está bien. (알았어요.)
시간이 많습니다.	Tengo mucho tiempo. = Me sobra el tiempo.
시간이 맞지 않아요.	[시계] El reloj no funciona bien. = El reloj no marca bien.
시간이 언제 납니까?	¿Cuándo tendrá tiempo? = ¿Cuándo estará libre? ➡ Mañana por la noche. (내일 저녁이요.)
시간이 없습니다.	① [부족] No hay tiempo. ② [필요] Necesito más tiempo.
시간이 지났습니다.	[주어진 시간] Ya pasó el tiempo.
시간이 참 빠르네요!	¡Qué rápido pasa el tiempo!
시간이 충분합니다.	Hay suficiente tiempo.

시계는 5분 느립니다.	El reloj va atrasado cinco minutos. = El reloj está atrasado cinco minutos.
시계는 5분 빠릅니다.	El reloj va adelantado cinco minutos. = El reloj está adelantado cinco minutos.
시끄러워!	① [소란스러워서] ¡Silencio! ② [헛소리] ¡No digas tonterías! ③ [잔소리] ¡Basta de sermones! ④ ¡Cállate! (입닥쳐!)
시끄러워 죽겠네!	¡Qué ruidoso!
시끄럽다!	Hace mucho ruido aquí. = ¡Qué ruidoso es aquí! (여기~)
시끌벅적한 곳을 좋아합니다.	Me gustan los lugares ruidosos. = Me gustan los lugares bulliciosos.
시내 나가세요?	[인사] ¿Va al centro?
시내구경 갑시다.	Vamos a pasear por el centro.
시내구경 하고 싶어요.	[처음] Quiero conocer el centro de la ciudad.
시내에 갑니다.	Voy al centro.
시네요.	[맛] Esto sabe muy ácido. = Esto sabe muy agrio. (이거 참~)
시도해봐!	¡Inténtalo!
시력이 좋지 않습니다.	No tengo buena vista.
시범 좀 보여주세요.	Muéstreme. ➡ Bueno. (그래.)

시부모님과 지내기가 힘이 듭니다.	Me cuesta convivir con mis suegros. = Me es difícil llevarme bien con mis suegros.
시비걸지 마세요.	No me provoque.

시시해.	[재미] No es divertido. = No es entretenido.
	// Este libro es aburrido. (이 책은~)
	// Este juego no es divertido. (이 게임은~)

시외전화는 어떻게 겁니까?	¿Cómo se hacen llamadas a larga distancia? ➡ Primero marque el código de la ciudad. (먼저 지역번호를 누르세요.)
시원섭섭해요.	Me siento aliviado pero también decepcionado.
시원한 걸로 마시고 싶습니다.	Quiero tomar algo fresco.
시원합니다.	① [기분이] Me siento aliviado. ② [날씨가] Hace fresco. = Está fresco. // Hoy hace fresco. = Hoy está fresco. (오늘 날씨가 정말~)
시원해!	[날씨] ¡Qué fresco! (어휴~)
시작!	① [한 명에게] ¡Comienza! ② [여러명에게] ¡Comiencen!
시작도 안했습니다.	Aún ni empiezo. = Ni he comenzado.
시작이 반이다.	Caminito comenzado, es medio andado.
시작하세요.	Comience.
시작합니까?	① ¿A qué hora comienza? (몇 시부터~) ② [호텔] ¿A qué hora empieza a servir el desayuno? (아침 식사는 몇 시부터~) ➡ Ahora mismo. (지금 바로요.)

시작합니다.	Comienzo en seguida. (바로~) // Empiezo yo primero. (제가 먼저~)
시장에 사람들이 많습니다.	Hay mucha gente en el mercado.
시장이 반찬이다.	Donde hay hambre, no hay pan duro.
시장합니까?	¿Tiene hambre? ☞ 배고픕니까? ➡ ⓐ Sí, tengo hambre. (예.) 　ⓑ Puedo aguantar. (그런대로 견딜만합니다.) 　ⓒ Estoy bien. (괜찮습니다.)
시집 안 갑니다.	① [바람] No me quiero casar. ② [의지] No me voy a casar.
시집가고 싶습니다.	Me quiero casar.
시집갔습니까?	¿Se casó? ➡ Ella se casó. (그녀는 시집갔습니다.)
시차적응이 안됩니다.	Todavía no me adapto al horario local. (아직~)
시청까지 얼마입니까?	[요금] ¿Cuánto es hasta el ayuntamiento? ➡ Son diez dólares. (10불입니다.)
시치미 떼지 마세요.	[어떤 사실을 앎] No pretenda que no sabe. = No disimule.
시키는 대로 하겠습니다.	Haré todo lo que me diga.
시키는 대로 해!	¡Haz lo que te digo!
시팔!	〈속어〉 ¡Mierda! = ¡Joder! = ¡Qué coño! ☞ 씹할!

시험 망쳤어.	No me fue bien en el examen. = Me fue fatal en el examen.
시험에 떨어졌어요.	Me reprobaron. = No pasé el examen.
시험에 통과했습니까?	¿Ha pasado el examen? = ¿Ha aprobado el examen? ➡ Sí, lo pasé. (예.)
시험에 합격했어요.	Aprobé el examen. = Pasé el examen.
시험은 어떻게 봤어?	¿Cómo te fue en el examen? ➡ Más o menos. = Ni bien ni mal. (그럭저럭.)
시험은 완전히 망쳤어요.	Me fue fatal en este examen. (이번~)
시험이 끝났습니다.	Ya se acabó el examen.
시험이 내일입니다.	Mañana tengo examen.

식

| 식구는 누구누구 있습니까? | ¿Cómo está compuesta su familia?
➡ Somos mi padre, mi madre y yo.
(아버님, 어머님 그리고 저입니다.) |
| 식구는 몇입니까? | ¿Cuántos son en su familia?
➡ Somos seis. Somos mi papá, mi mamá, un hermano mayor, dos hermanas mayores y yo. (여섯 식구입니다. 아빠, 엄마, 형 하나, 누나 둘 그리고 접니다.) |

280

| 식기 전에 드세요. | Cómalo antes de que se enfríe. |

식당에 갑니다.
① [특정 음식점] Voy al restaurante.
② [회사 등의] Voy al comedor.

식당은 몇 시에 문을 엽니까?
¿A qué hora abre el restaurante?
➡ A las seis de la mañana. (아침 6시요.)

식당이 있습니까?
¿Hay algún restaurante cerca de aquí? (근처에~)
➡ Sí, hay. (있습니다.)

식사 중에 죄송합니다.
Disculpe por molestarlo en medio de la comida.

식사 중입니다.
Estoy comiendo.

식사 후에 디저트도 있습니까?
¿Hay postres después de la comida?
➡ Sí, hay postres. (있습니다.)

식사는 언제 합니까?
¿Cuándo comemos? (우리~)
➡ ⓐ Ahora mismo. (바로요.)
ⓑ Un poco más tarde. = Al ratito. (더 있다가요.)

식사는 잘 합니까?
¿Está comiendo bien?
➡ ⓐ No puedo comer bien. (밥을 잘 못 먹어요.)
ⓑ No como nada. (밥을 전혀 안 먹어요.)

식사예약하고 싶습니다.
Quiero reservar una mesa.
// Quiero reservar una mesa para esta noche. (오늘 저녁~)

식사준비 좀 도와줄래요?
① [요리] ¿Me ayuda a preparar la comida?
➡ Sí, claro. (그러죠.)
② [테이블 세팅] ¿Me ayuda a poner la mesa?

식사초대는 언제합니까?	¿Cuándo me va a invitar a comer? ➡ Más adelante. (더 있다가요.)
식사하러 갑시다.	Vámonos a comer.
식사하러 갈까요?	① ¿Iremos a comer? ➡ Vamos. (가죠.) ② ¿Comemos juntos? (같이~) ➡ Vamos. (가죠.)
식사하면서 얘기 나눕시다.	Vamos a charlar en lo que comemos. = Charlemos mientras comemos.
식사했습니까?	¿Ya ha comido? ➡ ⓐ Sí, ya. (벌써 먹었습니다.) ⓑ Acabo de comer. (방금 먹었습니다.) ⓒ Todavía no he comido. (아니요.)
식상했습니다.	Este programa no fue nada nuevo. = Le faltó originalidad a este programa. (이 프로는 너무~)
식언하지 마세요.	① [약속한 말대로 지키지 아니함] No diga lo que no va a cumplir. ② [말을 거짓으로 꾸밈] No diga mentira.
식었는데 따뜻하게 데워줄래요?	Ya se enfrió. ¿Me lo puede calentar? // El arroz está frío. ¿Puede calentarlo, por favor? (밥이~)
식욕이 없습니다.	No tengo apetito. // He perdido el apetito estos días. (요즘~)
식욕이 왕성합니다.	Tengo buen apetito. // Los jóvenes tienen buen apetito. (젊은이들은~)

| 식은 죽 먹기야. | Es pan comido. ☞ 누워서 떡먹기. |

| 식자우환. | La ignorancia es dicha. |

| 식중독에 걸렸습니다. | Estoy intoxicado. |

| 식후에 한 알씩 드세요. | [약]
Tome una pastilla después de cada comida. |

신

| 신경 꺼! | ① [간섭] ¡No es asunto tuyo!
② [걱정] ¡Deja de preocuparte! |

| 신경 끄세요. | ① [쓸데없는 간섭·참견에] No es su asunto.
= No se meta.
// No se meta en mis asuntos. (제 일에~)
// Deje de preocuparse por esta persona.
(이 사람한테~)
② [번거로움을 피함] No se moleste.
③ [걱정] No se preocupe. |

| 신경 많이 써주세요. | ① [관심] Espero su atención.
② [부탁] Se lo encargo mucho. |

| 신경 쓰세요. | Preocúpese por sus asuntos. (당신 일이나~) |

| 신경 쓰지 마세요. | ① No se preocupe.
// No se preocupe tanto. (너무~)
☞ 걱정하지마세요.
② No tome en serio mis palabras.
= No me haga mucho caso. (내 말에~)
③ [번거로움을 피함] No se moleste.
④ [제3자의 간섭에] No le haga caso. (그 사람~) |

신경 쓰지 않아요.	No me importa. // No me importa su pasado. (전 당신의 과거를~) ➡ No me engañe. Sé que le preocupa. (속이지 말아요. 신경 쓰는 거 알아요.)
신경 쓸 것 없어요.	No hay nada de qué preocuparse.
신경과민이야!	¡Qué neurótico! = ¡Qué histérico!
신경써주셔서 감사합니다.	Gracias por su atención durante todo este tiempo. (그동안~)
신경질나 죽겠네!	¡Qué ira!
신고했습니까?	¿Ha denunciado a la policía? (경찰에~) ➡ ⓐ Sí, lo denuncié. (신고했습니다.) ⓑ Todavía no lo denuncié. (아직 안 했습니다.)
신나게 놀아보자.	Vamos a divertirnos todos. (모두~)
신나게 마셔보자.	[술] Vamos a beber mucho sin que nos importe nada. // Bebamos hasta que se acabe la noche. (오늘 밤~)
신난다!	[재미있음] ¡Qué divertido!
신랑, 신부가 내빈들께 인사를 올리겠습니다.	Los novios van a saludar a los invitados.
신랑, 신부를 위해 건배!	¡Brindemos por los novios!
신랑, 신부의 앞날을 축복합니다.	¡Que Dios bendiga a los novios! = Deseo buena suerte a los novios.
신문 좀 갖다주세요.	Tráigame el periódico, por favor.
신발 벗지 마세요.	No se quite los zapatos. = No se descalce.

신사 숙녀 여러분!	¡Señoras y señores! = ¡Damas y caballeros!
신세를 많이 졌습니다.	Le debo muchos favores. = Le debo mucho. // Le debo mucho por todo lo que ha hecho por mí. (그동안~)
신어보세요.	[양말, 신발] Pruébelos.
신호등에서 오른쪽으로 도세요.	Doble a la derecha en el semáforo.
신혼대길하고 백년해로 하십시오.	Que tengan mucha suerte y sean felices juntos para siempre.
신혼여행은 어디로 갑니까?	¿Adónde van de luna de miel? ➡ Vamos a Hawái. (하와이로요.)

실

실력이 아직 녹슬지 않았어.	Aún mantengo mi habilidad.
실례 좀 하겠습니다.	[잠시 볼 일로 자리를 뜨면서] Disculpe. = Un momento, por favor.
실례지만, 혹시…	[질문전에 양해를 구함] Perdón por la pregunta…
실례합니다, 좀 지나가겠습니다.	Perdón. Voy a pasar. ➡ Pase por acá. (이리로 지나가시죠.)
실례합니다.	Perdón. = Disculpe. // Perdón. Déjeme pasar, por favor. (~, 좀 지나가게 해주세요.)

실례했습니다.	① [여러명의 대화에 끼어듬]
	Perdón por haberlos interrumpido.
	② [귀찮게 해서] Disculpe la molestia.
	➡ No se preocupe. (천만에요.)
	= No diga eso. (그런 말씀 마세요.)

실망스럽습니다.
Estoy muy decepcionado de él.
= Me decepciona mucho. (그 사람 정말~)

실망시키지 마세요.
No me defraude. = No me decepcione.
= No me falle.

실망하지 마세요.
No se decepcione.

실망했습니다.
Me ha decepcionado mucho.
= Estoy muy decepcionado con usted.
(당신에게 너무~)

실수 없도록 해!
¡No cometas errores!

실수를 한 적이 있습니다.
Yo también he cometido los mismos errores.
(저도 같은~)

실수입니다.
Es mi error.
= Ha sido mi culpa. (제~)

실수했습니다.
Cometí un error.

실언했습니다.
Cometí un error al hablar.

실연당했습니까?
① ¿Su novia lo dejó? (여자친구에게~)
② [짝사랑] ¿Ha sufrido por un amor no crrespondido?
➡ No. (그런 일 없습니다.)

실패는 성공의 어머니이다.
Los fracasos son ensayos del éxito.

실패했어요.
He fracasado. = Fallé.

싫어요.

① [원치 않음] No quiero.
   // No quiero de verdad. (정말~)
② [물건이 마음에 안 듦] No me gusta.
   = No lo quiero.
③ [미움] Lo odio = No lo quiero.
④ [거절] No, gracias.
⑤ [귀찮음] No quisiera.

싫증납니다.

Esto realmente me cansa.
= Estoy muy cansado de esto.
= Estoy realmente harto de esto.
(이 일은 정말~)

심각하게 생각하지 마세요.

① [심사숙고] No lo piense tanto.
② [유념] No se lo tome muy en serio.

심각하지 않습니다.

[문제, 병세] No es grave.

심각합니다.

① [병] Es grave.
② [환자의 상태] Está grave.

심려를 끼쳐드려 정말 죄송합니다.

Disculpe por haberlo preocupado.

심심해.

Estoy aburrido.
// Estoy aburrido porque no está mi papá.
(아빠 없으니까~)

심은 대로 거둔다는 걸 잊지 마세요.

Quien siembra vientos recoge tempestades.
= Lo que siembras hoy cosecharás mañana.

심하잖아요.

[불만] No es justo esto. (이러는 게~)

심했습니다.

① [행위나 언사가 지나침] Se pasó de límite.
② [상식에서 벗어남]
   Esto es fuera del sentido común. (이건 너무~)
③ [과장] Eso está exagerado. (그것은 좀~)

심호흡하세요.

Respire profundo.

십

십 년 공부 도로아미타불.

Tanto esfuerzo para nada.

십 분 남았습니다.

Quedan diez minutos.

십 분 전 두 시 입니다.

Son las dos menos diez.
= Son diez minutos para las dos.
= Faltan diez minutos para las dos.

싱

싱거워요, 간을 좀 더 해요.

Está soso. Agregue más sal, por favor.

싱겁긴!

¡Qué insípido! ☞ 사람 싱겁긴!

싱글룸으로 주세요.

Deme habitación individual, por favor.

싱글벙글하시네요.	Se ve muy alegre.
싱싱하다.	[과일 · 야채 등이] Está bien fresco.
싱싱해 보입니다.	Los pescados y las verduras se ven muy frescos. (생선과 야채가~)
싱크대가 막혔습니다.	Se ha tapado la tubería del fregadero.
싱크대를 깨끗이 닦아요.	Limpie bien el fregadero.

싸

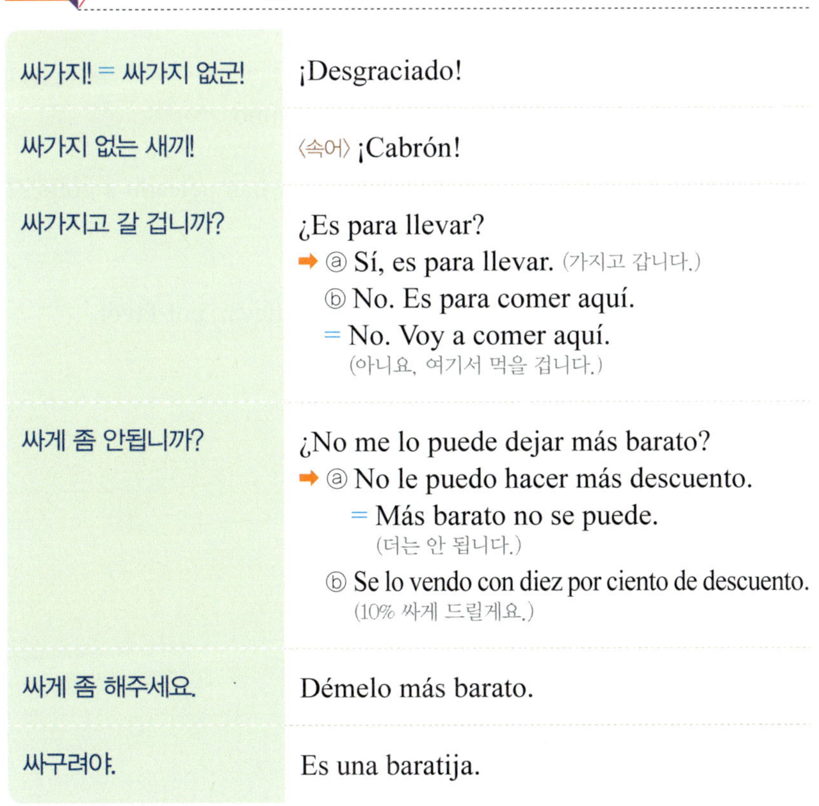

싸가지! = 싸가지 없군!	¡Desgraciado!
싸가지 없는 새끼!	〈속어〉 ¡Cabrón!
싸가지고 갈 겁니까?	¿Es para llevar? ➡ ⓐ Sí, es para llevar. (가지고 갑니다.) 　ⓑ No. Es para comer aquí. 　= No. Voy a comer aquí. 　(아니요, 여기서 먹을 겁니다.)
싸게 좀 안됩니까?	¿No me lo puede dejar más barato? ➡ ⓐ No le puedo hacer más descuento. 　= Más barato no se puede. 　(더는 안 됩니다.) 　ⓑ Se lo vendo con diez por ciento de descuento. 　(10% 싸게 드릴게요.)
싸게 좀 해주세요.	Démelo más barato.
싸구려야.	Es una baratija.

싸구려는 역시 표가 내!	Las baratijas siempre se notan. = Lo bararto siempre se nota.
싸다!	¡Qué barato!
싸우지 말고 잘 지내요.	No se peleen y traten de llevarse bien.
싸웁니다.	Se pelean. // Se están peleando. (싸우고 있습니다.) ① [말다툼] Discutimos frecuentemente. (우린 자주~) ② [주먹다짐] Nos peleamos a golpes frecuentemente. (우린 자주~)
싸웠어요?	① [말다툼] ¿Ustedes dos han discutido? (두 사람~) // ¿Discutió con ella? (그녀와~) ➡ ⓐ No, no discutimos. (아니요.) ⓑ ¿Cómo cree? (그럴 리가요?) ② [주먹질] ¿Los dos se han peleado a golpes? (두 사람~)
싸주세요.	[음식 등을 포장] Envuélvamelo para llevar, por favor.

싹

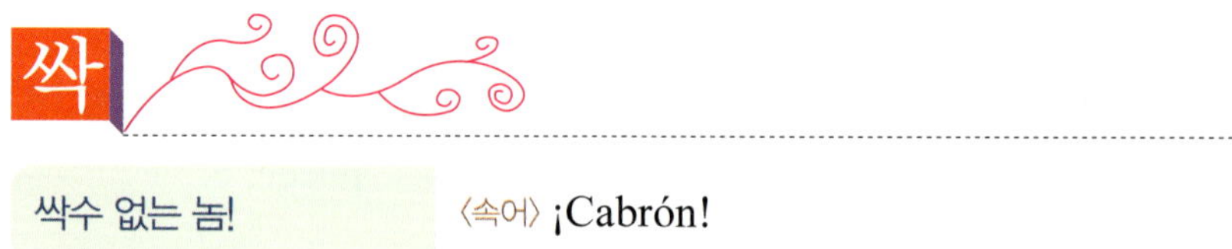

싹수 없는 놈!	〈속어〉 ¡Cabrón!

싼

싼 게 비지떡이다.	Lo barato sale caro.

| 싼 방 있습니까? | ¿Tiene una habitación económica?
➡ Están todas ocupadas. (다 나가고 없습니다.) |

| 쌀쌀합니다. | Hoy hace un poco de frío. (오늘은~) |

| 쌉니다. | ① [본질] Es muy barato. (매우~)
② [상태 · 주관적 의견] Está muy barato. (아주~) |

쌍꺼풀 수술했어요.	Me hice cirugia en los párpados.
쌍년!	〈속어〉 ¡Perra! = ¡Puta! = ¡Zorra!
쌍놈!	〈속어〉 ¡Puto! = ¡Gilipollas!
쌍수를 들어 찬성입니다.	Estoy totalmente de acuerdo.

| 쌕쌕 | [자는 소리] Zzz |

쌤

| 쌤통이다. | Te lo mereces.
= El que las hace, las paga. |

쌩

| 쌩! | [바람 소리] Shhhhh |

써

써보세요.	① [글씨] Escríbalo otra vez. (다시 한 번~) ② [사용] Pruébelo de nuevo. (다시 한 번~)
써 봐.	① [글씨] Escríbelo. ② [모자] Ponte la gorra. (야구모자류) // Ponte el gorro. (비니모자류) ③ [사용] Utilízalo. = Úsalo.
써봐도 됩니까?	[모자] ¿Podría probarlo? ➡ Sí, claro. (그럼요.)

썩

| 썩 나가! | ¡Fuera! = ¡Sal de aquí! = ¡Lárgate! |
| 썩 꺼져! | ☞ 썩 나가! |

썰렁하다.	① [재미없음] Es aburrido este lugar. (여기~)
	② [사람이 없음] No hay gente.
	= Está vacio.
썰렁한 자식!	¡Qué aburrido eres!
썰렁해!	[농담] ¡Es aburrido!
썰어주세요.	[고기 등을] Córteme la carne en filetes finos. (아주 얇게~)

썼습니다.	① Terminé de escribir todo. (글씨를 다~)
	② Gasté todo el dinero. (돈을 다~)

쓰세요.	① [글씨] Escríbalo aquí. (여기에~)
	② [사용] Utilícelo.

쓸데없는 걱정 마세요.	No se preocupe más de la cuenta.
	= No tiene sentido preocuparse de más.
	= No se angustie por nada.

쓸데없는 말 작작해.	Deja de decir ridiculeces.
쓸데없는 소리!	¡Disparates! = ¡Ridículo!
쓸데없는 소리 그만해. = 쓸데없는 소리 작작해.	Deja de decir disparates.
쓸데없는 소리하지마.	No digas disparates. = No digas tonterías.
쓸데없는 짓 하지마.	No hagas estupideces.
쓸데없는 짓이야.	No tiene sentido. = Es inútil. = No sirve.
쓸데없는 참견!	¡No intervengas!
쓸데없이!	¡No tiene sentido!
쓸모없는 놈!	〈속어〉 ¡Inútil!
쓸모없어!	① [기능·효과] ¡No sirve! ② [사람] ¡Eres un inútil! (넌 정말~) ☞ 형편없어!
쓸쓸합니다.	Me siento solo. = Me siento solitario. = Siento soledad.

씹

씹할!	〈속어〉 ¡Joder! = ¡Mierda!

씻

씻고 자.

Dúchate antes de dormir.
= Báñate antes de dormir.

씽

씽씽

[바람소리] Ssshhhhhh

아!	① [감탄 · 놀람] ¡Oh, Dios mío! = ¡Válgame Dios! ② [찬양] ¡Vaya, fantástico! = ¡Magnífico! = ¡Genial!
아가리 닥쳐!	¡Cállate! = ¡Cierra la boca! // 〈속어〉 Cierra esa boca antes de que te la rompa. (아가리 찢어버리기 전에 닥쳐!)
아가씨!	¡Señorita!
아가야!	¡Cariño! = ¡Cielo!
아깝다!	[아쉬움] ¡Qué lástima! = ¡Qué pena! (정말~) // ¡Qué lástima comerlo! = Es una pena tener que comerlo. (먹기에~) // Es una lástima tener que gastar el dinero. (돈 쓰기가~) // ¡Qué lástima! Fue por poco. (~. 간발의 차이였어.)
아내가 귀여우면 처갓집 말뚝 보고 절한다.	Si amas a tu esposa, también amas a su familia.
아내가 바람났습니다.	Mi esposa me puso los cuernos. = Mi mujer me ha engañado con otro.
아내가 임신했습니다.	Mi esposa está embarazada.
아는 것이 힘이다, 배워야 산다.	El saber es poder. Para vivir hay que aprender.

아는 사이입니까?	① ¿Se conocen? (둘이~) ➡ ⓐ Claro que sí = Por supuesto. (물론 알죠.) ⓑ Nos vimos una sola vez. = Nos hemos visto una vez. (딱 한번 봤어요.) ⓒ Nos conocemos pero no tenemos mucha amistad. = Nos conocemos pero no somos muy amigos. (알지만, 친하지는 않아요.) ② ¿Se conocen desde antes? (서로 전부터~) ➡ Sí. Nos conocemos desde hace mucho tiempo. (예, 오래전부터 알던 사이입니다.)
아니 땐 굴뚝에 연기나랴.	No hay humo sin fuego.
아니, 아니요!	① [사양] No, gracias. ② [부정] No.
아니라고 생각합니다.	No lo creo.
아니면 말고.	① Si no, pues no. ② [단념] Si no, pues ni modo.
아니야!	① ¡No! ② ¡Nunca! = ¡Jamás! (절대~) ③ ¡Que no! (아니라니깐!) ④ ¡No es nada! (아무것도~)
아니요!	① [부정] ¡No! // ¡Para nada! // ¡Nunca! ② [과거 행위 부정] ¡Yo no fui! = ¡Yo no lo hice! ☞ 안 했습니다. ③ [예상·추측에 대해] No creo. = No debe ser. ☞ 그렇지 않을 거야!

④ De nada. = No es nada.

☞ 천만에요!

⑤ [사과나 위로] No se preocupe.

☞ 괜찮습니다.

아니지?

[되물음] No, ¿verdad?

아닌 밤중에 홍두깨.

¡Qué disparate!

아닌 척 하지마.

No finjas. = No disimules.

아닙니까?

[확인] ¿No es verdad? = ¿No lo es?

아닙니다.

No.

아드님을 빨리 낳으시길 바랍니다.

① [희망] Espero que tenga rápido un varón.

② [순산] Espero que dé a luz a su hijo a la brevedad.

아들 나신 것 축하합니다.

Felicidades por el varón recién nacido.
= Felicidades por el nacimiento de su hijo.

아들과 딸 둘입니다.

Un varón y dos niñas.
= Un hijo y dos hijas.

아르바이트합니까?

① ¿Trabaja a tiempo parcial?

// ¿Cuántas horas trabaja? (몇 시간~)

// ¿Trabaja en tiempo libre después del colegio? (학교 다니면서 남는 시간에~)

// ¿Trabaja en su tiempo libre? (여유시간에~)

➡ ⓐ Sí. (예!)

ⓑ Todavía no. = Aún no. (아직 안 합니다.)

ⓒ Dos veces por semana.

= Dos veces a la semana.
(일주일에 두 번 합니다.)

298

② ¿Qué clase de trabajo a tiempo parcial tiene?

= ¿Qué tipo de trabajo a tiempo parcial tiene? (어떤~)

➡ ⓐ Doy clases particulares.
(과외를 합니다.)

ⓑ Doy clases a estudiantes de bachillerato.
(고등학생들을 가르칩니다.)

아름답습니다!

① [외모] ¡Hermoso! = ¡Guapo! = ¡Bonito!

// Es una mujer hermosa.

= Es muy mona. (참 아름다운 여인이네요.)

// De todas las personas que he conocido es la más bella. (제가 봤던 사람 중에 가장~)

② [음악] ¡Hermosa canción!

= ¡Bella canción!

③ [경치] ¡Hermoso paisaje!

= ¡Espléndido paisaje!

= ¡Qué hermoso paisaje!

// ¡Qué hermosas son las hojas otoñales!

= ¡Espléndido follaje de otoño!
(단풍이 정말~)

// El río Han es realmente bello.
(한강은 정말~)

④ [감탄] ¡Qué bello! = ¡Realmente bonito!

= ¡Muy precioso! = ¡Muy hermoso! (참~)

☞ 예쁩니다!

아마 그럴 겁니다.

① [상대의 말이 긍정이면] Creo que sí.

② [상대의 말이 부정이면] Creo que no.

아마 모를 겁니다.

Tal vez no lo sabe. = Quizá no lo sepa.

아무거나.

Culquier cosa. = Lo que sea. = Cualquiera.

아무거나 다 먹습니다.	Como de todo. = Como lo que sea. = Como cualquier cosa.
아무거나 다 좋습니다.	Cualquier cosa me viene bien.
아무거나 시키세요.	① [심부름] Pida lo que sea. = Ordene cualquier cosa. ② [음식] Pida lo que guste. = Ordene lo que le apetezca. = Ordene lo que se le antoje.
아무거나 잘 먹습니다.	☞ 아무거나 다 먹습니다.
아무것도 모릅니다.	① [사실] No sé nada. // Salvo esto no sé más. (이것 말고는~) ② [철이 없어서] Es todavía un niño. = Es inmaduro. No sabe nada. = No sabe de nada. (걔는~) ③ [이해] No lo entiendo = No lo comprendo.

아무것도 아닙니다.	① [사태] No es nada. = Está todo bien.
	☞ 괜찮습니다.
	② [대단치 않음] No es nada espectacular.
	// Esto no es nada. (이건~)
	// Este nivel de calificación no significa nada. = Esta calificación no es nada.
	(이 정도 성적은~)
	③ [쉬움] Esto es muy fácil.
	= Es pan comido. ☞ 식은 죽 먹기야!
	④ [선물을 건네면서] No es gran cosa.
	// Recíbalo. No es gran cosa. (~받아주세요.)
	⑤ [정상적임] No es algo especial.
	= No es nada especial. ☞ 별것 아닙니다.

아무래도 좋습니다.

[동의] Está bien como sea.

아버지는 어디서
근무하십니까?

¿Dónde trabaja su padre?
➡ En una escuela.
= Mi padre trabaja en una escuela.
(학교에서요.)

아뿔싸!

¡Ay, no! ☞ 아차!

아삭아삭

Crunch, crunch

아쉬운 거 없습니다.

No tengo nada que lamentar.

아쉽네요.

① ¡Qué lástima! = ¡Qué pena!
= La verdad, es lamentable. (정말~)
☞ 유감입니다.
② [작별] Lamento despedirme.
= Me da pena pero tengo que despedirme.
☞ 섭섭합니다.

아시아나항공 카운터는
어디에 있습니까?

¿Dónde está el mostrador de la aerolínea
Asiana?
➡ Se encuentra al fondo. (안쪽에 있습니다.)

아시죠?

① [지식] Lo sabe, ¿no?
② [인식] Me conoce, ¿no?
= Sabe quién soy, ¿no? (절~)
➡ ⓐ Sí, lo conozco. Usted es Jang-hong
Lee. (알지요. 이장홍씨시죠.)
ⓑ No me acuerdo de usted.
= No lo recuerdo. (모르겠는데요.)

아십니까?

¿Me conoce? (저를~)
➡ No. (모르는데요.)

아야!	¡Ah!
아야!	[고통을 호소] ¡Uy! = ¡Ay! = ¡Qué dolor!
아우	[늑대 울음소리] Auuuu
아웅, 까꿍!	[어린 아이에게] Gugu-tata.
아이 싸움이 어른 싸움 된다.	La pelea entre niños se convierte en pelea de mayores.
아이 있습니까?	¿Tiene hijos? ➡ ⓐ Si, tengo hijos. (있습니다.) ⓑ Todavía no tengo. (아직 없습니다.)

아이가 없습니다.	No tengo hijos.
	// No tenemos hijos. (우리는~)
	// Todavía no tenemos hijos. (우린 아직~)

아이고!	¡Dios mío! = ¡Por Dios! = ¡Caray!
아이스크림 사줘요.	Cómpreme un helado.
아이스티 한잔 주세요.	Un vaso de té frío, por favor.
아이참!	① ¡Ay, Dios! ② 〈속어〉 ¡Joder! ☞ 이런!
아이쿠!	[감탄사] ¡Santo Cielo! ☞ 아이고!
아저씨, 안녕하세요.	¿Cómo está, señor? // ¿Cómo está, señor Lee? (이씨~)
아주 좋아요.	Muy bien.

| 아주 좋았어! | ¡Excelente! |

| 아차! | ¡Vaya! = ¡Dios mío! ☞ 아뿔싸! |

| 아첨하지 마세요. | No me halague.
= No me haga la barba. (제게~) |

| 아침 드세요. | Tome su desayuno. = Desayune. |

| 아침식사는 어디서
합니까? | ¿En dónde se toma el desayuno?
➡ En el restaurante de la planta baja.
(1층 레스토랑에서요.) |

| 아침식사는 언제합니까? | ¿Cuándo toma su desayuno? (당신은~)
= ¿A qué hora toma su desayuno? |

| 아침식사는 포함됩니까? | ¿Está incluido el desayuno?
= ¿Incluye el desayuno?
➡ Sí, está incluido. (포함됩니다.) |

| 아침잠이 많습니다. | Me cuesta levantarme por la mañana.
= Soy de dormir mucho por la mañana.
= Me levanto tarde. |

| 아파요. | [고통호소] Me duele. // Me duele mucho.
= Me duele demasiado. (너무~) |

| 아파죽겠어요. | Me muero de dolor. |

아픈 데는 찌르고 그래요.	① [상처부위] ¿Por qué toca donde me duele?
	② [마음] ¿Por qué me pone limón en la llaga?
아픈 만큼 성숙하는 법이야.	Cuanto más sufres, más maduras.
아픕니까?	① [진찰] ¿Le duele?
	// ¿Dónde le duele? (어디~)
	➡ Me duelen los hombros.
	= Tengo dolores en los hombros. (어깨요.)
	② [단정] Le duele aquí, ¿verdad? (이곳이~)
	③ [병] ¿Está enfermo?
	// ¿De qué está enfermo? (어디가~)
	➡ Estoy bien. (괜찮습니다.)

악

| 악랄해! | ¡Eres un malvado! = ¡Eres cruel! (넌 참~) |
| 악수해요. | Vamos a saludar de mano. |

안

안 갑니까?	¿No se marcha? = ¿No se va?
	➡ Me quedo un rato más y me voy. (좀 더 있을게요.)
안 갑니다.	① [자리를 뜨지 않음] No me voy.
	② [어떤 장소에] No voy a ir.

안 됐습니다.	① [나이] Aún no tengo treinta años. (서른 살이~)
	② [시간] Todavía no es la una.
	= Aún no es la una.
	= Falta para que sea la una. (아직 1시가~)
	③ [곤경에 빠짐] ¡Pobre hombre! (그 사람~)
	④ [동정] Lo siento tanto. = ¡Qué mal!
	= Lo lamento. = Es lamentable.
	= Es lamentoso.
	⑥ [불행] ¡Qué mala suerte!
	// Me he enterado de que perdió el trabajo. ¡Qué lastima! (실직하였다고 들었는데, 너무~)
	⑦ [위로] Lo siento mucho.
	⑧ [운수 나쁨] ¡Qué mala suerte! (너무~)

| 안 된다면 안 됩니다. | Si le digo que no se puede, no se puede. |

| 안 될 것 같습니다. | No creo que sea posible. |
| | = Creo que no es posible. |

안 됩니다.	① [반대] No estoy de acuerdo.
	② [금지] No se puede.
	= Está prohibido.
	③ [불가능함을 나타냄] Imposible. = Es imposible.
	④ [협상의 여지가 없음] De ninguna manera.
	= ¡Ni hablar!

안 보면 마음도 멀어진다.	Ojos que no ven, corazón que no siente.
	= La distancia aboga al olvido.
	= La distancia es el olvido.
	= Ausencias causan olvido.
	= Larga ausencia causa olvido.
	= Cuando de vista te pierdo, si te veo ya no me acuerdo.

= El que no mira, no suspira.
= Espaldas vueltas, memorias muertas.
= Lejos de ojos, lejos del corazón.
= Lo que no se ve, pronto se olvida.
= Si te he visto, ya no me acuerdo.

안 봐도 알아요.
No hace falta verlo.

안 삽니다.
No lo voy a comprar.

안 속아.
No me vas a engañar.
// No me puedes engañar. (너한테~)

안 왔습니다.
① No llega todavía. = Aún no ha llegado.
(아직~)
② [귀가] No ha vuelto aún.
= Todavía no ha vuelto. (아직~)

안 했어요
No lo hice.

안개가 낍니다.
Habrá niebla mañana. (내일은~)

안경을 낍니다.
Uso gafas.

안내해 드리겠습니다.
① Lo guiaré.
② 〈경어〉 Es un honor poder enseñarle el camino.
= Lo guiaré con mucho gusto.

안녕!
¡Hola! ☞ 안녕하세요!

안녕하세요.
① [때와 상관없이] ¡Hola!
// Hola. ¿Qué tal? = Hola. ¿Cómo está?

② [아침인사] Buenos días.
　[오후인사] Buenas tardes.
　[저녁인사] Buenas noches.
③ [오랜만] Hola. ¡Cuánto tiempo!

안녕하셨습니까?

¿Cómo ha estado?

안녕하십니까!

☞ 안녕하세요.

안녕히 가세요!

① [작별인사] ¡Adiós! ☞ 잘 가!
② ¡Que le vaya bien!

안녕히 계세요!

¡Que esté bien!

안녕히 주무세요.

① Buenas noches.
② Que duerma bien. = Que descanse.
☞ 잘 주무세요.

안되면 조상탓.

Si te va mal, echas la culpa a otros.

안마해드릴게요.

Le doy un masaje.

안방 먼저 청소하세요.

Primero limpie la habitación principal.

안방에 가면 시어머니말이 옳고 부엌에 가면 며느리말이 옳다.

Cada parte tiene razón en lo que afirma.

안부 전해주세요.

① Me lo salude. (그에게~)
　// Le envío saludos a su madre.
　　(당신 어머니께~)
　// Salude a su madre de mi parte.
　　(제 대신 당신 어머니께~)
➡ Serán enviados. Gracias. (예, 감사합니다.)
② Le mando saludos. (그에게~)
　// Envío saludos al Sr. Kim. (김선생님에게~)
　// Saluda a su familia de mi parte. (가족에게~)

안색이 안 좋아보입니다. | No se ve bien.

안심하세요.

① No se preocupe. = Tranquilo.
　　// Tranquilo. No pasará nada.
　　= Estará todo bien. (~별일 없을 거에요.)
② Ahora tranquilícese.
　　= Ahora relájese. (이제~)
　　// No se preocupe. No hay problema.
　　(~문제없어요.) ☞ 괜찮습니다.

안아줘. | Abrázame fuerte. (꼭~)

안에 뭐가 있습니까?

① [무엇이 있는지 궁금] ¿Qué tiene ahí dentro?
　　= ¿Qué lleva?
➡ ⓐ Una tarjeta de crédito. (신용카드 하나요.)
　　ⓑ No hay nada. = No llevo nada.
　　　= No tengo nada. (뭐 없습니다.)
② [있는지 여부가 궁금] ¿Tiene algo dentro?

안으로 드십시오.

Adelante, por favor.
= Pase adentro, por favor.
➡ No hace falta. = No es necesario.
　(그럴 필요 없습니다.)
☞ 들어오세요.

안전벨트 매주세요. | Abroche el cinturón de seguridad.

안전을 위해서
안전벨트를 매주세요. | Por su seguridad, abroche el cinturón de seguridad.

안쪽으로 드시죠. | Pase adentro. = Adelante, por favor.

안타깝습니다.

Es lamentable. = Es una lástima.
☞ 애석합니다. // 안됐습니다.

| 안하는 게 좋겠어요. | Es mejor no hacerlo. |

| 안합니다. | No lo hago. |

| 안했습니다. | ① [행동의 주인] No fui yo. (전 아닙니다)
② [완료] Aún no lo he hecho.
= No lo he hecho todavía. (아직~) |

앉

| 앉아계세요. | Siéntese.
// Siéntese un momento. (잠시~) |

| 앉아도 됩니까? | ¿Me puedo sentar? = ¿Podría sentarme?
// ¿Me puedo sentar aquí?
= ¿Podría sentarme aquí? (여기에~)
➡ Sí, siéntese. (그러세요.) |

| 앉아서 기다리세요. | Espere sentado aquí.
= Siéntese aquí y espere. (여기~) |

| 앉아서 말해요. | Hable sentado. |

| 앉아서 쉬세요. | Siéntese y descanse.
= Descanse sentado. |

| 앉아서 얘기합시다. | Hablemos sentados. |

| 앉아서 좀 기다리세요. | Espere sentado, por favor. |

| 앉아요. | ① Siéntese, por favor.
➡ Estoy bien. (괜찮습니다.)
② Venga y siéntese. (이리 와서~) |

앉아주세요.	Tome asiento, por favor.
	// [명령조] Tome asiento rápido. (어서~)

앉았다 가세요.	Siéntese.
	// Pase por casa a descansar un poco. (집에 와서 잠시~)
	// Pase y siéntese un rato. (들어와서 잠시~)

앉으세요.	Siéntese, por favor.
	// Siéntese aquí. (여기~)
	// Siéntese por aquí. (이쪽에~)
	// Venga a sentarse. (와서~)
	➡ Sí, gracias. (네, 감사합니다.)

알

알게 되어 반갑습니다.	Es un placer conocerlo.
	☞ 만나 뵙게 되어 반갑습니다.

알게 뭐야!	[관심없음]
	No es de mi interés = No me interesa.
	= No me importa. = Me vale.

알고 있습니까?	¿Está enterado?
	➡ ⓐ Sí, estoy enterado. (알고 있습니다.)
	ⓑ No estoy enterado. (모릅니다.)
	ⓒ Sé lo suficiente. (충분히 알고 있습니다.)

알레르기가 있습니다.	Tengo alergia.
	// Tengo alergia a la carne vacuna.
	= Soy alérgico a la carne vacuna. (소고기에~)

알려주세요.	① Avíseme. = Hágamelo saber.
	// Avíseme cuando lleguemos a la estación de tren. (우리가 기차역에 도착하면 좀~)
	// Avísele lo que dije. (내 말을 그에게~)
	② [통보] Infórmelo sin falta. (꼭~)

알려줘서 고맙습니다.	Gracias por avisarme. = Gracias por informarme.
알림!	[안내문] Aviso = Comunicado
알면 병이고 모르면 약이야.	A veces es mejor no enterarte de algunas cosas. = La ignorancia es una bendición para ciertas cosas.
알아둘게 있어.	[경각심] Hay algo que tienes que saber.
알아둬.	Tenlo en cuenta.
알아듣게 좀 얘기해봐.	Explícamelo bien.
알아들었습니까?	¿Ha entendido? ➡ ⓐ Entendí. (알아들었습니다.) ⓑ No entendí. (못 알아들었는데요.) ⓒ Esta vez entendí. (이번엔 알아들었어요.) ⓓ No pude entender. = No he podido entender. (알아듣지 못했어요)
알아들을 수 있습니까?	[이해] ¿Lo puede entender? ➡ ⓐ Sí, puedo. (알아들을 수 있습니다.) ⓑ No puedo. (알아들을수 없습니다.)
알아맞혀봐!	¡Adivina!

알아보시겠습니까?

[면식] ¿Puede reconocerme?
// ¿Aún me reconoce? (저를 아직~)
➡ No lo reconozco. (못 알아보겠는데요.)

알아봐주세요.

[조사] Averíguelo ahora, por favor. (즉시 좀~)

알아봤습니까?

[조사] ¿Lo ha investigado? = ¿Lo averiguaste?
➡ ⓐ Lo he investigado.
　　= Lo averigué. (알아봤어요.)
　ⓑ Todavía no. = Aún no. (아직요.)
　ⓒ Tengo todo investigado. (다 알아봤습니다.)

알아서 결정해.

Toma la decisión tú. = Decídelo tú. (네가~)
☞ 결정해!

알아서 해.

① [결정] Decídelo tú.
② [편할 대로] Como quieras.
③ [책임지고] Esta vez encárgate tú.
　　(이번엔 네가~)

알았습니까?

① [어떤 사실을] ¿Lo sabía?
　➡ Sí, lo sabía. (알았습니다.)
② [이해] ¿Lo ha comprendido?
③ [명령조] ¿Entendido?
　➡ Entendido. (알았어요.) ☞ 알아들었습니까?

알았습니다.

① Sí, entendido.
② [동의] De acuerdo. = Bueno, está bién.
③ [마지못해 하는 동의] Ni modo.
④ [명령복종] Sí, señor. (남자에게)
// Sí, señora. (여자에게)

암

암에 걸렸습니다.
Tengo cáncer.
➡ ¿Es curable? = ¿Existe alguna cura? (치료할 수 있답니까?)
➡ No lo sé. (모르겠어요.)

암탉이 울면 집안이 망한다.
Si la voz de la mujer es fuerte, se destruye la familia.

압

압니까?
① [지식] ¿Lo sabe?
➡ Lo sé. (알아요.)
② [면식] ¿Me conoce? (저를~)
➡ Lo conozco muy bien. (잘 알고 있지.)
// ¿Sabe quién es? (그를~)
➡ Sí. (압니다.)

앗

앗!
¡Ay!

앙

앙심 품지 마세요.
No sea rencoroso. = No guarde rencor.

앙코르!
[노래] ¡Otra!

앞으로!	[방향] ¡Derecho! (곧장~)
앞으로 가다가 우회전하면 됩니다.	Siga derecho y luego doble a la derecha.
앞으로 나오세요.	Pase para adelante.
앞장서요!	[대열] Vaya adelante.

애

애석합니다.	Es una gran pena. (정말~)
애인 있습니까?	① [여자에게] ¿Tiene novio? ② [남자에게] ¿Tiene novia? ③ [남녀공용] ¿Está saliendo con alguien? ④ [불륜관계] ¿Tiene amante? 　= ¿Tiene una relación inmoral? 　➡ ⓐ Sí, tengo. (있습니다.) 　　ⓑ No, no tengo. (없습니다.)
애인이 생겼습니다.	① [남자] Ya tengo novia. ② [여자] Ya tengo novio.

야

야!	[부름] ¡Oye!

| 야구 잘하네. | ¡Qué buen beisbolista! |

| 야근해야 합니다. | Tengo que trasnochar trabajando.
// Hoy tendré que trabajar hasta muy tarde. (오늘~) |

| 야근했습니다. | Trasnoché trabajando.
// Trabajé hasta muy tarde. |

| 야단났네! | ¡Qué mal! ☞ 큰일 났어요! |

| 야옹 | [고양이 울음소리] Miau |

| 야하다! | [섹시함] ¡Qué sexy! = Muy sexy. (너무~)
// La ropa es muy sexy. (옷이 너무~)
// Un poco sexy. (약간~) |

약

| 약 먹고 자. | Toma el medicamento antes de dormir. |

| 약 타러 왔습니다. | Vengo a retirar mi medicamento. |

| 약소하지만 받아주세요. | [선물] No es gran cosa pero acéptelo, por favor. |

| 약소합니다. | Es algo pequeño.
// Preparé algo sencillo. (준비한 것이~) |

| 약속! | ¡Es una promesa! |

| 약속 어기지마! | No rompas la promesa. |

약속 있습니다.	① [약속] Tengo un compromiso esta noche. (오늘 저녁에~)
	// Tengo un compromiso con otra persona. (다른 사람과~)
	// Tengo un compromiso con él. (그와~)
	// Tengo un compromiso hoy. (오늘은~)
	② [데이트] Tengo una cita.
	// Mañana tengo una cita. (내일은~)
	③ Tengo una cena con los compañeros del trabajo. (저녁에 회식이 있습니다.)

약속 잡을 게요.	La próxima vez yo saco la cita. (다음엔 제가~)
약속시간과 약속장소 잡아요.	Fijemos la hora y el lugar de la cita. (우리~)
약속을 어겼습니다.	Ella rompió la promesa. (그녀가~)
약속을 지킬 겁니다.	Voy a cumplir con la promesa.
약속해주세요.	Prométamelo.
약속했어!	[다짐] Me lo prometiste. = Me diste tu palabra. (너~)
약은 식후에 드세요.	Tome el medicamento después de la comida. // Este medicamento lo debe tomar después de la comida. (이~)
약은 하루에 세 번 먹습니다.	Esta medicina se toma tres veces al día. (이~)
약점만 꼬집지 마세요.	No se fije en el defecto de las personas. (남의~)
약혼을 축하합니다.	Felicitaciones por el compromiso.

약혼했습니다. | Nos hemos comprometido. (우리~)

얄미워. | ① [반감] Te detesto. (너~)
② [원망] Te odio ☞ 미워!

얇습니다. | Esta ropa es muy delgada. (이 옷은 참~)
// Esta tela es muy fina. (이 천은 참~)

얌전하게 굴어! | ① ¡Quieto! = ¡Quédate quieto! ☞ 가만 있어!
② [행동주의] ¡Pórtate bien!

양다리 걸치고 있어. | ① [남자] Estoy saliendo con dos mujeres.
② [여자] Estoy saliendo con dos hombres.

양보해주세요. | Por favor, ceda el paso. (길을~)

양심도 없는 놈이야. | No tiene remordimiento de conciencia. (개는~)

양아치(들)!	Es un gamberro. (단수) // Son unos gamberros. (복수)
양약은 입에 쓰다.	La medicina occidental es amarga.
양의 탈을 쓴 늑대입니다.	Él es un diablo disfrazado de ángel. (그놈은~)
양자택일하세요.	Escoja una de las alternativas. = Escoja uno de los dos.
양치질하고 세수해.	Lávate la cara y cepíllate los dientes.
양해바랍니다.	Espero su comprensión. // Espero su generosa comprensión. (너그러이~)

얘

얘기 나누고 있습니다.	Estoy hablando. = Estoy conversando. = Estoy charlando.
얘기 똑똑히 들어!	[명령] ¡Escúchame bien! (내~)
얘기 좀 나눕시다.	[용무] Quiero hablar contigo. (나하고~)
얘기 좀 들어봐요.	① [해명] Escúchame. ➡ No quiero ningún tipo de excusa. (어떤 변명도 듣고 싶지 않아요.) ② [알려주고 싶음] Tienes que escucharme. = Debes escucharme.
얘기해주세요.	① [이야기] Cuénteme. ② [통보] Avíseme cuando lleguemos a la estación de tren. (우리가 기차역에 도착하면~)

| 얘야! | ¡Oye! |

어깨 좀 두드려라.	Hazme masajes en los hombros.
	➡ ¿Siente alivio? (시원하세요?)
	➡ Me siento aliviado. (시원하다.)

| 어깨가 욱신거립니다. | Me duelen los hombros. |

| 어느 것을 원합니까? | ¿Cuál desea? |
| | ➡ ⓐ Éste. (이거요.)   ⓑ Aquél. (저거요.) |

어느 것을 좋아합니까?	¿Cuál le gusta?
	// ¿Qué prefiere entre el café y el té?
	(커피와 차 중에~)
	➡ Me gusta más el té. = Prefiero el té.
	(차를 좋아합니다.)

어느 나라 사람입니까?	¿De dónde es?
	➡ Soy coreano. = Soy de Corea.
	(나는 한국 사람입니다.)

어느 분입니까?	① ¿Quién es? ☞ 누구입니까?
	② ¿Quién es la persona de la que hablaba?
	(말씀하신 분이~)
	➡ Es él. (저분입니다.)

| 어디? | ¿Dónde? |

어디 가려고 합니까?	① ¿A dónde quiere ir?
	➡ ⓐ A comprar algo. (뭐 좀 사려고.)
	ⓑ A Seúl. (서울에요.)
	ⓒ ¡Qué te importa!
	= No es de tu asunto. (신경 끄셔!)

② [계획] ¿Adónde planea ir?
➡ Pienso ir a Seúl. (서울에요.)

어디 가서 얘기 좀 합시다.

Necesito conversar contigo.

어디 갑니까?

① ['가다' 강조] ¿Sale a algún lado?
➡ ⓐ Voy a pasear. (바람 쐬러갑니다.)
　ⓑ Voy al trabajo. (출근합니다.)
　ⓒ Salgo un momento. (잠시 나갑니다.)
② [장소 확인] ¿Adónde va?
➡ Voy al banco. (은행에 갑니다.)

어디 갔었습니까?

① ['가다' 강조] ¿Ha salido a algún lado?
　// ¿Dónde estaba ayer? (어제~)
➡ ⓐ Estaba en el centro. (시내에요.)
　ⓑ Fui a la casa de mi tía. (이모 집에 갔었어요.)
② [장소 확인] ¿Dónde estaba?
➡ Fui a ver a un amigo. (친구 만나러 갔었어요.)

어디 사람입니까?

¿De dónde es?
➡ Soy de Seúl. (저는 서울 사람입니다.)

어디 아프냐?

¿Estás enfermo?

어디 좀 보자.

① [관찰] Déjame ver.
② [진찰] Déjame revisarte.

어디로 갈까요?

① ¿Adónde le gustaría ir?
　= ¿Adónde le apetece ir?
② [택시] ¿Adónde lo llevo?
➡ A Gangnam, por favor. (강남이요.)

어디서 뵌 것 같습니다.

Creo haberlo visto antes.

어디서 왔습니까?	¿De dónde viene? ➡ ⓐ Vengo de Corea. (한국에서 왔습니다.) 　　ⓑ Vengo de Nueva York. (뉴욕에서 왔습니다.)
어디십니까?	[전화] ¿De dónde llama? = ¿Con quién hablo? = ¿De parte de quién? ➡ Es la empresa Dongnam. ¿Con quién hablo? (여긴 동남회사입니다. 누구십니까?)
어디야?	[위치확인] ¿Dónde estás?
어디어디를 가봤습니까?	¿Qué lugares conoce? = ¿Qué lugares ha viajado? // ¿Qué parte de España conoce? (스페인의~) ➡ Conozco casi todos los lugares. (거의 다 가봤습니다.)
어디에 있습니까?	[위치확인] ¿Dónde está? // ¿En qué parte del mapa me encuentro? (지도에서 제가~) ➡ Está por aquí. (여기쯤이요.)
어디입니까?	① ¿Dónde es aquí? (여기가~) ② ¿Cuál es la próxima estación? (다음 역은~) // ¿Cuál fue la estación anterior? (전역은 어디였습니까?) ➡ Dongdaemun. (동대문이요.)
어땠습니까?	¿Cómo le ha ido hoy? (오늘~) ➡ Ha sido un buen día. (좋았어요.)
어떤 남자입니까?	¿Qué tipo de hombre es? = ¿Cómo es él? ➡ No lo sé. (모르겠어요.)
어떤 여자입니까?	¿Qué tipo de mujer es? = ¿Cómo es ella? ➡ Es muy buena persona. (매우 좋은 사람입니다.)

어떻게 가는지
가르쳐주세요.

Enséñeme cómo llegar.
= Dígame cómo llegar.
➡ Tome el metro. (지하철을 타세요.)

어떻게 갑니까?

¿Cómo llego?
// ¿Cómo llego a la Universidad Complutense de Madrid? (콤플루텐세 대학은~)
// ¿Cómo llego al ayuntamiento? (시청은~)
➡ De aquella calle a la derecha, y sin cambiar de dirección siga derecho. Camine casi una parada y lo va a encontrar (앞쪽 저 길에서 우측으로 꺾어진 다음에 방향을 바꾸지 말고 쭉 가세요. 거의 한 정거장 정도 걸어가면 나옵니다.)

어떻게 그럴 수 있죠?

① ¿Cómo pueder ser?
➡ No lo sé. (잘 모르겠어요.)
② ¿Por qué lo hizo? (그 사람이~)
➡ Es un rencoroso. (앙심을 잘 품는 사람이에요.)
③ [의외의 상황이 발생]
¿Cómo pudo haber pasado esto?
➡ ⓐ Las cosas son imprevistas.
(일이란 게 그런 거야.)
ⓑ Es difícil creerlo. Pero ha sido confirmado.
(믿기 어렵지만 사실로 확인됐습니다.)

어떻게 됐습니까?

① ¿Cómo está ahora?
= ¿Qué tal está ahora? (지금~)
➡ Todo está en orden.
(모든 것이 다 정상입니다.)
② [결과] ¿Qué ha resultado?

어떻게 된 거야?

① [사태] ¿Qué pasó? = ¿Qué sucedió?
= ¿Qué ocurrió?
// ¿Qué le pasó?
(그 사람은 도대체~)

➡ Se fugó de casa. (그녀석이 가출했어요.)

➡ ¿A qué se debe la fuga? (이유가 뭐래요?)

// ¿Por culpa de quién fue eso?
(누구 때문이래?)

➡ No se sabe. (아직 몰라요.)

② [질책·불만] ¿Qué es lo que está mal?
(문제가 뭐야?)

➡ No lo sé. (모릅니다.)

③ [해명요구] ¿Cómo puede ser posible?

// ¿Cómo pudo ser posible?

= ¿Cómo ha sido posible? (이게~)

➡ No lo sé. (모르겠어요.)

어떻게 생각합니까?

① [의견] ¿Qué le parece? = ¿Qué opina?

// ¿Qué piensa de mí?

= ¿Qué imagen tiene de mí? (날~)

// ¿Qué piensa de España? (스페인을~)

// ¿Qué piensa de eso? (그것~)

// ¿Qué piensa al respecto? (이 일을~)

// ¿Qué piensa sobre este tema?
(이 주제에 대해~)

// ¿Qué opina de esa persona? (그 사람을~)

➡ ⓐ Me parece muy buena persona.

= Pienso que es buena persona.
(참 좋은 사람 같습니다.)

ⓑ Me parece que no tiene buen carácter. (성격이 별로인 것 같습니다.)

// Pienso que debe tener un mal genio. (성격이 별로일 것 같습니다.)

어떻게 알겠어!

¿Cómo lo voy a saber?

= ¿Yo qué voy a saber?

= ¡Yo qué sé! = ¡Qué sé yo!
("난 모른다."는 의미)

| 어떻게 여길(왔어)? | [예상치 못한 만남] ¿Cómo es que te encuentro por aquí?
➡ Vengo a buscar a alguien.
= Vine a buscar a una persona.
(누구 좀 찾으러 왔어요.) |

어떻게 오셨습니까?
① [수단] ¿Cómo ha llegado?
➡ Llegué en transporte público.
(대중교통을 이용했습니다.)
② [용무] ¿A qué viene?
➡ Vengo a ver al señor Jang.
(장 사장님을 찾는데요.)
③ [안내] ¿Le ayudo en algo?
= ¿En qué le puedo servir?

어떻게 이런 일이!
¿Cómo pudo haber pasado esto?
= ¿Cómo ha sido posible?

어떻게 좀 해봐.
[해결방법] Haz algo.

어떻게 지냅니까?
¿Qué tal estos días? (요즘~)
➡ ⓐ Bien, gracias. (잘 지냅니다.)
ⓑ Más o menos. (그런대로요.)

어떻게 지냈습니까?
¿Cómo ha estado?
➡ Más o menos. (그럭저럭요.)

어떻게 하기로 했습니까?
① [계획] ¿Cómo lo va a hacer?
② [결정] ¿Qué ha decidido?

어떻게 하면 좋을까요?
① ¿Cómo podremos hacer?
= ¿Qué podremos hacer?
➡ No le dé importancia.
// No se preocupe por esa persona.
(그 사람 신경 쓰지 마세요.)
② ¿Qué hacemos con esto? (이 일을~)
➡ Tranquilo. Todo tiene su solución.
(조급해하지 마세요, 방법이 있을 겁니다.)

어떻게 한 거야?	[방법 확인] ¿Cómo has hecho esto? (이거~)

어떻게 한 거야?
[방법 확인] ¿Cómo has hecho esto? (이거~)
➡ No lo sé. (몰라요.)

어떻게 할 건데?
① ¿Qué harás al respecto?
② ¿Qué me puede hacer? (그 사람이 날~)
➡ No te puede hacer nada.
(어떻게 하지 못할 거야!)
③ [상대의 위협에 대해] ¿Estás amenazando?
= ¿Es una amenaza?

어떻게 해야 좋을까요?
Entonces, ¿qué debo hacer? (그럼~)
➡ Haz como lo estabas haciendo.
(하던 대로 해요.)

어떻게 해야 좋을지
모르겠어요.
La verdad es que no sé qué hacer.
= Realmente no sé qué hacer. (정말~)

어떻게 해야 할까요?
¿Qué tendré que hacer?
// ¿Qué hago con esto? (이걸~)
// ¿Qué hago ahora? (이제~)

어떻게 해야할지
모르겠어요.
No sé qué hacer
➡ Hay una manera. (한 가지 방법이 있는데요.)

어떻습니까?
① [의견을 구함] ¿Qué opina?
// ¿Qué le parece este florero? (이 꽃병은~)
// ¿Qué le parece la cerveza? (맥주 맛이~)
// Entonces, ¿qué tal mañana? (그럼 내일은~)
➡ ⓐ Mañana tengo tiempo.
(내일은 시간이 있습니다.)
ⓑ No, mañana tampoco tengo tiempo.
(내일도 시간이 없습니다.)
② [상황·사태] ¿Cómo está la situación?
// ¿Cómo está esa persona? (그 사람~)
// ¿Cómo está ahora?
= ¿Cómo se encuentra ahora? (지금~)
➡ Está bien. (괜찮습니다.)

③ [안부] ¿Cómo ha estado? (잘 지내세요?)
➡ ⓐ Bien. (잘 지냅니다.)
　ⓑ Más o menos. (그런대로요.)

어려울 때 친구가 진정한 친구다.

Amigo en la adversidad, amigo de verdad.
= En las malas se conocen a los amigos.

어렵습니다.

① Es difícil. // Es un poco difícil.
= Es medio difícil. (약간~)
② [해결] Es medio difícil de resolver.
= Es un poco difícil de resolver. (약간~)
③ [복잡함] Un poco complicado. (약간~)

어른 둘, 아이 하나요.

[입장표] Dos adultos y un niño.

어른 말을 안 들으면 손해를 본다.

Escuchar a los mayores nunca está de más.

어리광 부리기는!

¡Qué chiquillada!

어리바리합니다.

Es un bobo. (그는~)

어리석었어요.

Fui tonto. = Fui un estúpido.
= He sido un tonto.

어린애가 아닙니다.

Ya no soy un niño. (이제~)

**어림없는 소리!
// 어림도없는소리하지마!
// 어림도없지!**

① [안 통함] No se puede.
② [반대] No estoy de acuerdo.
③ [헛된 생각이나 말] No tiene sentido.
= Es ridículo.

어머(나)!

① ¡Oh!
② ¡Dios mío! = ¡Santo Cielo! ☞ 맙소사!

| 어머니날을 축하합니다! | ¡Feliz Día de las Madres!
// Felicidades a todas las madres del mundo.
(세상 모든 어머님들에게~) |

어머니는 주부입니다.　Mi madre es ama de casa. (제~)

어색해요.
① [관계] Es incómodo.
② [어울리지 않음] No queda.

어서 들어갑시다.　Vamos a entrar. = Entremos.

어서 들어오세요.　Pase, por favor. = Adelante.

어서 들어요.　[식사] Adelante. = Empiece a comer.

어서 말해!　¡Habla! = ¡Vamos, habla!

어서 먹어!　¡Come! = ¡Vamos, come!

어서 앉으세요.　Siéntese. = Tome asiento.

어서 오십시오.
① [손님을 맞을 때] Bienvenido.
② [손님을 안으로 모실 때] Pase, por favor.
　= Adelante.
③ [음식점] Bienvenido. ¿Le tomo su orden?
　(~주문하시겠어요?)
➡ Quiero un café con leche.
　(카페라떼 한잔 주세요.)

어서 일어나!　¡Levántate! = ¡Vamos, levántate!

어서 자!　¡Duérmete! = ¡Vamos, duérmete!
= ¡Duérmete ya!

어수룩하긴!　¡Qué ingenuo!

어울리는 것 같습니다.
① [어울림] Le queda bien.
② [배필] Hacen buena pareja. (둘이 잘~)

| 어울리지 않아요. | ① [어울림] No le queda.
② [배필] No hacemos buena pareja. (우린~)
// En realidad no hacen buena pareja. (사실 그들은~)
// No soy una buena pareja para usted. (난 당신에게~)
// No haces buena pareja con él. (넌 그 사람과~)
// Vosotros no hacéis buena pareja. (너희들은~) |

| 어울린다. | ① [의상] Te queda muy bien el vestido. (너한테 원피스가 정말 잘~)
② [배필] Sois el uno para el otro. (너희 둘 잘~) |

| 어이가 없네! | ¡Increíble! |

| 어이가 없어서! | ① [이해가 안 됨] Es incomprensible.
② [할 말이 없음] Me quedé sin palabras. |

| 어제 다르고 오늘 다르다. | Varía según los días.
= Cada día es diferente. |

| 어제 무엇을 했습니까? | ¿Qué hizo ayer?
➡ Estuve con un amigo. (친구를 만났어요.) |

| 어제 밤에 잘 잤습니까? | ¿Ha dormido bien anoche?
➡ Sí, he dormido bien. (잘 잤어요.) |

| 어제 일 같다. | Pareciera ayer. |

| 어쩌려고? | ¿Qué harás? = ¿Qué vas a hacer?
// Entonces, ¿qué harás? (그럼~) |

| 어쩐지. | [상황을 알고 난 후] Con razón. ☞ 그랬었구나! |

어쩔 수 없습니다.	① [불가피함] Es inevitable. ☞ 부득이합니다. ② [방법이 없음] No tiene solución. = No se puede hacer nada.
어차피 가는 길입니다.	De todas maneras me queda de paso. = De todas maneras tengo que pasar por ahí.
어차피 같은 방향입니다.	De todas maneras voy en la misma dirección.
어학연수 왔습니다.	He venido para estudiar el idioma. = Vine a tomar cursos de lengua.
어학연수를 가려고 합니다.	Pienso ir a España para estudiar el idioma español. (스페인에~)

억

억울합니다.	[불공평] Es injusto. // Realmente es injusto. (정말~)
억울해 죽겠어요.	¡Qué injusticia!
억지로 마시지 마세요.	No beba alcohol a la fuerza. (술을~)
억지로 하지 마세요.	No lo haga a la fuerza.

언

| 언니는 스페인에 있습니다. | Mi hermana mayor está en España. |

언제 갑니까?	¿Cuándo se va? ➡ Me voy mañana. 　= Salgo mañana. (내일이요.) 관련표현 pasado mañana (모레) de aquí a tres días (글피) esta mañana (오늘 아침) esta tarde (오늘 오후) esta noche (오늘 저녁) mañana a las dos de la tarde (내일 오후 두시)
언제 갔습니까?	¿Cuándo se fue? ➡ Se acaba de ir. (방금 갔습니다.) 관련표현 hace tres días (그끄저께)　anteayer (그저께) ayer (어제)　hoy (오늘) por la mañana (아침에)　por la tarde (점심에) por la noche (저녁에)　a mediodía (정오에)
언제 겁니까?	① [전화] ¿Cuándo va a llamar? ➡ Llamaré mañana. (내일이요.) ② [제조, 생성날짜] ¿De cuándo es? ➡ Del día veinte. (20일이요.)
언제 한번 만납시다.	Nos vemos un día. = Nos reunimos un día.
언제입니까?	① [날] ¿Qué día? ➡ Mañana. (내일이요.) ② [날짜] ¿Qué fecha? ➡ El día dos. (2일이요.) ③ [시간] ¿A qué hora? ➡ A las dos. (2시요.)

언제든지.	① [날] Cualquier día.
	② [시간] A cualquier hora.
	③ [부탁에 대한 흔쾌한 동의] Cuando quiera.
	= Cuando guste.

| 언제든지 다 좋습니다. | Me viene bien cualquier momento. |

| 언짢아 하지 말아요. | No se sienta mal. |

얼

| 얼굴도 못 봤어요. | Ni siquiera le he visto la cara.
// A pesar de haber ido todos los días, no he podido ver su cara. (만날 갔으면서~) |

| 얼굴만 예쁘다고 되냐! | La belleza no lo es todo. |

| 얼굴보다 마음이 예쁩니다. | Más que tener un rostro bello, posee un gran corazón. |

| 얼굴에 손댔어요? | ¿Se ha hecho algo en la cara?
= ¿Se ha hecho cirugía estética?
☞ 성형수술했어요? |

| 얼굴에 철판 깔았구나! | ¡Qué caradura! = ¡Qué morro! |

| 얼굴을 이쪽으로 돌려봐요. | Voltea la cara para este lado. |

| 얼굴이 많이 익어요. | Su rostro me es familiar. (그의~) |

| 얼굴이 무서워요. | El rostro de esa mujer da miedo. (그 여자는~) |

| 얼굴이 반쪽이 됐네. | Te ves muy flaco. (너~) |

| 얼굴이 부었습니다. | La cara está hinchada. |

얼굴이 빨개졌네.　Se puso rojo. (그가~)

얼굴이 빨개집니다.　Me sonrojo cuando me encuentro con personas desconocidas. (낯선 사람을 만나면~)

얼굴이 왜 우거지상이냐!
① ¿Por qué tienes esa cara?
= ¡Qué cara tienes!
➡ ⓐ No, no es nada. (아무 일도 아닙니다.)
　 ⓑ ¿Quién tiene mala cara?
　　(누가 우거지상을 했다고요.)

얼른 가!　¡Vete ya!

얼른 나가!　¡Fuera!

얼른 앉으세요.　Siéntese. // [명령조] Siéntese rápido. (빨리~)

얼마나 걸립니까?
¿Cuánto se tarda?
// ¿Cuánto se tarda en llegar hasta el ayuntamiento? (여기서 시청까지~)
➡ Caminando serán unos veinte minutos.
　(걸어가면 약 20분 걸립니다.)

얼마나 살 수 있습니까?
① [구매] ¿Cuánto se puede comprar?
➡ Todo lo que necesite. (원하는 만큼이요.)
② [생명] ¿Cuánto tiempo de vida le queda?
= ¿Cuánto le queda de vida?
　(그가~)
➡ En cualquier momento puede fallecer.
　(언제든지 돌아가실 수 있습니다.)

얼마나 합니까?
[물건의 값어치] ¿Cuánto cuesta esto? (이거~)
➡ Unos trescientos dólares. (300불 정도요.)

얼마든지 쓰세요.
① [기간] Úselo cuanto quiera.
② [양] Use todo lo que necesite.

| 얼마든지 있습니다. | Hay suficiente. // Hay suficiente pan. (빵은~) |

얼마입니까?

① ¿Cuánto cuesta? = ¿Qué precio tiene?
➡ ⓐ Se lo dejo en cien dólares.
(100불에 드릴게요.)
ⓑ Lléveselo por doscientos dólares.
(2백불에 가져가세요.)
ⓒ Vale dos mil doscientos dólares.
(2천2백 불입니다.)
② ¿Cuánto cuesta el pepino? (오이는~)
➡ Cuesta un dólar el kilo. (1Kg에 1불입니다.)

얼마짜리로 드릴까요?

① [지폐] ¿De qué valor desea los billetes?
➡ Todos de cien. (전부 100불 짜리요.)
② [물건의 가격] ¿Cuánto planea gastar?
(얼마정도 쓰실 예상입니까?)
➡ No más de diez dólares. (10불 이내요.)

얼어죽겠다!

¡Me estoy congelando!

얼어죽는 줄 알았습니다.

Creí que me moría congelado. (꽁꽁~)

얼음 좀 주세요.

Deme hielo, por favor.

얼음이 꽁꽁 얼었습니다.

Todo está bien congelado.

얼음장 같다.

① [손] Las manos están congeladas.
② [방바닥] El suelo de la habitación está muy frío.

얼짱!

¡Guapo! = ¡Lindo!
// ¡Es muy mono! = ¡Es muy lindo! (얼짱이야!)

얽

얽히고 설켰어.

Está todo enredado.

엄마를 닮았습니다.	Se parece a su madre. (그는~)
엄마야!	[놀람] ¡Madre mía! = ¡Ay, Dios!
엄살 떨지 말아요.	No exagere.
엄지손가락을 치켜세웠어.	Levantó su dedo pulgar. (그가~)
엄합니다.	Es muy estricto conmigo. (그분은 저에게 매우~)

업혀요.	Súbase a mi espalda.

없는 것 없이 다 있습니다.	Hay de todo. // Aunque todos son de poco valor, no me falta nada. (모두 보잘 것 없는 것들이지만 내겐~)
없는 것 보다 낫습니다.	Peor es nada.
없던 걸로 합시다.	Olvídelo.
없습니다.	① [외출 중] No está = No se encuentra. (그는~) ② [물건이] No hay.

없어졌습니다.

Desapareció.
// Desapareció el bolso. (가방이~)
// Ella ha desaparecido. (그녀가~)

엉뚱한 생각하지 마세요.

No piense en tonterías.
= Deja de pensar en tonterías.

엉뚱한 소리 마세요.

No diga cosas sin sentido.
= No hable tonterías.

엉망이군.

Es un desastre. = ¡Qué desorden!

엉터리야.

① [솜씨] Está mal hecho.
② [속임수] Eso es un engaño. (그건~)
③ [거짓말] Es una mentira.

엎드려.

Ponte boca abajo.
// Ponte boca abajo rápido. (빨리~)

엎어지면 코 닿을데.

Muy cerca.

엎지른 물은 다시 담지 못한다.

① [말] Lo dicho, dicho está.
② [행동] Lo hecho, hecho está.

<table>
<tr><td>엎친데 덮친 격이군.</td><td>Siempre llueve sobre mojado.
= Al perro flaco no le faltan pulgas.</td></tr>
</table>

 에

~에

① [~를 향하여] a // para

Voy a Incheon. (인천에 갑니다.)

// Quisiera ir a Incheon.

= Tengo ganas de ir a Incheon.
(인천에 가고 싶습니다.)

// Este tren se dirige a Nueva York.
(이것은 뉴욕에 가는 기차입니다.)

// Este autobús va a Jongno.
(이 버스는 종로에 갑니다.)

② [위치] en

Está en Nueva York. (그는 뉴욕에 있습니다.)

// Está viviendo en Seúl. (서울에 살고 있습니다.)

// Quisiera estudiar en alguna universidad en Nueva York.
(뉴욕에 있는 대학교에서 공부했으면 좋겠어요.)

~에서

① [기점] de // desde

¿Tu casa está lejos de la escuela?
(집은 학교에서 멉니까?)

// Vengo de México.
(멕시코에서 왔습니다.)

// Parto de Seúl con destino a México y hago escala en Nueva York. (서울에서 멕시코로 가는데 뉴욕을 경유합니다.)

☞ ~부터

② [장소] en

He crecido en Seúl. (서울에서 자랐습니다.)

// He vivido hasta ahora en Seúl.
(서울에서 쭉 살았습니다.)

// Trabajo en una agencia de viajes.
(여행사에서 일합니다.)

// Nos conocimos en México.
(우리는 멕시코에서 만났습니다.)

// Tiene que bajar en la Estación de Seúl.
(서울역에서 하차하면 됩니다.)

에어컨을 켜주세요.	Por favor, encienda el aire acondicionado.
에어컨이 고장났습니다.	El aire acondicionado está descompuesto. ＊스페인에서는 descompuesto 대신 estropeado를 쓴다.
에어컨이 너무 셉니다.	Está muy fuerte el aire acondicionado de la oficina. (사무실의~)
에어컨이 안됩니다.	No funciona el aire acondicionado.
에이씨!	〈속어〉 ¡Joder! = ¡Carajo! = ¡Coño!
에취!	① [재치기 소리] ¡Achu! = ¡Achís! ② [기침] ¡Cof, cof!

엘

엘리베이터는 올라갑니까, 내려갑니까?	¿Sube o baja el ascensor? ➡ ⓐ Va para arriba. (올라갑니다.) 　ⓑ Va para abajo. (내려갑니다.)
엘리베이터를 이용하세요.	Use el próximo elevador. (다음~)
엘리베이터를 타십시오.	Suba al elevador.

여권수속을 밟으려왔는데요.	[발급] Vengo a hacer el trámite de expedición de pasaporte.
여권을 보여주세요.	Muéstreme su pasaporte.
여권을 잃어버렸습니다.	Perdí el pasaporte.
여권을 재발급 받아야합니까?	¿Adónde tengo que ir para hacer otra vez el pasaporte? (어디 가서~) ➡ Tiene que ir al consulado. (영사관에 가야 합니다.)
여기 어떻게 왔습니까?	① [수단] ¿Cómo ha venido? ② [용무] ¿A qué viene? ➡ Tengo un asunto que atender. (볼 일이 있어서요.)
여기 있습니다.	① [영수증 · 잔돈 등을 건네줄 때] Aquí tiene. ② [존재] Aquí estoy. (저~) ③ [발견] Lo encontré. = Acá está.
여기가 어디입니까?	¿En dónde estoy? = ¿Dónde es aquí? ➡ Aquí es Gwanghwamun. (여기 광화문이야.)
여기까지 합시다.	[대화] Terminemos aquí la conversación. // Por hoy dejemos aquí la conversación. (오늘은~)
여기는 웬일이야?	① ¿Qué estás haciendo aquí? // ¿Qué haces aquí? ➡ Tengo algo que hacer. (일이 좀 있어서요.) ② [우연한 만남] Mira quién anda aquí. ☞ 이게 누구야!

| 여기를 봐주세요. | Mire aquí. |

| 여기서 가깝습니다. | Mi casa está cerca de aquí. (우리 집은~) |

| 여기서 거기까지 얼마나 걸립니까? | ¿Cuánto se tarda de aquí hasta ahí?
 ➡ ⓐ No queda lejos. (멀지 않습니다.)
 ⓑ Una hora. (1시간이요.) |

| 여기서 끝내자. | ① [수업] Es todo por hoy.
 Sigamos mañana. (~. 내일 계속합시다)
 ② [대화] Dejemos aquí la conversación.
 ③ [이별] Terminemos nuestra relación. |

| 여기서 드실겁니까, 가지고 가실겁니까? | [패스트푸드점]
 ¿Es para llevar o para comer aquí?
 ➡ ⓐ Es para comer aquí. (여기서 먹을 겁니다.)
 ⓑ Es para llevar. (가지고 갑니다.) |

| 여기서 말씀하세요. | Hable aquí.
 ➡ Sí, está bien. (그러죠.) |

| 여기서 뭐하세요? | ¿Qué hace aquí?
 = ¿Qué está haciendo aquí?
 ➡ ⓐ Estoy tomando un té. (차 마셔요.)
 ⓑ Espero a alguien. (사람 기다려요.)
 ⓒ Vine a decirte algo.
 (너한테 할 말이 있어서 왔어.) |

| 여기서 일합니까? | ¿Trabaja aquí?
 ➡ Sí. (예.) |

| 여러가지로 감사했습니다. | Gracias por todo. |

| 여러 말할 필요없습니다. | No hace falta decir más. |

| 여러분 안녕하세요! | ¡Hola, todos! |

여름방학은 언제 시작합니까?
¿Cuándo comienzan las vacaciones de verano?
➡ Las vacaciones de verano empiezan a mediados de julio.
(여름방학은 7월 중순에 시작합니다.)

여름에는 좀 덥습니다.
Hace calor en verano.

여름은 후덥지근합니다.
El verano es caluroso y húmedo.

여보!
¡Amor! = ¡Cariño!

여보세요.
[전화] Hola. = Diga.

여우를 피했더니 호랑이가 나온다.
Voy de mal en peor.

여유있습니까?
[시간적으로] ¿Hay tiempo?
➡ ⓐ Sí, hay tiempo. (여유 있습니다.)
ⓑ Claro que sí. (그럼요.)

여자는 정말 골치아파요.
Las mujeres son un dolor de cabeza.

여자는 질투가 많아요.
Las mujeres son muy celosas.

여자들은 다 똑같아.
[폄하] Las mujeres son todas iguales.

여자를 밝힙니다.
Es un mujeriego.

여자복도 많다니까.
Tiene suerte con las mujeres.
= Es un suertudo con las mujeres. (그는~)

여자의 마음을 모르겠습니다.
No entiendo a las mujeres.

여자입니다.

Soy mujer.

여쭤보겠습니다.

Le pregunto algo.
= Le hago una pregunta. (한 가지~)
➡ Pregunte lo que desee.
(말씀하세요.)

여행갈까요?

¿Vamos de viaje? (우리 같이~)
➡ Sí, me encantaría. (좋죠.)

여행왔습니다.

Estoy de viaje.

역

역겹다!

① [맛 · 냄새] ¡Qué asco! = ¡Qué asqueroso!
② [혐오] ¡Qué repugnante!

역사의 수레바퀴는
되돌릴 수 없다.

No se puede retroceder el tiempo.
= No se puede volver atrás en el tiempo.

역시 너답다!

¡Así eres tú!

역에 도착하면
알려주세요.

Avíseme cuando llegue a la estación.

역을 지나쳤습니다.

Me he pasado de estación otra vez. (또~)

연

연결해드리겠습니다.

Le comunico con la extensión ciento trece.
(내선 113번으로~)

// Por favor, comuníqueme con la extensión
doscientos veintidós. (내선 222번 좀 연결해주세요.)

| 연극하지마, 가증스러워. | Deja de hacer teatro. Eres detestable. |

| 연락드릴게요. | ① [전화] Lo llamaré.
　// Lo vuelvo a llamar (또~)
　// Lo vuelvo a llamar en seguida. (바로~)
② [통보] Le avisaré. |

| 연락받았습니다. | [통보] Me comunicaron. = Me han avisado. |

| 연락이 안됩니다. | No me puedo comunicar.
// No me puedo comunicar con él. (그와~) |

| 연락주세요. | ① [전화] Llámeme.
② [통보] Avíseme. |

| 연락처입니다. | Éste es mi número de teléfono. (이게 제~) |

| 연락하고 지내자. | Mantengámonos en contacto.
= Sigamos en contacto. |

| 연락합니까? | ¿Cómo me comunico con usted?
(당신한테 어떻게~)
➡ Llámeme al teléfono móvil.
　(핸드폰으로 해요.) |

| 연세가 어떻게 되십니까? | ¿Qué edad tiene?
➡ Cincuenta y cinco años. (55세입니다.)
// Tengo ochenta años. (여든입니다.) |

| 연습해! | ¡Practícalo! |

| 연애 따로,결혼 따로야. | El noviazgo y el matrimonio son diferentes. |

| 연애중입니다. | Estoy saliendo con alguien.
// Están de novios. (그들 둘은 지금~) |

| 연체됐습니다. | ① El plazo de la devolución del libro venció hace un mes (책 반납이 한달~)
② Está atrasado en el pago de la tarjeta de crédito. (당신의 신용카드 대금이~) |

| 연휴인데 야외로 놀러갑시다. | Vamos de paseo, ya que la próxima semana es puente. (다음 주가~) |

열

| 열 길 물속은 알아도 한 길 사람속은 몰라. | Es imposible conocer las intenciones escondidas de las personas. |

| 열 받네. | Estoy enfurecido. |

| 열 손가락에 어느 손가락 깨물어 안 아플까. | Todos los hijos son amados por sus padres por igual. |

| 열나고 목도 아픕니다. | Tengo fiebre y dolor de garganta. |

| 열두 가지 재주 있는 사람이 밥 굶는다. | Aprendiz de mucho, maestro de nada.
= Quien mucho abarca, poco aprieta. |

| 열려라 참깨! | ¡Abracadabra! |

| 열쇠 주세요. | Deme la llave.
// Deme la llave de la habitación. (방~) |

| 열쇠를 방에 두고 깜박했습니다. | Se me olvidó la llave dentro de la habitación.
= Se quedó la llave dentro de la habitación. |

| 열심히 공부할게요. | Estudiaré duro. |
| | = Voy a esforzarme mucho en el estudio. |

| 열심히 하자! | ¡Esforcémonos! |

| 열심히 할게요. | ① [맡은 바 책임] Haré lo posible para cumplir mis obligaciones. |
| | ② [노력] Me esforzaré más. (더~) |

| 열심히 해! | ① [일을] ¡Trabaja más duro! |
| | ② [노력] ¡Esfuérzate más! |

| 열심히 해보겠습니다. | ① [최선] Haré todo lo posible. |
| | ② [노력] Me esforzaré mucho. |

| 열어(봐)! | ¡Abre el bolso! (가방~) |
| | ∥ ¡Abre la puerta! (문~) ∥ ¡Abre rápido! (빨리~) |

| 열은 없습니다. | No tengo fiebre. |

| 열이 내렸습니다. | Bajó la fiebre. = Ha bajado la fiebre. |

| 열이 있습니까? | ¿Tiene fiebre? |
| | ➡ Tengo fiebre. (열이 납니다.) |

| 염병할! | ¡Mierda! ☞ 제기랄! |

| 염색하시겠습니까? | ¿Se quiere teñir el cabello?
➡ ⓐ Sí, quiero teñirme el cabello.
(염색해주세요.)
ⓑ Quisiera teñirme de rubio.
(노란 색으로 염색해주세요.) |
| 염치없는 놈. | ¡Qué sinvergüenza! = ¡Desvergonzado! |

| 엿 먹어래 | 〈속어〉 ¡Vete a la mierda! |
| 엿듣고 있습니다. | Alguien está escuchándonos a escondidas.
(누군가 우리를~) |

영(0) 번을 누르고 나서, 지역번호를 누르세요.	Primero marque el cero y luego el código local.
영광입니다.	Es un honor.
영수증 가져왔습니다.	He traído el comprobante.
영수증 주세요.	Deme el recibo. = Deme el comprobante.
영어 공부를 합시다.	Estudiemos inglés. = Vamos a estudiar inglés. ➡ Me gustaría pero tengo que estudiar español. (그러고 싶지만 스페인어를 공부해야 합니다.)

영어 노래 부를 줄 압니까?	¿Sabe cantar en inglés?
영어 능력시험을 봤습니다.	He hecho un examen de nivel de inglés.
영어 메뉴판이 있습니까?	¿Tiene el menú en inglés?
영어 배우고 있습니다.	Estoy aprendiendo inlgés. = Estoy estudiando inglés.
영어 배우기 어렵습니까?	¿Es difícil aprender inglés?
영어 하는 사람 있나요?	¿Hay alguien que hable inglés?
영어가 배우기 어렵습니다.	Es difícil aprender inglés.
영어가 전공입니다.	Mi carrera es inglés.
영어과 학생입니다.	Soy estudiante del departamento de inglés.
영어로 알아듣겠습니까?	¿Puede entender inglés? = ¿Entiende inglés?
영어로 어떻게 말하는지 가르쳐 주세요.	Enséñeme cómo se dice en inglés.
영어로 어떻게 말하는지 모릅니다.	No sé cómo se dice en inglés.
영어를 가르쳐 주세요.	Enséñeme a hablar en inglés.
영어를 배우고 싶어요.	Quiero aprender inglés.
영어를 어디서 배웠습니까?	¿Dónde aprendió inglés?

영어를 얼마나 배웠습니까?	¿Cuánto tiempo ha estudiado inglés? ➡ He estudiado seis meses. (6 개월 배웠어요.)
영어를 잘 못해요, 이해해 주세요.	Perdón. No hablo bien el inglés.
영어를 잘하는 가이드를 부탁합니다.	Quiero un guía que hable inglés fluido.
영어를 할줄 압니까?	¿Sabe hablar inglés? = ¿Habla inglés? ➡ ⓐ Sí, hablo inglés. (예.) ⓑ Hablo un poco de inglés. (조금 할 줄 압니다.) ⓒ No sé hablar inglés. (할 줄 모릅니다.) ⓓ No sé nada de inglés. (조금도 못합니다.)
영업이 끝났습니다.	Ha finalizado el horario comercial.
영원히 행복하세요.	Sea feliz por siempre.
영전하신 것을 축하합니다.	[승진] Felicitaciones por el ascenso.
영화 보러 갈까요?	¿Le apetece ver una película? ➡ ⓐ Bueno. (좋아요.) ⓑ No puedo ir. (못갑니다.) ⓒ No me interesa. (관심 없습니다.)
영화는 몇시부터 상영합니까?	¿A qué hora empieza la película? ➡ La película comienza a las cinco de la tarde. (오후 5시입니다.)
영화는 어떻습니까?	¿Qué tal la película? ➡ Pasable. (그런대로 볼만해요.)
영화는 재미있습니까?	¿Es una buena película? ➡ ⓐ Es divertida. (재미있습니다.) ⓑ Es muy mala. (형편없어요.)

옆에 앉아도 될까요?	¿Me puedo sentar a su lado? ➡ Claro que sí. (물론이죠.)
옆자리에 사람 있습니까?	¿Está ocupado el asiento de su lado? ➡ No, no está ocupado. (없습니다.)

예.	① [대답] Sí. ② [동의] Está bien. = De acuerdo. ③ [부름의 대답] Ahí voy. = Sí, voy. ④ [전화] Hola. = Diga. ☞ 여보세요! ⑤ [출석대답] Presente.
예금하려고 합니다. // 예금해주세요.	Quiero hacer un depósito. // Quisiera depositar diez mil wones. (만원을~)
예매해야 합니까?	¿Hay que reservar las entradas? (표를~) ➡ Sí. (예.)

예쁩니다. = 예쁘시네요.	① [얼굴] Es muy linda.
	  = Es bella.
	  = Es muy hermosa.
	  // ¡Señorita! Es usted muy bonita.
	  (아가씨 참~)
	② [색깔·모양 등이] Muy bonito.
	  = Chulo. = Es precioso.
	  = Es hermoso. ☞ 아름답습니다.

예약할 수 있습니까?	① ¿Se puede reservar?
	  = ¿Puedo hacer la reserva?
	  ➡ Sí. (예.)
	② ¿En qué aerolínea puedo hacer la reserva? (어느 항공사에서~)
	  ➡ En la aerolínea Asiana. (아시아나항공이요.)

예약했습니까?	¿Ha hecho la reserva? ➡ He reservado. (예약했습니다.)
예외로 할 수 없습니다.	No hay excepción. // No podemos hacer una excepción con usted. (우리는 당신을~)
예외로 해주세요.	Por favor, hágame una excepción por esta vez. (한번만~)
예의 없이 굴지마라.	No seas maleducado. = Pórtate bien.
예의 좀 지키세요.	Compórtese. = Guarde la compostura.
예의가 없네요.	Es un maleducado. = Es un descortés. (그 사람~)

옛

| 옛날 그대로야. | El servicio es igual que antes. (서비스가~) |
| 옛말 그른데 없다. | Los dichos siempre tienen razón.
= Los dichos siempre son acertados. |

오 분 남았어요.	Quedan cinco minutos.
오겠습니다.	Vengo en cinco minutos. (5분 내로~)
오금이 저린다.	[긴장] Estoy nervioso.
오는 정이 있어야 가는 정이 있다.	El que da amor será correspondido con amor.
오늘 할 일을 내일로 미루지 마라.	No dejes para mañana lo que puedas hacer hoy.
오늘은 당신 생일입니까?	¿Hoy es su cumpleaños? ➡ Sí, hoy es mi cumpleaños. (예.)
오늘은 몇월 며칠입니까?	¿Qué fecha es hoy?
오늘은 무슨 요일입니까?	¿Qué día es hoy? // ¿Hoy es miércoles? (수요일입니까?) ☞ 무슨 요일입니까?
오락게임 그만해라.	Deja de jugar los videojuegos.
오래 기다렸습니다.	He esperado mucho.
오래 기다리게 해서 죄송합니다.	Disculpe la demora.
오래 기다리셨습니까?	¿Ha esperado mucho? ➡ ⓐ Está bien. (괜찮습니다.) 　ⓑ Acabo de llegar. (저도 방금 도착했습니다.)

오래 기다리셨습니다.

Ha esperado mucho.
// Han esperado mucho. (여러분~)

오래 살고 싶습니다.

Quiero vivir mucho tiempo.
= Quisiera alcanzar la longevidad.

오래만입니다.

¡Cuánto tiempo!
= Ha pasado mucho tiempo. (참~)

오래오래 사세요.

[생신축하] Le deseo mucha suerte y longevidad.
(복 많이 받으시고~)

오른쪽으로 가세요.

Vaya hacia la derecha.

오른쪽으로 도세요.

Gire a la derecha.
// Al salir doble a la derecha. (나가서~)
// En el primer semáforo doble a su derecha.
(첫 번째 신호등에서~)

오른쪽으로 붙어서 가세요.

Vaya por el lado derecho.

오바이트할 것 같아요.

Tengo ganas de vomitar.

오버하는 거 아니야.

No estoy exagerando.

오버하지마.

① [소란 · 성질] No exageres tanto. (너무~)
② [잘난 체] No seas presumido.

오빠!

[친오빠] Hermano.
*스페인어에 '오빠'라는 호칭은 없고 이름을 부른다.

오셨어요.

Ha llegado.

오순도순 행복하게 사시길 바랍니다.	[결혼 인사] Que vivan felices para siempre.
오시느라 수고하셨습니다. // 오시느라 고생했습니다.	[감사] Gracias por venir hasta aquí. = Gracias por molestarse en venir hasta aquí. (여기까지~)
오신 걸 환영합니다.	Bienvenidos a Corea. (한국에~)
오십보 백보입니다.	Es lo mismo. = No hay gran diferencia.
오전내내 바빴어요.	He estado ocupado toda la mañana. = Estuve ocupado durante toda la mañana.
오전시간은 다 괜찮습니다.	Me viene bien a cualquier hora de la mañana.
오줌 누고 올게요.	*Voy a orinar. // Voy al baño. (화장실 갔다올게.) *"Voy a orinar."는 매우 직설적 표현으로서 왠만해서는 사용하지 않는다.
오지 않았습니까?	¿No ha venido? // ¿Por qué aún no ha venido? (그는 왜 아직~) ➡ Creo que está enfermo. (병났나 봅니다.)
오지랖이 넓다.	Es un entrometido. (그는~)
오징어에 땅콩주세요.	Quiero calamar seco y cacahuete.
오해받기 싫어요.	No quiero malos entendidos. (괜한~)
오해하지 마세요.	No lo malinterprete. // Espero que no me malentienda. (저를~)
오후내내 바빴어요.	Estuve toda la tarde ocupado. = He estado ocupado toda la tarde.

| 오후시간은 다 좋습니다. | A cualquier hora de la tarde está bien. |

옥 

옥동자 보신 걸 축하합니다.	Felicitaciones por su varón recién nacido.
옥동자를 빨리 낳기를 바랍니다.	Que tenga un bebé lo más pronto posible.
옥에 티야.	Esto es un defecto. (이건~)

온  

온가족이 편안하기를 기원합니다.	Que la paz reine en su casa.
온가족이 화목하고 단란하게 지내길 기원합니다.	Deseo paz y amor en su casa.
온라인 게임 합시다.	Vamos a jugar juegos en línea.
온라인 신청을 하고 싶습니다.	Quiero hacer la solicitud por Internet.
온몸이 나른해요.	[이완] Me siento relajado.
온몸이 땀으로 젖었습니다.	Tengo todo el cuerpo transpirado.
온지는 얼마나 됐습니까?	¿Cuánto tiempo lleva en Corea? (한국에~) ➡ Más de medio año. (반 년 넘었습니다.)

올

올 거야?	¿Vienes? // ¿Cuándo vienes? (언제~) ➡ No lo sé. (나도 몰라.)
올 수 있습니까?	¿Puede venir? // ¿A qué hora puede venir? (몇 시에~)
올라가. // 올라가세요.	Sube. // Por favor, suba.
올라가지 못할 나무는 쳐다보지도 마라.	No te propongas metas inalcanzables.
올라와. // 올라오세요.	Sube. // Suba.
올해는 몇 년도입니까?	¿En qué año estamos?

옳

옳은 말씀입니다.	Tiene razón. = Bien dicho.

옷

옷 벗지 마세요.	No se desvista. = No se quite la ropa.
옷 좀 세탁해주세요.	Láveme la ropa, por favor.
옷을 더 껴입고 나가세요.	Póngase más ropa al salir.

옷을 세탁하려고 합니다.	Voy a lavar la ropa.
옷을 입혀주세요.	Vístame. = Póngame la ropa.
옷이 날개다.	El atuendo cambia a las personas.

와

| 와! | [감탄] ¡Guau! = ¡Oh! |

| 와글와글 | [떠드는 소리] Bla, bla, bla |

와본 적이 있습니까?

¿Ha venido antes?
➡ ⓐ Sí, había venido. (와본 적이 있습니다.)
　ⓑ Es la primera vez. (처음 왔습니다.)
　ⓒ No he venido antes. (와본 적이 없습니다.)
　ⓓ Nunca había estado aquí.
　　(여기 한 번도 와본 적이 없습니다.)

와서 도와줘요.

Ayúdeme.
// Ayúdeme alguien. (누가 좀~)
➡ ⓐ Ahí voy. (갑니다, 가요.)
　ⓑ Un momento. Ahora voy.
　　(잠깐만요, 바로 갑니다.)

와주시겠어요?

¿Puede venir?
➡ ⓐ Sí. (그러죠.)
　ⓑ No puedo. (안됩니다.)

와주시길 바랍니다.

Espero que venga.

| 와줘서 감사합니다. | Gracias por venir. |

| 왁자지껄하군. | ¡Qué bullicioso! = ¡Qué ruidoso! |

완벽한 사람은 없다.	Nadie es perfecto.
완벽합니다.	Perfecto. = Es perfecto. // Es impecable.
완전하지 않습니다.	[완결성] No está completo.

왔구나!	¡Viniste! = ¡Has venido! (너~)
왔다 갔어요.	Vino pero se fue. (그가~) ➡ ¿Ah, sí? (그래?)
왔습니까?	¿Cuándo llegó? (언제~) // ¿Cuándo llegó a Corea? (언제 한국에~) ➡ ⓐ Ayer por la tarde. (어제 오후요.) ⓑ A finales del mes pasado. (지난달 말에요.) ⓒ A finales del año pasado. (작년 말에요.)
왔어요.	He llegado. = Ya llegué. (저~) // Ha llegado la primavera. (봄이~)

왕림해주신 걸 환영합니다.	Bienvenidos. (여러분께서~) ➡ Vengo a verte porque hacía días que no te veía. (며칠 못 봐서 자네 얼굴 좀 보려고 왔네.)
왕복표 하나 주세요.	Un billete de ida y vuelta, por favor.

왜

왜 그래?	① [상황파악] ¿Qué pasa? = ¿Qué sucede? ② [말에 대해] ¿Qué dices? ③ [당혹감] ¿Qué es lo que pasa? 　= ¿Pero qué pasa? (도대체 무슨 일인데?) 　➡ No es nada. (아무 것도 아니에요.)
왜 나야?	¿Por qué yo? = ¿Por qué tengo que ser yo? ➡ ¿Entonces quién más? = ¿Quién más puede ser? (그럼 누구?)
왜 또 그래?	¿Y ahora qué? ➡ Pues ya sabes. (알잖아.)
왜 안되는데?	¿Por qué no? = ¿Por qué no se puede? ➡ ⓐ Si no se puede, no se puede. 　　(안 되면 안 되는 거지.) 　ⓑ El problema es tu certificado. 　　(네 증명서가 문제래.)
왜 안오는 거야?	① [이유] ¿Por qué no viene? (그 사람~) ② [불만] ¿Cómo puede ser que no venga? ➡ Es que tiene un asunto pendiente. 　　(그 사람 일이 있어요.)

왜 울어?	¿Por qué lloras? ➡ Me fue mal en el examen. (시험 망쳤어요.)
왜 웃어?	¿Por qué te ríes? ➡ No me he reído. (안 웃었어요.)
왜 이러는 거야?	① [행동] ¿Por qué haces esto? ② [상태] ¿Qué es lo que te pasa? // ¿Qué te pasa hoy? (오늘~)
왜 이렇게 했어?	¿Por qué lo has hecho así? ➡ No lo sé. (나도 모르겠어.)
왜요?	¿Por qué?

외

외국에 유학가려고 합니다.	Quiero ir a estudiar al extranjero.
외국인입니다.	Soy extranjero.
외로운 거 빼곤 다른 건 다 괜찮아요.	Lo único que me molesta es la soledad. Todo lo demás está bien. = Excepto la soledad todo está bien. ➡ No se sienta más solo. (더는~)
외롭게 하지 마세요.	No me haga sentir solo.
외롭습니다.	Me siento muy solo. = Siento mucha soledad. (너무~)
외모로 판단하지 마세요.	No juzgue a las personas por las apariencias. (사람을~)

외상됩니까?	¿Me puede fiar? ➡ No, no se puede. (안됩니다.)
외상이면 소도 잡아먹는다.	Si dejas fiar, se llevarán todo.
외식합시다.	Vamos a comer fuera.
외출금지.	Prohibido salir.
외출중입니다.	Salió por un momento. (그는 잠시~)
외출하고 싶지 않습ㅣ다.	No quiero salir hoy. (오늘~)
외출하세요.	Salga a pasear. (바람 쐬러~)

왼

왼쪽으로 가세요.	Vaya por la izquierda.
왼쪽으로 도세요.	Gire a la izquierda. = Doble hacia la izquierda.
왼쪽으로 붙어서 가세요.	Vaya por el lado izquierdo.

요

| 요구르트를 좋아합니다. | Me gusta el yogur. |
| 요리 주문할래요? | ¿Quiere ordenar?
➡ Sí. (예.) |

| 요리가 너무 짭니다. | [상태 · 주관적 의견] Está muy salada la comida. |

| 요리가 매운가요? | [본질] ¿Es picante la comida?
➡ ⓐ No. (아니요.)
　ⓑ No tanto. (별로요.) |

| 요리가 식었습니다. | Está fría la comida. = Se enfrió la comida. |

| 요리를 시키지
않았는데요. | No he ordenado la comida.
// No he pedido el pollo. (닭~) |

| 요점만 말해! | ¡Ve al grano! |

| 요즘 뭐하십니까? | ¿Qué hace estos días?
➡ Nada en especial. (별일 없습니다.) |

| 요즘 바쁩니까? | ¿Está ocupado últimamente?
➡ ⓐ Ando muy ocupado. (바쁩니다.)
　ⓑ Un poco ocupado. (조금 바쁩니다.)
　ⓒ Para nada ocupado. (하나도 안 바쁩니다.) |

| 요즘 어떻게 지내십니까? | ¿Cómo ha estado estos días?
➡ ⓐ Muy bien. Gracias. ¿Y usted?
　(잘 지냅니다. 당신은요?) |

| 요즘 어떻습니까? | [안부인사] ¿Qué tal?
➡ ⓐ Muy bien. (아주 좋습니다.)
　ⓑ Más o menos. (그런대로요.) |

| 요통이 있습니다. | Tengo dolor en la cintura.
☞ 허리가 아픕니다. |

욕심은 한이 없다.	La avaricia no tiene fin.
욕심이 많다.	Eres un ambicioso. (너~)
욕하지 마세요.	① No diga malas palabras. = No diga grosería. ② [욕설] No insulte.

용 꼬리보다는 뱀 머리가 낫다.	Más vale ser cabeza de ratón que cola de león.
용건만 간단히 말씀하세요.	Sea breve. ➡ Sí, lo seré. (그러죠.)
용기내세요.	¡Ánimo! = ¡Fuerza!
용돈 주세요.	Deme dinero.
용변후 물 내릴 것.	[화장실] Bajar el agua después de usar el inodoro.
용서 안할 거야.	No te voy a perdonar. (널~)
용서를 빕니다.	Le pido una disculpa. // Le pido perdón sinceramente. (진심으로~)

용서해주세요.	① [용서를 구함] Perdóneme. = Discúlpeme.
	// Perdóneme sólo por esta vez. (한번만~)
	// Disculpe mis errores. (제 잘못을~)
	➡ Esta vez no te perdonaré.
	(이번엔 용서하지 않을 거야.)
	② [관용을 바람] Le pido su generosidad.

용장 밑에 약졸 없다.	De grandes padres se hacen grandes hijos.
용지에 기입해주세요.	Por favor, complete el formulario.

우거지상이야?	¿Por qué tienes esa cara? (왜~) // ¿Por qué esa cara? Tienes que alegrarte. (왜~ 기뻐해야지.) ➡ Sí, estoy contento. (그래요. 기뻐요.)
우냐?	¿Estás llorando? ➡ No. (아니요.)
우라질!	¡Carajo! = ¡Maldita sea!
우리가 남인가요.	① No somos desconocidos. ② Somos amigos. (친구입니다.)
우리가 어떤 사이냐.	¿Qué relación tenemos? = ¿Qué eres de mí?
우리끼리 얘기합시다.	Hablemos entre nosotros. = Hablemos entre tú y yo.

| 우물에 가서 숭늉 찾다. | A su tiempo maduran las brevas. |

우물정자(#) 버튼을 누르세요.

Marque la almohadilla.
// Deje su mensaje y marque la almohadilla. (메시지를 남기고~)

우박이 내립니다.

Está cayendo granizos. = Caen granizos.

우산 가져왔습니까?

¿Ha traído paraguas? = ¿Trajo su paraguas?
➡ ⓐ Sí, lo he traído. (예.)
　ⓑ No, no lo traje. (아니요.)
　ⓒ Me lo he olvidado.
　　= Se me olvidó. (깜빡했어요.)

우산 좀 빌려주세요.

Présteme un paraguas, por favor.

우습다!

① [웃김] ¡Qué gracioso!
② [쉬움] Es bien fácil.
③ [가증스러움] ¡Qué ridículo!

우승했습니다.

Cantó victoria. = Ha ganado. (그가~)

우연히 만났습니다.

Me lo encontré de casualidad. (그를~)

우연의 일치네요.

¡Qué coincidencia!

우열을 가리기 힘듭니다.

No se sabe quién ganará.
// Los dos son muy fuertes. No se sabe quién será el ganador. (두 사람 다 셉니다. ~)

우울합니다.

Hoy estoy melancólico. (오늘~)
// Los días de lluvia me hacen sentir melancólico. (비오는 날은 기분이~)

우유를 마시겠습니다.

Tomaré la leche.

우정을 영원히 잊지 않을 것입니다.	Nunca olvidaré nuestra amistad. (우리들의~)
우정을 위하여 건배!	¡Brindemos por nuestra amistad!
우체국이 있습니까?	¿Hay alguna oficina de correos cerca de aquí? (부근에~) ➡ Sí, hay una. (하나 있습니다.)
우체통이 어디에 있습니까?	[특정] ¿Dónde está el buzón de correo? ➡ Está en la encrucijada. (사거리에요.)
우편번호를 써넣는 것 잊지 마세요.	No se olvide de poner el código postal.

욱하는 성질이 있습니다.	Es un poco temperamental. (그는 약간~)

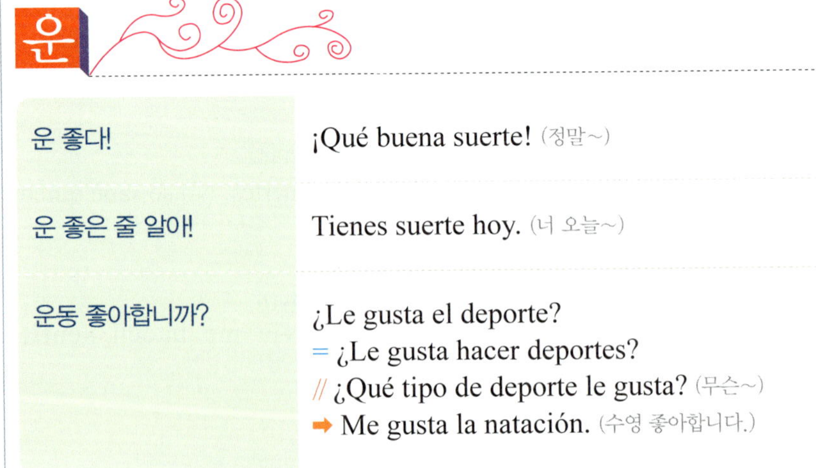

운 좋다!	¡Qué buena suerte! (정말~)
운 좋은 줄 알아!	Tienes suerte hoy. (너 오늘~)
운동 좋아합니까?	¿Le gusta el deporte? = ¿Le gusta hacer deportes? // ¿Qué tipo de deporte le gusta? (무슨~) ➡ Me gusta la natación. (수영 좋아합니다.)

운동을 잘합니까?	① ¿Es bueno para hacer deportes?
	➡ ⓐ Sí, lo soy. (잘합니다.)
	ⓑ Soy regular para los deportes.
	(보통입니다. = 그저 그렇습니다.)
	ⓒ No soy bueno. (잘 못합니다.)
	② ¿Juega bien al fútbol? (축구를 잘합니까?)
	// ¿Sabe nadar bien?
	= ¿Es bueno para la natación?
	(수영을 잘합니까?)

| 운명을 하늘에 맡기는
수밖에. | Que sea lo que Dios quiera. |

| 운명이야. | Es el destino. // Esto es el destino. (이건~) |

| 운이 안 따르네. | No tengo suerte. |

| 운이 억세게 좋았습니다. | He tenido mucha suerte. |

| 운이 없습니다. | Él realmente no tiene suerte.
(그는 정말~) |

운전 잘합니까?	¿Conduce bien? = ¿Maneja bien?
	// ¿Sabe conducir bien?
	➡ ⓐ Conduzco bien. (잘합니다.)
	ⓑ No conduzco bien. (잘 못합니다.)
	ⓒ No sé conducir. (못 합니다.)

| 운전 조심하세요. | Maneje con cuidado. |

| 운전면허증 좀
제시해주세요. | Muéstreme su carné de conducir. |

| 운전면허증과 신분증을
제시해주세요. | Presente su licencia de conducir y su identificación, por favor. |
| | ➡ Aquí tiene. (여기 있습니다.) |

운전할줄 압니까?	¿Sabe manejar?

➡ ⓐ **Sí, sé manejar.** (예. 할줄 압니다.)

ⓑ **Estoy aprendiendo a manejar.**
(운전교습 중입니다.)

ⓒ **No.** (아니요.)

ⓓ **No sé manejar.** (운전할 줄 모릅니다.)

울

울고 싶습니다.	Quiero llorar. = Tengo ganas de llorar.
울고불고 난리야.	Esa mujer está llorando desesperadamente. (그 여자~)
울지마세요.	No llore.
울화통 터지네!	¡Qué ataque de ira! = ¡Qué furor!

움

움직이기 싫어요.	[몸 등을] No me quiero mover.
움직이지 마세요.	No se mueva.

웃

웃기네!	① [가소로운 말에] ¡No me hagas reír! = ¡Qué ridículo! ② [농담] ¡Qué gracioso!

웃기지 마세요.	① [웃김] No me haga reír. ② [잘난 척에] No sea presumido.
웃어봐.	Ríete un poco. (좀~)
웃으면 십년은 젊어집니다.	Cada vez que sonríes, rejuveneces diez años.
웃음이 명약.	La risa es el mejor remedio.
웃지마세요.	No se ría.

원

원 샷!	¡Con un trago!
원망스럽다.	Te odio. (네가 너무~)
원망을 마음에 담지 마세요.	No guarde rencor.
원망하니?	¿Aún me sigues odiando? (아직도 날~) ➡ No. (아니.)
원망하지 마세요.	No me odie. (저를~)
원수는 외나무다리에서 만난다더니.	Siempre se encuentra con el enemigo a la vuelta de la esquina.
원숭이도 나무에서 떨어질 때가 있다.	Hasta al mejor cazador se le escapa la liebre.

원피스가 정말 잘 어울립니다.	Le queda muy bien el vestido.
원하는 게 뭐냐?	① [의도 · 시비] ¿Qué quieres? = ¿Qué es lo que quieres? (도대체~) ② [물건] ¿Qué estás buscando? ➡ Nada. (아무 것도 아닙니다.)

월경이 안 왔어요.	No he tenido la regla.
월급날입니다.	Hoy cobro el sueldo. = Hoy me pagan. (오늘~)

위가 아픕니다.	Me duele el estómago. = Tengo dolor de estómago.
위로해주세요.	Consuéleme.
위로해줘서 고마워요.	Gracias por consolarme.
위반자에게는 벌금이 주어집니다.	Se multará al que viole la ley.
위아래도 몰라보네.	No sabe respetar a los mayores. (그 사람~)

위층에 삽니다.

Vivo en el piso de arriba.

위치가 어딥니까?

¿Por dónde queda ese lugar? (거기~)
➡ A cinco kilómetros hacia el noreste.
(동북쪽으로 5킬로미터입니다.)

위치로!

¡A sus puestos!
// ¡Cada uno a sus puestos! (각자~)

위하여!

[건배] ¡Salud!

위해서야.

Es todo por ti. (이건 전부 널~)

위험해!

¡Cuidado!
// ¡Esto es muy peligroso! (이 일은 너무~)

윗

윗물이 맑아야 아랫물이 맑다.

Los padres son el molde de los hijos.

윙

윙크했어.

Me guiñó el ojo. (그가 나한테~)

유

유감입니다.

Cuánto lo lamento. (정말 너무~)

| 유난떨기는! | ① [깐깐함] ¡Que exigente! |
| | ② [소동] ¡Que escandaloso! |

유리를 닦을게요.　Voy a limpiar el vidrio.

유리에 비였어요.　Me corté con el vidrio.

유명한 사람입니다.　Es una persona famosa. (그분은~)
// El director de esta película es muy famoso.
(이 영화의 감독은 아주~)

유명해질 거야.　Seré famoso. = Voy a ser famoso.

유부남입니다.　Estoy casado = Soy casado.

유부녀입니다.　Estoy casada. = Soy casada.

유비무환.　Hombre prevenido vale por dos.
= Hombre precavido vale por dos.

유유상종.　Una bandada de aves con las mismas plumas.

유치원에 다닙니다.　Mi hija va al jardín de niños. (제 딸은~)

유치해!　¡Muy infantil! (정말~)

유턴됩니까?　¿Se puede doblar en U?
= ¿Se puede cambiar de sentido?
➡ Sí, se puede. (됩니다.)

유턴해주세요.　Por favor, dé la vuelta en U ahí adelante.
(거기 앞에서~)

유통기한이 지났습니다.　Ya se caducó.

유학갑니다.　Voy a ir a España para estudiar. (스페인으로~)

| 유학생입니다. | Soy estudiante extranjero. |

| 유행성 감기 증세입니다. | Son síntomas de influenza. |

| 유혹하는 겁니까? | ¿Me está seduciendo? |

➡ ⓐ No. (아니요.)
  ⓑ No, para nada. (아니요. 그런 거 없습니다.)

| 유효기간이 지났습니다. | Está vencido.
= Ha pasado la fecha de vencimiento. |

으

| ~으로 | a // para // hacia |

① Vamos a Myeong-dong, por favor.
(명동~ 가주세요.)

// ¿Cómo se llega a la Estación de Seúl?
(서울역~ 가려면 어떻게 갑니까?)

// [항공] Hay vuelos con destino a Nueva York a diario.
(매일 뉴욕~ 가는 항공편이 있습니다.)

② Hacia adelante (앞~)

은

| 은행에 갑니다. | Voy al banco. |

| 은행에서 일합니다. | Trabajo en un banco. |

| 은혜를 원수로 갚다니! | ¡Mal agradecido! |

| 은혼식을 축하합니다. | Felicidades por su boda de plata. |

음료를 드시겠습니까?	¿Desea algo de beber? // ¿Qué bebida desea? (무슨~) ➡ Zumo de manzana, por favor. (사과주스요.)
음매	① [소 울음소리] Muu　② [양 울음소리] Bee
음식 주문합시다.	Pidamos la comida. = Vamos a ordenar.
음식배달원	Repartidor de comida
음식솜씨가 훌륭합니다.	Soy buen cocinero. = Tengo habilidad culinaria.
음식을 가려서 먹으면 안돼.	No seas delicado con la comida. = Debes comer de todo.
음식이 쉰 것 같습니다.	Parece que la comida se echó a perder.
음식이 입에 맞았으면 합니다.	Espero que le guste la comida. = Espero que sea de su gusto la comida.
음악 좋아합니까?	¿Le gusta la música? // ¿Qué tipo de música le gusta? (무슨~) ➡ ⓐ Sí, me gusta escuchar música. (좋아합니다.) ⓑ Me gusta la música moderna. (모던음악을 좋아해요.)
음치입니다.	Soy desentonado.
음탕한 계집!	¡Qué mujer tan vulgar!
음흉합니다.	Es un pervertido. (그는~)

응.	[대답] Sí. ☞ 예!
응원할게. // 응원해줄게.	① [응원] Alentaré a tu equipo. (너희 팀을~) ② [지지] Te apoyaré.

의견에 동의합니까?	¿Está de acuerdo con mi opinión? (저의~) ➡ Estoy de acuerdo. (동의합니다.)
의견이 없습니다.	No tengo comentarios. (별달리 할말이 없습니다.)
의견차이가 큽니다.	Hay mucha diferencia entre la opinión mía y la suya. (저와 당신 간에~)
의기소침하다.	Está desalentado. = Está deprimido. (그가~)
의기양양하다.	[만족스러움] Está exultante. (그가~) = Está orgulloso.
의리없다!	[배신] ¡Qué traidor!
의사를 불러주세요.	① [불특정] Llame a un doctor. ② [특정] Llame al doctor. // Llame al doctor rápido. (어서~)
의심스럽습니다.	Es dudoso. // Es sospechoso.
의심의 여지가 없습니다.	No hay dudas. = Sin ningún tipo de dudas. = No cabe duda.

이 곳.	Aquí.
이 안에 너 있다.	Estás aquí adentro.
이가 부러졌습니다.	Se me rompió un diente. (한 개)
이가 빠졌습니다.	Se me salió un diente. (한 개)
이가 아픕니다.	Tengo dolor en los dientes. = Me duelen los dientes.
이가 없으면 잇몸으로 산다.	Uno sobrevive de cualquier forma.
이거 어떻습니까?	¿Qué le parece esto? ➡ ⓐ Me parece muy bien. 　　= Está muy bien. (아주 좋아요.) 　ⓑ Más o menos. (그런대로요.)
이거 주세요.	Deme esto.
이것 좀 봐!	¡Mira esto!
이것 저것 좀 샀습니다.	Compré un poco de todo. (그냥~)
이게 누구야!	¡Mira quién está aquí!
이게 뭐야?	[불평] ¿Qué demonios es esto? ➡ No está tan mal. (그리 나쁘진 않은데.)
이게 뭡니까?	[물건] ¿Qué es esto? ➡ Es un regalo para mi amigo. (친구한테 선물할 겁니다.)
이겼어!	¡He ganado! = ¡Gané!

이기면 충신 지면 역적.	Si traes una batallada ganada, serás patriota. Pero una derrota te hará traidor.
이기적으로 굴지 마세요.	No sea egoísta.
이기적입니다.	Él es muy egoísta. (그는 너무~)
이인분 주세요.	Deme dos porciones. // Deme para dos personas. (두 명)
이등하고 은메달을 땄습니다.	Me quedé en el segundo puesto y gané la medalla de plata.
이등은 설 자리가 없어!	¡No hay lugar para dos!
이따가 다시 얘기합시다.	Hablemos luego.
이따가 다시 오세요.	Regrese más tarde.
이따가 다시 전화하겠습니다.	Vuelvo a llamar más tarde.
이따가 다시 전화하세요.	Llame más tarde.
이따가 봅시다.	Nos vemos luego.
이래도 되는 거야?	[불평] ¿Cómo puedes hacer esto? ➡ ¿Qué hice? = ¿Qué he hecho? (내가 어쨌다고!)
이래라 저래라 하지 마세요.	[명령] No me dé órdenes.
이러고 있으면 어떻게 해?	① [동작이 더딤] ¿Cómo puedes ser tan lento? ② [무대책에 대해서] ¿Por qué no haces nada? // ¿Qué estás haciendo? ¡Busca la manera! (~방법을 좀 생각해봐!)

| 이러고 있을 시간이 없습니다. | No debemos perder el tiempo. (우리~) |

| 이러면 안되지? | ① [방법] Así no, ¿verdad?
② No deberías hacerme esto.
(나한테 이러면 안되지.)
➡ Piensa en porqué. (왜 그러는지 잘 생각해봐.) |

| 이러면 안됩니다. | No puede hacer esto. |

| 이러지 마세요. | ① No sea así.
② [행동] No debería hacer eso.
= No haga eso.
// No lo repita para la próxima. (다음에~) |

| 이러쿵 저러쿵 말 마세요. | ① [입막음] No diga nada.
② No haga comentarios sobre mí. (저에 대해~)
// No hable de mí a mis espaldas.
(뒤에서 저에 대해~) |

| 이런! | ① 〈속어〉 ¡Mierda! = ¡Joder!
② [놀람] ¡Qué barbaridad! |

| 이런 것으로 주세요. | Deme algo parecido a esto. |

| 이런 경우가 어디 있습니까? | No me puede hacer esto.
➡ Tampoco puedo entenderlo.
(나도 이해가 안 돼.) |

| 이런 느낌 처음입니다. | Es la primera vez que siento esto. |

| 이런 소리하지 마세요. | No diga estas cosas. |

| 이런 일은 없었습니다. | Nunca ha pasado algo así. (정말~) |

| 이런 적이 어디 한두 번이냐! | ¡No es la primera vez que pasa! |

| 이런다고 뭐가 달라지죠? | ¿Qué puede cambiar?
➡ Silencio. (조용히 해.) |

| 이럴 수 없습니다. | [사실 부정] ¡No puede ser! |

| 이럴 수 있냐? | ¿Cómo puedes hacer esto?
// ¿Cómo me haces esto a mí? (어쩜 나에게~) |

| 이럴 줄 알았다! | ¡Lo sabía! |

| 이럴 필요 없습니다. | No hace falta. = No es necesario.
☞ 그럴 필요 없습니다. |

| 이렇게 된 겁니다. | ① [상황설명전] Pasó lo siguiente.
② [상황설명후] Fue así.= Así pasó. |

| 이렇게 될 줄 알았습니다. | [예상] Sabía que esto ocurriría. |

| 이렇게 말이야! | ¡Así es como te decía! (이렇게 하라고!) |

| 이렇게 말하지 마세요. | No hable de esa manera. (그렇게~) |

| 이렇게 맛있는 음식은 처음 먹어봅니다. | Es la comida más rica que he probado. |

| 이렇게 빕니다. | [간청] Se lo ruego. |

| 이렇게 오시게 해서 죄송합니다. | Disculpe por haberlo hecho venir. |

| 이렇게 찾아주셔서 감사합니다. | [상점] Gracias por su preferencia. |

이렇게 하면 되겠습니까?
¿Está bien así?
➡ Sí, está bien. (예.)

이렇게 하면 됩니까?
¿Estoy haciéndolo bien?
= ¿Es así?
➡ ⓐ Está bien así. = Así está bien. (좋아요.)

이렇게 하면 안됩니다.
① [지적] Está mal así.
② [옳지 않음] No es correcto.
③ [금지] Está prohibido hacer esto.
④ [부당함] No es justo hacer esto.
⑤ [허가] No está permitido hacer esto.

이렇게 할 수 없습니다.
No lo puedo hacer así.

이렇게 합시다.
Lo hacemos así. = Vamos a hacerlo así.
➡ De acuerdo. (좋아요.)

이렇다고 생각 안합니다.
No lo pienso así.

이력서 하나 쓰세요.
Primero elabore un Currículum Vitae. (우선~)

이론은 빠삭해도 실천은 약합니다.
Mucha teoría, poca práctica.

이를 악물고 참아야합니다.
A pan duro, diente agudo.

이를 어쩌나?
¿Qué debo hacer? = ¿Qué hago?

이를 하나 빼야합니다.
Hay que extraer un diente.

이름을 말씀해주세요.   Dígame su nombre.

이름이 뭐냐?   ¿Cómo te llamas?
➡ Me llamo Dong-geon Jang.
(이름이 장동건이라고 합니다.)

이름이 뭐랬지?
= 이름이 뭐였더라?
[기억을 더듬으면서]
¿Cómo me habías dicho que te llamabas?
= ¿Cuál era tu nombre?
➡ Me llamo Min-su Kim. (김민수라고 합니다.)

이름이 뭡니까?   ¿Cuál es su nombre?
➡ Puede llamarme Mónica.
(저를 모니카라고 부르시면 됩니다.)

이리 와. // 이리 오세요.   Ven. // Venga.

이리 와서 도와주세요.   Venga a ayudarme.

이리 와서 앉아요.   Venga a sentarse. = Venga y siéntese.

이리 와서 좀 봐요.   Venga a ver esto. (이것 좀~)

이리 좀 와봐요.   Venga un momento, por favor.

이만 가보겠습니다.   Bueno, me voy. = Ya me despido. (그럼~)

이만 물러갑니다.   Me retiro.

이메일(E-mail)로
보내주세요.
Envíelo por correo electrónico.

이메일(E-mail)
있습니까?
¿Tiene correo electrónico?
➡ Sí, tengo. (있습니다.)

| 이메일(E-mail) 주소입니다. | Ésta es mi dirección de correo electrónico. (이것은 나의~) |

| 이발해주세요. | Córteme el cabello. |

이번 연휴에 어디 갑니까?

① [가는지 여부]
　¿Sale a algún lado en este puente?
　= ¿Se va de vacaciones en este puente?
　➡ Me voy a Seúl. (서울요.)
② [장소] ¿Adónde va en este puente?

이번 주 토요일은 친구생일입니다.

Este sábado es el cumpleaños de un amigo.

이번 주말에 시간 있습니까?

¿Tiene tiempo este fin de semana?
➡ Tengo una cita. (약속이 있는데요.)

관련표현

esta semana (이번 주)

el lunes de esta semana. (이번 주 월요일)

el martes de esta semana (이번 주 화요일)

el miércoles de esta semana (이번 주 수요일)

el jueves de esta semana (이번 주 목요일)

el viernes de esta semana (이번 주 금요일)

el sábado de esta semana (이번 주 토요일)

el domingo de esta semana (이번 주 일요일)

이번에는 끝장입니다.

① [어려움] Esta vez sí va a ser duro.
② [종료] Esta vez tal vez sí se acaba todo.

이번에는 또 뭐야?

¿Y ahora qué?
➡ Préstame tu diccionario. (네 사전 좀 빌려줘.)

| 이번에는 알아들었어요. | Esta vez lo entendí. |

| 이번이 처음입니다. | Ésta es la primera vez. |

| 이별을 받아들일 수 없습니다. | No puedo aceptar la separación. |

| 이봐요! | ¡Oiga! |

이분은 누구십니까?

¿Quién es esta persona?
➡ ⓐ Es nuestro guía. (이분은 우리 가이드입니다.)
　ⓑ Es escritor. (이분은 작가입니다.)
　ⓒ Es pintor. (이분은 화가입니다.)
　ⓓ Es mi jefe. (저희 사장님입니다.)
　ⓔ Es mi amigo Jang-hun Kim.
　　(이분은 지의 친구 김상훈입니다.)
　ⓕ Es mi compañero del trabajo.
　　(제 직장동료입니다.)
　ⓖ Es el señor Kim. (이분은 김 선생입니다.)

| 이불 개세요. | Doble la manta, por favor. |

| 이불 잘 덮으세요. | Tápese bien con la manta. |

이불에 오줌을 쌌어.

El niño hizo pis en la cama. (아이가~)

| 이사 가면 전화주세요. | Llámeme por teléfono cuando se mude. |

| 이사하신 걸 축하합니다. | Felicitaciones por la mudanza. |

이상!

[보고 완료] ¡Es todo!

이상입니다.

① [보고완료] Es todo.
③ [질문 없음] No tengo más preguntas.

이상하게 생각마세요.

No lo malinterprete. = No lo piense mal.

이상하네!

① ¡Qué raro!
② [헷갈림] ¡Qué confuso!

이상한 일이네!

¡Qué raro!

이상합니다.	① Es un poco raro. (약간~) // Hay algo raro. (이상한게 있어.) ② [부정적] Algo está mal. ③ [평소와 다름] Está rara. (그녀가~)
이성을 잃었습니다.	Ha perdido la cordura. (그는~)
이에 대해 정말 죄송스럽게 생각합니다.	Le pido mil disculpas por lo sucedido.
이열치열	Calor contra el calor y frío contra el frío.
이유가 뭡니까?	① [동기] ¿Cuál es el motivo? ② [원인] ¿Cuál es la causa? ③ [이유] ¿Cuál es la razón?
이유를 잘 모르겠습니다.	No sé cuál sea la razón.
이의 없습니다.	No tengo objeción.
이의 있습니다.	Tengo objeción.
이인실로 주세요.	Habitación doble, por favor.
이점에 동의합니다.	Estoy de acuerdo en esto.
이제 가봐야겠어요.	[시간이 돼서] Es hora de irme.
이제 곧 나옵니다.	[주문한 요리] Pronto estará lista la comida que pidió.
이제 그만 끊어야겠습니다.	[전화] Tengo que colgar.
이제 그만해!	[잔소리에] ¡Ya basta!

| 이제 알겠습니다. | Ahora entiendo. |

이제 지겨워! — ¡Estoy harto!

이쪽에 앉으세요. — Siéntese aquí.

이쪽으로 가세요. — Vaya por este lado.

이쪽으로 오세요. — Venga por acá.
← ¿Por dónde voy? (어느 쪽으로 갑니까?)

이쪽으로 차 타세요. — Suba por aquí.

이쯤에서 끝내자!
① [일] ¡Terminémoslo aquí!
② [이성관계] ¡Terminemos aquí!

이차 가자. — [술자리] Sigamos tomando en otro lugar.

이참에 마음을 정리해. — [연애] Es tiempo de olvidarlo.

이틀 묵습니다. — Me quedo dos días.

이판사판이야.
[개의치 않음] Me importa un carajo.
= Me vale queso. = Me importa un bledo.

이해가 안됩니다. — No puedo comprender. = No entiendo.

이해심이 많아. — Eres muy comprensivo. (넌~)

이해합니까?
¿Lo comprende?
➡ ⓐ Comprendo (이해합니다.)
ⓑ No entiendo. (모르겠어요.)

이해해주세요.
Compréndame.
= Entiéndame. // Espero su comprensión.

이해했습니까?
¿Ha entendido?
➡ ⓐ Entendí. (이해했습니다.)
ⓑ Por fin he entendido.
(마침내 이해했습니다.)

| 이혼하자. | Divorciémonos. |

| 익숙해졌습니까? | ¿Se ha acostumbrado a la vida de aquí? (여기 생활에~)
➡ Más o menos. (그런대로요.) |

| 익숙해졌습니다. | Me he acostumbrado. ☞ 습관이 됐습니다. |

| 익었어요? | [육류 등] ¿Está cocido?
➡ Está muy cocido. (너무 익었어요.) |

| 인과응보. | Donde las dan, las toman.
= A todo cerdo le llega su San Martín.
= Quien las hace, las paga. |

| 인기있는 요리가 뭡니까? | ¿Cuál es el plato más famoso? (가장~)
➡ Es el pato asado. (오리구이입니다.) |

| 인명은 재천 | El destino lo decide Dios. |

| 인사 나누세요. | Salúdense. Le presento a la señorita Kim.
(~이분은 미스 김입니다.) |

| 인사 나눕시다. | [처음 만남] Presentémonos
= Nos presentamos. |

| 인사 나눴어요. | Ya nos hemos saludado. (우린 이미~) |

| 인사 드리세요. | Salude a mi madre. (저희 어머님께~)
// Salude a mi jefe. (저희 사장님께~) |

| 인사만 여쭙겠어요. | Sólo lo saludaré. (그에게~) |

| 인사만 하고 가세요. | Sólo salúdelo antes de irse. |

| 인상은 어떻습니까? | ¿Cómo le parece esa persona? (그 사람~)
➡ Muy bien. (매우 좋습니다.) |

| 인생은 한 편의 연극이다. | La vida es una obra de teatro. |

| 인생이란 그런 거야. | Así es la vida. |

| 인정 못 해. | ① [인정] No puedo aceptarlo.
② [패배] No acepto la derrota. |

| 인정합니다. | Reconozco mis sentimientos hacia usted.
(당신을 좋아한다는 걸~) |

| 인터넷광입니다. | Realmente es un aficionado al Internet.
(그는 진짜~) |

| 인터넷뱅킹으로 넣어드리겠습니다. | Haré la transferencia por Internet.
Deme su número de cuenta bancaria.
(~계좌번호를 알려주세요.) |

| 인터넷으로 채팅을 할 수 있습니다. | Se puede charlar por Internet.
= Se puede chatear por Internet. |

일

| 일 났어! | ① [나쁜 소식] ¡Mala noticia!
② [일이 복잡하게 됨] Se complicó el asunto. |

일 년은 며칠입니까?	¿Cuántos días tiene un año? ➡ Tiene trescientos sesenta y cinco días. (365일입니다.)
일 년은 몇 개월입니까?	¿Cuántos meses tiene un año? ➡ Tiene doce meses. (12개월입니다.)
일 년은 몇 주입니까?	¿Cuántas semanas tiene un año? ➡ Tiene cincuenta y dos semanas. (52주입니다.)
일 분은 몇 초입니까?	¿Cuántos segundos tiene un minuto? ➡ Tiene sesenta segundos. (60초입니다.)
일 있어서 나가봐야합니다.	Necesito salir porque tengo un asunto pendiente.
일 있으면 전화주세요.	Si pasa algo, llámeme. (무슨~) ➡ Sí. (그러죠.)
일(1)인실을 원합니다.	Quiero una habitación individual. // Quiero una habitación individual con baño propio. (화장실이 있는~)
일기예보를 들었습니까?	¿Ha escuchado el pronóstico del tiempo? ➡ Han pronosticado nieve para hoy. (일기예보에서 오늘 눈 온다고 했습니다.)
일남 일녀입니다.	[자녀] Un hijo y una hija.
일단 드셔보세요.	Pruébelo primero.
일등 복권당첨을 축하합니다.	Enhorabuena por haber ganado el premio gordo.
일등하고 금메달을 땄습니다.	Me quedé en el primer puesto y gané la medalla de oro.
일류대에 합격한 걸 축하드립니다.	Felicitaciones por ingresar a esa universidad tan prestigiosa.

일리가 있습니다.	Tiene razón.
일마다 순조롭길 빕니다.	Que le vaya bien en todo lo que haga.
일반석으로 예약해주세요.	[비행기] Resérveme un asiento de clase económica.
일반석은 다 팔렸고 특실만 남아있습니다.	[기차] Los asientos de clase económica se han agotado. Quedan sólo los de primera clase.
일반인 출입금지.	[경고문] PROHIBIDA LA ENTRADA A PERSONAS AJENAS SIN AUTORIZACIÓN
일방적이야.	① No escuchas a los demás. (넌~) ② [고집] Eres muy obstinado. (넌 참~)
일방통행로	Vía en sentido único
일부러 그런 거지요?	Lo ha hecho a propósito, ¿no? ➡ No ha sido a propósito. (일부러 그런 게 아닙니다.)
일손이 부족합니다.	① [일손] Faltan manos. ② [직원] Faltan trabajadores.
일시불로 하시겠습니까, 할부로 하시겠습니까?	¿Desea realizar un solo pago o en pagos diferidos? ➡ Un solo pago, por favor. (일시불로 해주세요.)
일심동체.	Somos uno en cuerpo y alma. (우리는~)
일어나 식사하세요.	[아침] Levántese a desayunar.
일어나 학교가야지.	Levántate. Debes ir al colegio. = Levántate. Es hora de ir al colegio.

일어나세요.	① [기상] Despiértese. ② [자리에서] Levántese.
일요일에 우리집에서 점심 먹자.	[제의] El domingo comamos en mi casa.
일원의 가치도 없습니다.	No vale nada.
일으켜주세요.	Levánteme, por favor. (저를~) // Levánteme deprisa, por favor. (어서 저를~)
일은 바쁩니까?	¿Mucho trabajo? ➡ ⓐ Sí, mucho trabajo. (바쁩니다.) ⓑ Más o menos. (그저 그래요.) ⓒ No estoy tan ocupado. (별로 바쁘지 않습니다.)
일은 별로 힘들지 않아요.	No es tan cansado el trabajo. = No es tan agobiante el trabajo.
일은 잘 됐습니다.	Todo ha terminado bien.
일을 끝냈습니다.	He finalizado el trabajo. = Acabé el trabajo.
일을 방해하지 마세요.	No me interrumpa en el trabajo.
일을 해도 해도 끝이 없네.	No tiene fin este trabajo.
일을 확대시키지 마세요.	[문제] No complique más el problema.
일이 그 정도까진 아닙니다.	No es para tanto.
일이 그렇게 간단한 게 아닙니다.	No es tan sencillo como parece.
일이 그렇게 된 겁니다.	Así fue.

일이 많습니다.	Hay mucho trabajo.
일이 바쁩니까?	¿Tiene mucho trabajo?
일이 방금 끝났습니다.	Acabo de terminar con el trabajo.
일이 생겼어요.	① [용무] Tengo un asunto que atender. ② [사고] Ocurrió un accidente.
일이 어떻게 이럴 수 있죠?	¿Cómo pudo haber pasado algo así? ⓐ ¿Quién iba a saberlo? (누가 알았겠어요!) ⓑ No ha sido mi intención. = No fue mi intención. (이건 제 본의가 아닙니다.)
일이나 잘해!	¡Concéntrate en el trabajo!
일정이 어떻게 됩니까?	¿Qué tiene planeado para hoy? = ¿Qué plan tiene para hoy? (오늘~) ➡ Por la mañana iremos a Gyeongbokgung y por la tarde a Dongdaemun. (오전에 경복궁에 가고, 오후에는 동대문에 갑니다.)
일주일 동안 너무 바빴습니다.	He estado muy ocupado durante toda la semana.
일주일은 며칠입니까?	¿Cuántos días tiene una semana?
일직입니다.	[당직] Hoy me toca trabjar de noche.
일찍 갔다 일찍 오세요.	Vaya temprano y vuelva pronto.
일찍 들어왔네.	[귀가] Has vuelto temprano hoy. (오늘~)

| 일찍 왔네요. | He llegado temprano. |
| | // He llegado demasiado temprano. (제가 너무~) |

| 일찍 일어나는 새가
벌레를 잡아먹는다. | El que madruga coge la oruga. |
| | = Al que madruga, Dios le ayuda. |

| 일찍 일어났네. | Te levantaste temprano. |
| | = Te has levantado temprano. |

| 일찍 자고 일찍
일어나세요. | Acuéstese temprano y levántese temprano. |

| 일편단심이야. | Es fiel. (그는~) |

| 일하는 중입니다. | Estoy trabajando. |

| 일하지 않는 자는 먹지
마라. | El que no trabaja, que no coma. |

일합니까?	¿Trabaja?
	// ¿En qué trabaja su padre?
	= ¿A qué se dedica su padre? (아버님은 무슨~)
	➡ Es doctor. (의사이십니다.)

| 일행이 있습니다. | Tengo compañía. |

읽

| 읽어드릴게요. | Se lo leo. |

| 읽어보세요. | Léalo. // Por favor, léalo en voz alta. (크게~) |
| | // Vuelva a leerlo. (다시 한 번~) |

잃

잃고 싶지 않다.	No te quiero perder. = No quiero perderte. (널~)
잃어버렸습니까?	¿Lo ha perdido? ➡ ⓐ Lo perdí. = Lo he perdido. (잃어버렸어요.) ⓑ No lo perdí. = No lo he perdido. (잃어버리지 않았어요.)
잃어버렸습니다.	Lo perdí. // He perdido mi bolso. (세 가방을~)
잃어버리지 마세요.	[물건] No pierda las cosas. (제발~)
잃어버린 물건을 속히 찾아주세요.	Por favor, encuentre mis pertenencias lo antes posible.

임

임신했습니다.	Estoy embarazada. // Mi esposa está embarazada. (아내가~)
임자가 있습니다.	[애인] Tiene novio. (그 여자는~)

입

입 냄새가 납니다.	Tengo mal aliento.
입 냄새가 심합니다.	Tengo muy mal aliento.

입 닥쳐!	¡Cierra la boca! = ¡Cállate!
입 밖에 꺼내지 마세요.	No lo mencione. // Por favor, no lo mencione. (제발~)
입 벌려보세요.	Abra la boca.
입 벌리고 아하세요.	Mantenga la boca abierta.
입 조심해.	① [경고] Cuidado con lo que dices. = Cuida tus palabras. ② [당부] Por favor, ten cuidado con lo que dices.
입구가 어디에 있습니까?	¿Dónde está la entrada? ➡ A la izquierda. (왼쪽이요.)
입국 목적은 무엇입니까?	[공항에서] ¿Cuál es el propósito de su visita? ➡ Turismo. (여행입니다.)
입국신고서도 써주세요.	[기내에서] Por favor, rellene el registro de entrada.
입덧이 너무 심합니다.	Tengo muchas náuseas por el embarazo.
입맛에 딱 맞습니다.	Justo para mi gusto.
입맛에 맞는지 모르겠습니다.	No sé si le guste la comida.
입맛에 맞습니까?	¿Le gusta esta comida? (이 요리가~) ➡ Sí, más o menos. (그런대로요.)
입맛이 까다롭습니다.	Tengo un paladar complicado. = Soy delicado para las comidas.

| 입맛이 없습니다. | No tengo apetito. |

| 입방아 찧는게 취미야. | Su pasatiempo es chismear. (그 여잔~)
*chismear = cotillear |

| 입상했습니까? | ¿Fue premiado?
= ¿Ha sido premiado?
= ¿Ha ganado algún premio?
➡ No pude ser premiado esta vez.
= No he sido galardonado esta vez.
(이번엔 입상하지 못했습니다.) |

| 입술이 다텄습니다. | Tengo los labios secos. |

| 입씨름 하지 마세요. | Ya no discuta más con ella. (그 여자와~) |

| 입어봐도 됩니까? | ¿Me lo puedo probar?
➡ ⓐ Sí, claro. (그러세요.)
ⓑ No se puede probar. (안 됩니다.) |

| 입어보니 너무 작아요. | Lo he probado y me queda chico. |

| 입어보니 약간 안 맞아요. | Lo probé y no me queda bien. |

| 입어보세요. | Pruebe esto. (이걸 좀~) |

| 입에 발린 소리! | [아부성 발언에] ¡Falsa alabanza! = ¡Piropo! |

| 입에 침이 마르도록 칭찬하더라. | Te elogiaba hasta que se le secó la boca.
(그가 너를~) |

| 입에 침이나 발라라. | [거짓말] Estás mintiendo.
// No estés mintiendo. (거짓말 하지마.) |

| 입원했습니다. | Estoy internado. = Estoy hospitalizado. |

| 입은 거칠어도 마음은 비단결이다. | Es agresivo al hablar pero tiene un corazón tierno. |

입을 막지 마세요.	[손으로] No tape la boca con las manos.
입을 못 다물어요.	Está tán feliz que no puede dejar de sonreír. (그는 좋아서~)
입을 틀어막아.	Tápale la boca. (저놈의~)
입이 가벼워.	Es un chismoso. (그는~)
입이 무겁네요.	No es chismoso.
입이 방정입니다.	No tiene cuidado con lo que dice. (그는~)
입이 싸서 탈이야.	Es muy chismoso. (그는~)
입이 얼얼합니다.	Me arde toda la boca.
입이 열 개라도 할 말이 없다.	No tengo palabras.
입장권은 어디서 삽니까?	¿Dónde se compra la entrada? ➡ En la taquilla. (매표소요.)
입장료는 얼마입니까?	¿Cuánto cuesta la entrada? ➡ Sesenta dólares. (60불 입니다.)
입장에서 생각해보세요.	Póngase en su lugar. (그 사람~)

| 있는 것들이 더해요. | ① Los ricos son peores.
② Son más tacaños los ricos. (부자들이 더 짜.) |

있는 것이 없는 것 보다 낫습니다.	Peor es nada.
있는 대로 먹자.	Comamos lo que haya.
있는 척하기는.	No te hagas el que lo tienes todo.
있습니까?	① [소유] ¿Tiene? ➡ ⓐ Tengo. (있습니다.) 　ⓑ No tengo. (없습니다.) ② [존재] ¿Está? // ¿Hay?
있습니다.	① [소유] Tengo.　② [존재] Está. // Hay. ③ [출석] Presente. ④ [빈자리문의나 노크에 대한 대답] 　Está ocupado. (사람~)
있을 때 잘해.	Sé bueno conmigo cuando esté a tu lado. (내가 있을때 잘해~)
있잖아요.	¿Sabe qué?

| 잉꼬부부라고 했는데. | Todos decían que éramos el uno para el otro. (다들 우리 보고~) |

| 잊어버렸습니까? | [망각] ¿Se le ha olvidado?
➡ Se me olvidó. (깜빡했습니다.) |

= Lo olvidé. (까먹었습니다.)

// Lo olvidé de verdad.
(정말로 까먹었습니다.)

잊을 뻔했네요.

Casi se me olvida. (깜박~)

잊을 수 없습니다.

① No la puedo olvidar.

= No puedo olvidarla. (그녀를~)

② No puedo sacarlo de la mente.

잊지 마세요.

① [망각] No se olvide.

② [기억] No olvide la billetera y las llaves.
(지갑과 열쇠 챙기는 거~)

잊지 않을 겁니다.

No lo voy a olvidar.

// No voy a olvidar lo de hoy. (오늘 일~)

자

자!	① [받아] ¡Toma esto! ② [주의 환기] ¡A ver! = ¡Atención!
자, 어서!	[동작을 유도] ¡Vamos!
자거라!	① ¡Duerme! // ¡Rápido a dormir! (어서~) // Ve a dormir. (가서~) ② [취침인사] Buenas noches. = Que duermas bien. – Que descanses. (잘~)
자격 미달이야.	① No es apto. (그는 적합하지 않아.) ② Aún no está preparado. (그는 준비되어 있지 않아.)
자고 갈래요?	¿Se queda a dormir? // ¿Desea quedarse a dormir? = ¿Le apetece quedarse a dormir? ➡ ⓐ Sí, me gustaría. (좋아요.) ⓑ No, gracias. Tengo algo que hacer en casa. = No, gracias. Tengo un asunto pendiente en casa. (아니요. 집에 가서 할 일 있어요.)
자고 싶어요.	Quiero dormir. // Tengo sueño. (졸립다.) // Quiero dormir un poco más. (좀 더~)
자극 받았어요.	[동기부여] Me ha motivado.
자기 꾀에 자기가 넘어갔어.	Ha sido atrapado en su propia trampa.
자기 분수를 알아야지.	No hay que olvidar quiénes somos.
자기가 뿌린 씨는 자기가 거둔다.	Lo que se siembra se cosecha.

자기만 알고 남은 모른
척 합니다.

Sólo piensa en sí mismo. No piensa en los
demás. (그는~)

자기야.

Cariño. = Amor.

자랑스럽다.

Estoy orgulloso.
// Estoy orgulloso de ti. (네가~)

자리 있습니까?

① [음식점] ¿Hay lugar? = ¿Hay mesa?
  // ¿Hay lugar para esta noche? (오늘 저녁~)
  ➡ ⓐ Le haré un lugar. (없어도 만들어드려야죠.)
    ⓑ Lo siento. No hay lugar.
      (죄송합니다, 없습니다.)
② [빈자리 확인] ¿Está ocupado?
  ➡ ⓐ Sí, está ocupado. (사람 있습니다.)
    ⓑ Está desocupado. (빈자리입니다.)
      // Puede ocuparlo. (이용 가능합니다)

자리 좀 바꿀 수
있을까요?

[서로간에] ¿Podríamos cambiar de asiento?
= ¿Podría cambiarme el asiento?

자리 좀 봐주세요.

Le encargo mi lugar, por favor.

자리로 돌아가주세요.

Vuelva a su lugar.

자리를 바꾸고 싶어요.

Quiero cambiar de asiento.
= Quisiera cambiar de lugar.

자리를 양보해주세요.

Ceda el asiento, por favor.

자리를 예약하려고
합니다.

[음식점] Quisiera hacer una reserva.

자리를 예약했습니까?

¿Ha reservado? = ¿Ha hecho la reserva?
// ¿Tiene reservado este lugar?
= ¿Ha reservado este lugar? (이~)
➡ No. (아니요.)

| 자리에 사람 있습니까? | ¿Está ocupado?
// ¿Ocupa alguien este lugar? (이~)
➡ No, no hay nadie. (사람 없습니다.) |

자리에 앉아주세요.

Tome asiento, por favor.

자리에 앉아주시기
바랍니다.

☞ 자리에 앉아주세요.

자리에 없습니다.

① En este momento no se encuentra en su lugar. (그는 지금~)
② Está en la empresa. Pero en este momento no está en su escritorio.
(그는 회사 안에 있지만, 지금~)

자만하지 마라.

No caigas en la vanidad.

자매학교입니다.

Mi colegio y el colegio de Seúl se han hermanado. (우리 학교와 서울 학교는~)

자명종은 8시에
맞춰놨어요.

El despertador está programado para las ocho.

자상하십니다.

Es una persona atenta.
// Mi abuelo es muy atento. (할아버지는 무척~)

자세히 한번 보세요.

Obsérvelo atentamente.
= Obsérvelo con atención.

자식을 낳아봐야 부모
은혜를 안다.

Aprenderás a agradecer a los padres cuando tengas hijos.

자신 없습니다.

No me creo capaz.
= No me tengo confianza.

자신 있습니까?

① [신뢰] ¿Te tienes confianza?
→ Sí, me tengo confianza. (있습니다.)
② [확신] ¿Está seguro? (확실합니까?)
→ ⓐ Claro que sí. (물론이죠.)
　 ⓑ Estoy seguro. (자신 있습니다.)
　 ⓒ Claro. = Por supuesto. (그럼요.)

자신을 가져!

① ¡Ten fé! = ¡Ten confianza!
② No te rindas. = No te des por vencido.

자신의 능력을 믿어.

Confía en tu capacidad.

자업자득이야.

Es tu merecido. (너~)

자자.

Vamos a dormir.
// Apaga la luz. Vamos a dormir. (불 꺼. ~)

자장면 왔습니다.

Llegó el jajangmyeon.

자전거 탈줄 압니까?

¿Sabe andar en bicicleta?
→ ⓐ Claro que sé andar en bicicleta.
　 (타고말고요.)
　 ⓑ No he aprendido aún. (아직 안 배웠어요.)

자주 놀러오세요.

Venga a visitarme más seguido.
= Venga más seguido.
// En adelante venga más seguido. (앞으로~)

자주 만납시다.

En adelante vamos a reunirnos más seguido. (앞으로~)
→ ⓐ Sí, por supuesto. (물론이지요.)
　 ⓑ Sí, no es algo difícil.
　 (그래요. 어려운 일 아니죠)

| 자주 연락합시다. | Estamos en contacto.
= Mantengámonos en contacto. |

자주 연락해. — Llámame más seguido. (좀 더~)

자책하지 마세요. — No se eche la culpa.

자포자기 마세요. — No se renuncie a sí mismo.

자화자찬하지마. — No te vanaglories.

작

작년에 졸업했습니다. — Me gradué el año pasado.

작별인사 하고 싶지 않아요. — No me quiero despedir.

작습니다.
① [크기] Es muy pequeño. (너무~)
② [키가] Es muy bajo. (너무~)

작업 거는 겁니까? — [연애] ¿Me está seduciendo?

작업 들어가는 거야. — [연애] Esta noche la voy a seducir.
(오늘 저녁 그녀에게~)

작업 중입니다. — [여자를 상대로] Estoy seduciéndola.

작은 것 같습니다. — Me queda un poco pequeño. (좀~)
// Este calzado me queda pequeño.
(이 신발이 좀~)

작은 것은 없습니까?

[옷] ¿No hay una talla más pequeña?

작은 성의표시일 뿐입니다.

Es una pequeña demostración de mi agradecimiento.

작작 좀 해라!

¡Basta! = ¡Es suficiente!
// ¡Ya me estás cansando! (지겨워 정말!)

작전타임!

¡Tiempo!

잔

잔 비웁시다.

Vaciemos la copa.

잔꾀 부리지 마!

[속임수] ¡No hagas trampa!
= ¡No seas tramposo!

잔돈 없습니다.

No tengo cambio.

잔돈 좀 바꿔줄래요?

① ¿Me cambia?
➡ ¿Cuánto quiere cambiar?
(얼마 바꿔드릴까요?)
② Me cambia un billete de diez dólares por billetes de un dólar?
(10불을 1불짜리로 바꿔줄래요?)
➡ Sí, se lo cambio. (예.)

잔돈 필요 없습니다.

[거스름돈] No necesito cambio.
= Quédese con el cambio.

잔디를 함부로 밟지 마세요.

① No pise el césped.
② [경고문] NO PISAR EL CÉSPED

잔디밭에 들어가면 안됩니다.	Está prohibido pisar el césped.
잔뜩 먹었습니다.	Comí demasiado. = He comido mucho.
잔머리 굴리지 마.	☞ 잔꾀 부리지 마!
잔소리 좀 그만해!	① ¡Basta de sermonear! ② ¡Cállate! (입 좀 닫어!)
잔인합니다.	Es cruel. (당신은~) // Es muy cruel. (당신은 너무~)

잘

잘 가.	① [작별인사] Adiós. ② [여행 인사] Que tengas buen viaje.
잘 갔다오세요.	① ¡Buen viaje! (여행~) ② [길조심] Cuídese en el camino.
잘 갔다왔니?	¿Te ha ido bien?
잘 기억해둬.	Recuérdalo bien.
잘 들립니까?	¿Se oye bien? ➡ ⓐ Sí, lo oigo bien. (잘 들립니다.) ⓑ No lo oigo bien. (잘 안 들립니다.)
잘 들어.	① [내 말] Escucha bien lo que te digo. ② [물건] Con cuidado. (조심해.)
잘 먹겠습니다.	¡Que aproveche! = ¡Buen provecho! (맛있게 드세요.)

잘 먹습니다.	① Come muy bien. (그 사람은 참~)
	② [기호] Le gusta la comida china. (그 사람은 중국요리를~)

잘 먹었습니다.	① [감사인사] Gracias por la comida.
	② He disfrutado de la comida.

잘 모르겠습니다.	① [사실을] No estoy enterado.
	② [자세히] No sé detalladamente.
	③ [전혀 모름] No tengo ni idea.
	④ [구체적으로] Tampoco sé concretamente. (저도~)
	⑤ [길을] No sé el camino.

	⑥ [습득] No entiendo.
	// Es muy difícil de entender.
	(너무 어려워서~)
	// No entendí muy bien. Es que ha hablado demasiado. (말이 너무 많아서~)

	⑦ [사람을 이해] No puedo entender a esa persona. (그 사람을~)

잘 보관하십시오.	Por favor, guárdelo bien.

잘 보내세요.	Que la pase bien. = Que se divierta. // Buen fin de semana. (주말~)

잘 봐!	① ¡Fíjate bien!
	② [시범을 보임] Obsérvame bien. (날~)

잘 부탁드립니다.	① [인사] A sus órdenes.
	② [부탁] Le encargo mucho a mi hijo. (아들을~)

잘 사세요!	[신혼부부에게] ¡Que sean felices! = ¡Que vivan felices!

| 잘 살아요! | [축복] ¡Felicidades! |

| 잘 생각해봐. | [기억] Trata de recordar. |

| 잘 생각해봤니? | ¿Lo has pensado bien?
➡ Sí, lo he pensado bien. (잘 생각해봤어.) |

| 잘 생각했어. | ① [결정] Buena decisión.
② [아이디어] ¡Buena idea! |

| 잘 생겼습니까? | ¿Es apuesto él?
= ¿Es guapo? (그 사람~)
➡ ⓐ Es apuesto. = Es guapo. (잘 생겼어요.)
ⓑ Es feo. (잘생기지 않았어요.) ☞ 못생겼습니다. |

| 잘 속아요. | Soy un ingenuo. = Me engañan fácilmente. |

| 잘 쉬세요. | Que descanse. |

| 잘 시간입니다. | Es hora de dormir. |

| 잘 썼어요. | [글씨] Ha escrito muy bien. (매우~) |

| 잘 안 들립니다. | No oigo bien. = No se oye bien. |

| 잘 안 보입니다. | No veo bien. = No se ve bien. |

| 잘 알고 있습니다. | ① [면식] Lo conozco muy bien. (그를~)
② [지식] Lo sé muy bien. |

| 잘 알면서. | Sí lo sabes. |

| 잘 어울립니다. | Le queda muy bien la ropa. (이 옷이~) |

| 잘 왔어요. | [단수의 남성에게] Bienvenido. |

*단수의 여성에게는 Bienvenida, 복수의 남성에게는
Bienvenidos(복수의 혼성에게도), 복수의 여성에게는
Bienvenidas.

| 잘 있어. | Qué estés bien. |

| 잘 자. | Buenas noches. = Que descanses. |

| 잘 잤어? | ¿Has dormido bien?
= ¿Qué tal has dormido?
= ¿Cómo amaneciste?
➡ ⓐ Bien. (잘 잤습니다.)
ⓑ Más o menos. (별로요.) |

| 잘 잤습니다. | He dormido bien. |

| 잘 주무세요. | Buenas noches. = Que duerma bien.
= Que descanse. ☞ 안녕히 주무세요. |

| 잘 주무셨어요? | ① ¿Ha dormido bien? (잘 주무셨어요?)
➡ ⓐ He dormido bien. Gracias.
(잘 잤어요. 고마워요.)
ⓑ Más o menos. (그런대로요.)
ⓒ No he podido dormir bien porque la cama no estaba muy cómoda.
(잠자리가 맞지 않아 잠을 못 잤어요.)
② ¿Ha dormido bien anoche? (어제 밤~)
➡ Sí, he dormido bien. (잘 잤습니다.) |

| 잘 지내고 있습니까? | ¿Qué tal? = ¿Cómo está?
➡ Estoy bien. (잘 지내고 있습니다.) |

| 잘 지내고 있습니다. | Estoy bien. |

| 잘 지냅니까? | ¿Qué tal? = ¿Cómo está?
➡ Estoy bien. (잘 지냅니다.) |

| 잘 지냈습니까? | ¿Cómo ha estado? |

| 잘 지냈습니다. | Bien. Gracias. (~, 감사합니다.) |

| 잘 한다! | [일 · 행위, 운동, 노래 등] ¡Fenomenal!
= ¡Estupendo! = ¡Excelente! |

| 잘난 척은! | ¡Qué creído! = ¡Qué fanfarrón!
// ¡Qué mujer tan arrogante!
(저 여자 너무 거만한데.) |

| 잘난 척 하냐? | ¿Estás presumiendo? |

| 잘난 척 하지마. | No seas presumido. |

| 잘됐다! | ¡Qué bueno! = ¡Qué bien! |

| 잘되갑니까? | [장사 · 사업] ¿Cómo le va el negocio?
➡ ⓐ Bien. (잘돼갑니다.)
ⓑ No tan bien. (순조롭지 않아요.) |

| 잘되고 있습니다. | [공부 · 일 · 사업]
Me está yendo bien. = Me va bien. |

| 잘되기만을 바라냐! | Estás esperando que te vaya bien sin hacer esfuerzo. (노력은 안하고~) |

| 잘렸습니다. | Me despidieron. (직장에서~) |

| 잘못 걸었습니다. | [전화] Ha marcado un número equivocado. |

| 잘못 먹었냐? | [이상한 행동에] ¿Qué te pasa?
= ¿Qué pasa contigo? (뭐~) |

| 잘못 봐서 죄송합니다. | Me he confundido de persona. Disculpe.
(사람을~) |

ㅈ

| 잘못 봤습니다. | Me equivoqué.
= Me he confundido. (사람을~) |

| 잘못 알았습니다. | Se ha equivocado. (당신이~) |

| 잘못 될리 없습니다. | No puede ser que esté mal.
= Es imposible que esté mal. |

| 잘못을 비세요. | Pida una disculpa. = Discúlpese. |

| 잘못을 알고 있습니다. | Conozco mis errores. |

| 잘못을 인정합니다. | Asumo mis errores.
= Reconozco mis errores. |

| 잘못이 아닙니다. | No es su culpa. (이건 당신~)
// No es mi culpa. (이건 제~) |

| 잘못입니다. | Fue todo mi error. (모두 제~)
// Esto es mi error. (이건 제~) |

| 잘 못합니다. | ① [일을] No trabajo bien.
= No soy buen trabajador.
② [스포츠] No soy buen deportista.
③ [축구] No soy buen futbolista.
④ [외국어] No hablo bien el español.
(스페인어를~) |

| 잘못했습니다. | ① Perdón. = Disculpe.
// Lo siento mucho. (너무~)
// Perdón. Fue mi culpa. (죄송합니다, 제가~)
➡ No pasa nada. (괜찮습니다.) |

② Le pido disculpas.
// Fui culpable. Discúlpeme.
(제가 나빴습니다. ~)
➡ Para la próxima tenga cuidado.
(다음번에는 조심하세요.)

잘하는 요리가 뭡니까?

¿Cuál es el plato principal de la casa? (여기~)
➡ Es el bibimbap. (비빔밥입니다.)

잘한다!

[칭찬] ¡Bien! // ¡Muy bien!
= ¡Excelente! (너무~)

잘할겁니다.

Lo hará bien.
// Sin duda lo hará bien. (당신은 틀림없이~)

잘합니까?

[스페인어를] ¿Habla bien el español?
➡ ⓐ Hablo muy bien. (아주 잘합니다.)
ⓑ Hablo más o menos. (별로입니다.)
ⓒ No sé hablar. (못합니다)

잘합니다.

Soy buen jugador de baloncesto. (농구를~)
// Domino el idioma español. (스페인어를~)

잘해드리겠습니다.

[상점]
Lléveselo. Por ser usted hago un descuento especial. (구입하세요. 손님한테는 특별히 깎아드릴게요.)

잘해봅시다.

[협력관계] Seremos buenos socios.
➡ Por supuesto. (그럼요.)

잘해봐.

① [행운을 빔] Te deseo mucha suerte.
② [일] Espero que lo hagas bien.
③ [교제] Buena suerte con él. (그 남자하고~)

잘해줍니다.

Me trata bien.
// Ella me trata muy bien. (그녀는 저에게 너무~)
➡ Por supuesto.
= Desde luego. = Claro. (그럼요.)

잘해줘.	① [대우] Sé bueno con ella.
	= Trátala bien. (그녀한테~)
	② [보살핌] Cuídala mucho. (그녀에게~)

| 잘해줘서 고마워요. | Gracias por ser tan bueno conmigo. |

잘했어!	① [칭찬] ¡Excelente! = ¡Qué bien!
	= ¡Genial! = ¡Fantástico! (정말~)
	② [맞게 행동한 경우]
	¡Bien hecho! = ¡Así se hace!

잠

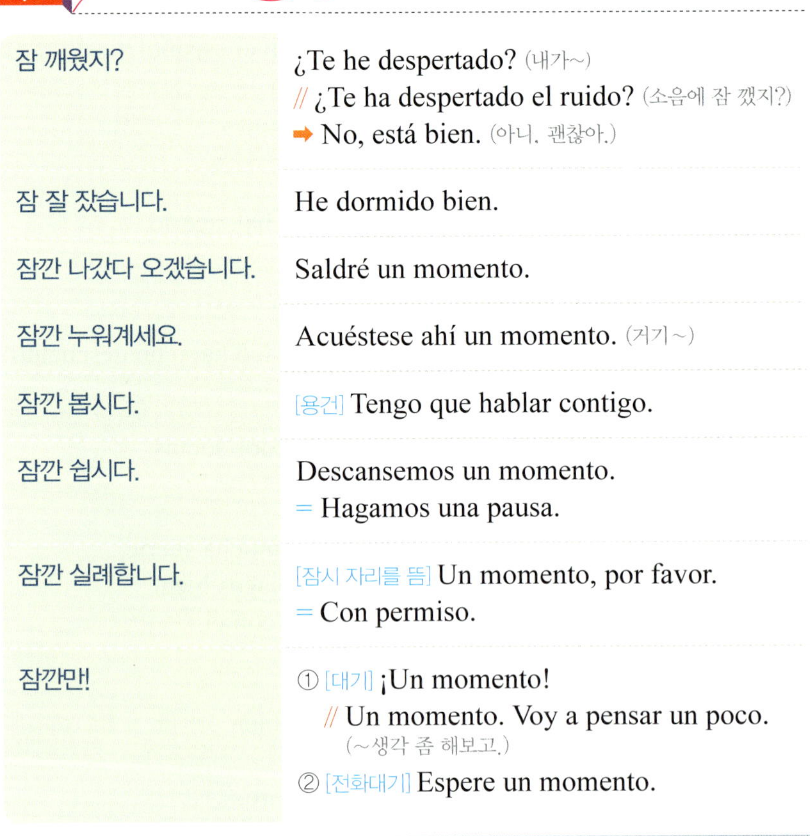

잠 깨웠지?	¿Te he despertado? (내가~)
	// ¿Te ha despertado el ruido? (소음에 잠 깼지?)
	➡ No, está bien. (아니. 괜찮아.)

| 잠 잘 잤습니다. | He dormido bien. |

| 잠깐 나갔다 오겠습니다. | Saldré un momento. |

| 잠깐 누워계세요. | Acuéstese ahí un momento. (거기~) |

| 잠깐 봅시다. | [용건] Tengo que hablar contigo. |

| 잠깐 쉽시다. | Descansemos un momento. |
| | = Hagamos una pausa. |

| 잠깐 실례합니다. | [잠시 자리를 뜸] Un momento, por favor. |
| | = Con permiso. |

잠깐만!	① [대기] ¡Un momento!
	// Un momento. Voy a pensar un poco.
	(~생각 좀 해보고.)
	② [전화대기] Espere un momento.

잠깐만 기다리세요.　Espere un momento, por favor.

잠꼬대를 자주합니다.　Habla dormido frecuentemente. (그는~)

잠은 잘 주무십니까?
¿Duerme bien?
➡ ⓐ Duermo bien. (잘 잡니다.)
　 ⓑ No duermo muy bien. (별로입니다.)
　 ⓒ No puedo dormir. (잠을 못 잡니다.)

잠을 깊이 잡니다.　Duermo profundamente.

잠을 못 잡니다.
No puedo dormir.
// Estos días no puedo dormir. (요즘 늘~)

잠을 통 못 잡니다.　No puedo dormir para nada.

잠을 한숨도 못 잤습니다.
No pude dormir.
= No pude pegar un ojo. = Me desvelé.

잡

잡아떼지마!
¡Deja de negar! (부정하지 마!)
// ¡No mientas! (거짓말 하지마!)

잡아라!
[체포] ¡Detenlo!
= ¡Atrápenlo! = ¡Captúrenlo!

장

장가 가고 싶습니다.　Me quiero casar. = Quisiera casarme.

| 장가 갔습니다. | ① Se casó. (그는~) |
| | ② Es casado. = Está casado. (그는~) |

| 장난이 아니야. | [농담] No es broma. |

장난치지마!	① [농담] ¡No bromees!
	// No bromees conmigo. (나한테~)
	② ¡Basta! (그만해!)
	③ [소란] ¡Orden!
	④ [놀림] Deja de burlarte.

| 장난친 거야. | ① [농담] Fue una broma. |
| | ② [놀림] Fue una burla. |

| 장담하지 말아요. | No lo asegure. |

| 장보러 왔어요? | ¿Vino a hacer compras? |
| | ➡ Sí. (예.) |

장사가 어떻습니까?	¿Cómo están las ventas últimamente? (요즘~)
	➡ ⓐ Bien. (잘됩니다.)
	ⓑ No hay ventas. (판매가 없습니다.)

| 장수를 잡으려면 말부터 쏘아야한다. | Para atrapar al jinete, primero hay que apuntar al caballo. |

재

| 재미가 하나도 없습니다. | No es nada divertido. |
| | // El juego no es nada divertido. (게임이~) |

재미없습니다.	① No es divertido.
	// No es divertido para nada. (정말~)
	// Este libro es muy aburrido. (이 책은 정말~)
	// Esta materia es aburrida. (이 과목은~)
	// Este juego no es divertido. (이 게임은~)
	// Este programa es muy aburrido. (이 프로는 정말 ~)
	② [썰렁한 농담에] Es un chiste malísimo.
	= ¡Qué chiste tan aburrido! (정말~)
재미있습니까?	¿Es divertido? // ¿Es divertido esto? (이거~)
	➡ Es divertido. (재미있어요.)
	// Es muy divertido. (정말 재미있어요.)
재미있습니다.	① [놀이] Es divertido.
	// Es realmente divertido. (정말~)
	② [흥미] Es interesante.
	// Es muy interesante. (정말~)
재미있을 것 같습니다.	[보기에] Por lo visto parece divertido.
	= Se ve interesante.
	// Parece que es interesante la película. (영화가~)
재수 없네.	[운수] ¡Qué mala suerte!
재수 옴 붙었네.	¡Qué mala suerte!
재수가 좋아요.	Tiene buena suerte. (당신~)
재주를 다 배우니 눈이 어둡다.	Tanto esfuerzo para nada.
재촉하지 마세요.	No me apure tanto. (그렇게~)

저것과 같은 것으로 주세요.	[주문. 요구] Deme lo mismo que aquél.
저것은 뭡니까?	¿Qué es aquello? ➡ Es una publicidad. (광고입니다.)
저기 봐!	¡Mira aquello!
저기요!	① [사람을 불러 세움] ¡Oíga! ② [사람을 부름] ¡Señor! / ¡Señora! (아저씨 / 아줌마) ③ [실례] Disculpe. ④ [장소를 가리킴] Allí.
저녁 같이 해요.	Vamos a cenar juntos.
저녁 잘 먹었습니까?	¿Ha disfrutado de la cena?
저녁밥 다 했어요?	¿Está lista la cena? ➡ Pronto estará lista. (곧 됩니다.)
저녁에 기다리겠습니다.	Lo espero por la noche.
저는 백기원입니다.	[이름] Mi nombre es Gi-won Baek.
저도 그렇게 생각합니다.	Pienso lo mismo.
저도 그렇습니다.	Yo también. // A mí también.
저도 마찬가지입니다.	① Yo también. // A mí también. ② [생각] Pienso lo mismo.

저런!	[동정] ¡Qué mal! = ¡Qué lástima!
저를 압니까?	¿Me conoce? ➡ Lo conozco. (압니다.)
저리 가!	① ¡Quítate de aquí! ② [한쪽으로 비키라는 말] ¡Hazte a un lado!
저리 꺼져!	¡Fuera de aquí!
저리 비켜!	¡Quítate!
저리로 좀 가줄래요?	¿Podría moverse un poco? // No esté pegado a mí. ¿Podría alejarse un poco? (나한테 가까이 있지 말고~)
저리로 좀 가지.	Muévete para allá.
저밖에 몰라요.	No piensa en los demás. (재는~)
저분은 누구십니까?	¿Quién es aquella persona? ➡ ⓐ Es maestro. (저분은 선생님입니다.) 　ⓑ Es doctor. (저분은 의사입니다.) 　ⓒ Es mi padre. (저분은 우리 아버지입니다.)
저의 명함입니다.	Es mi tarjeta de presentación.
저질!	¡Grosero!
저질이다.	① Es una persona grosera. (저 사람 ~) ② [품질] Es de baja calidad.
저쪽 길로 갑시다.	Tomemos aquel camino.
저쪽으로 가서 좀 봅시다.	Nos vemos allí. (우리~)
저쪽으로 가세요.	Vaya por allá.

ㅈ

저한테 있습니다.　　　　Lo tengo yo.

적당할 때 그만둬.　　　　Abandónalo en el momento adecuado.

적당합니까?　　　　¿Cuándo estaría bien? (언제가~)

적반하장도 유분수지.　　　　¿A quién le echas la culpa? (누구를 탓하는 거야?)

적어주세요.　　　　Anótelo aquí, por favor. (여기에~)

전 아닙니다.　　　　Yo no.

전 안 됩니까?　　　　¿Yo no?
➡ Puede que sí. (될 수도 있어요.)

전공은 무엇입니까?　　　　¿Cuál es su carrera?
➡ ⓐ Es el idioma chino. (중국어입니다.)
　　ⓑ Mi carrera es Administración de Empresas.
　　(전공은 경영학입니다.)

전기가 들어왔어요.　　　　Ha vuelto la luz.

전달해주세요.　　　　① [말] Dígale mi comentario. (내 말을 그에게~)
② [물건] Entrégueselo. (그에게~)

전도가 유망해.	Tienes mucho futuro. (자네는~)
전등을 끕시다.	Apaguemos la luz.
전문가입니다.	Es experto. = Es especialista.
전문이지.	Soy un experto en cuanto a las mujeres. (여자의 일이라면 내가~)
전반전이 끝났어요.	Ha terminado el primer tiempo.
전번처럼 해주세요.	Como la vez anterior.
전보다 좀 좋아졌어요.	[병세 · 상황] Está mejor que antes. (그는~)
전보다 훨씬 좋아졌어요.	① [병세] Está mucho mejor que antes. (그는~) ② [수준] Ha mejorado el nivel. (그는~)
전부 너만 믿는다.	[부탁 · 당부] Confiaré en ti.
전적으로 동의합니다.	Estoy totalmente de acuerdo.
전적으로 지지합니다.	Lo apoyo completamente. (당신을~)
전진!	¡Avance!
전철역에 가려면 어떻게 갑니까?	¿Cómo llego a la estación de metro? = ¿Cómo se llega a la estación de metro? ➡ Siga derecho. (앞으로 곧장 가세요.)
전학가려고?	¿Vas a cambiar de escuela? // ¿Por qué quieres cambiar de colegio? (왜~) ➡ No me gusta este colegio. (지금 다니는 학교가 싫어서요.)

전할 말이 있습니까?	① ¿Tiene algún mensaje que quiera dejar? ➡ No, nada en especial. (뭐 꼭 전할 말은 없습니다.) ② ¿Quiere dejar algún recado? ➡ ¿Qué puedo decir? = ¿Qué podré decir? (무슨 할 말이 있겠어요?)
전할 물건이 있습니다.	Tengo que dejarle algo a ella. (그녀에게~)
전해드릴게요.	① [말을] Le paso su mensaje. (그에게~) ② [물건을] Se lo entrego. (그에게~)
전해주세요.	① [말을] Por favor, dígale mi mensaje. (그에게 내 말을~) ② [물건을] Por favor, entréguele esto. (그에게 이것을~)
전혀 가망이 없습니다.	① [불가] Es imposible. ② [가능성] No hay posibilidad.
전혀 모르겠습니다.	No entiendo nada.
전혀 안 들립니다.	No se oye nada. // No se escucha nada.
전화 끊겠습니다.	Voy a colgar el teléfono.
전화 끊는다.	Ya voy a colgar. Adiós. (~, 안녕!)
전화 끊지 마세요.	No cuelgue el teléfono.
전화 돌려드리겠습니다.	Le paso la llamada. = Voy a transferirle su llamada. (그에게~)
전화 드리겠습니다.	Lo llamaré. // Lo vuelvo a llamar. (다시~)

전화 바꿨습니다.	Soy Fernando Torres. ¿Con quién hablo? (제가 페르난도 토레스입니다. 누구시죠?)
전화 받기가 곤란합니다.	No puedo atender la llamada.
전화 받아!	¡Contesta el teléfono!
전화 받지도 않고, 문자도 씹어.	No contesta el teléfono ni el mensaje de texto.
전화 왔어!	① ¡Teléfono! ② Tienes una llamada. (너~)
전화 잘못 건 것 같습니다.	Ha marcado un número equivocado. ➡ Disculpe. (미안합니다.)
전화 주셔서 감사합니다.	Gracias por su llamada. = Gracias por llamar.
전화 주세요.	① Llámeme. ② [잊지 말고] No se olvide de llamarme.
전화 한 통화도 없네.	No ha hecho ni una llamada. (그 사람~)
전화 한 통화만 쓰겠습니다.	Haré una llamada por teléfono.
전화가 끊겼습니다.	[사용정지] Se ha cortado el teléfono.
전화가 끊어졌어요.	[통화중] Se ha cortado la llamada.
전화가 먹통입니다.	El teléfono no da tono.
전화가 불통입니다.	La línea está muerta.
전화가 안 됩니다.	① [고장] No funciona el teléfono. ② [안 받음] No contesta el teléfono.

| 전화가 연결됐습니다. | Se ha conectado la llamada. |

전화기가 꺼져있습니다.

El teléfono está apagado.

전화를 돌려주세요.

[내선]
Comuníqueme con la extensión ciento tres.
(103번으로~)

전화를 받을 수 없어
소리사서함으로
연결됩니다. 연결된 후에는
요금이 부과됩니다.

[음성녹음] En este momento no se encuentra disponible. Por favor, deje su mensaje después de la señal. El servicio de mensajes tiene cargo.

전화번호는 몇 번입니까?

¿Cuál es su número de teléfono?

전화번호를 가르쳐줄 수 있습니까?

¿Puede darme su número de teléfono, por favor?
➡ Sí. (그러죠.)

전화번호를 남겨주세요.

Deje su número de teléfono.

전화번호를 말씀해주세요.

Dígame su número de teléfono, por favor.

전화벨이 울렸어요.

Sonó el teléfono.

전화비는 당신이 지불합니까?

¿La llamada corre a su cargo?
➡ ① Yo pago la llamada. (제가 냅니다.)
　② La llamada es a cobro revertido.
　(수신자 부담입니다.)

전화위복

La crisis puede ser una oportunidad.
(위기가 기회가 될 수 있다.)

전화주세요.	Llámeme.
	// Llámeme cuando guste. (언제든지~)
	// Llámeme cuando regrese. (돌아오시면~)

전화카드 한 장에 얼마입니까?	¿Cuánto cuesta una tarjeta de teléfono?
전화카드가 있습니까?	¿Tiene tarjeta telefónica? ➡ Tengo varias. ¿Cuál quiere? (여러 가지가 있는데, 어떤 것을 원하십니까?)
전화하지 마세요.	No me llame. // No me vuclva a llamar. (다시는~)
전화해주세요.	Llámeme. Llámeme de vuelta en diez minutos. = Vuelva a llamar en diez minutos. (10분 후에 다시~)

절

절대 그런 일 없습니다.	Jamás ocurrió eso.
절대 안됩니다!	¡De ninguna manera!
절망적입니다.	Es desesperante. = No hay esperanza.
절차상에 문제가 있습니다.	Hay problema en el trámite.
절호의 기회입니다.	Es una buena oportunidad. // Ésta es la mejor oportunidad. (이번이~)

젊어보입니다.	Se ve joven. // Se ve más joven que yo. (나보다~)
젊어지십니다.	Rejuvenece cada vez más. (점점~)

점심 먹었습니까?	¿Ha comido? = ¿Ha almorzado? ➡ No, todavía no. (아직요.)
점심 식사하러 나갔습니다.	Ha salido a comer. = Salió a almorzar. (그는~)
점심 좀 사줘요.	Invítame la comida.
점심 약속 있습니까?	¿Tiene compromiso para el almuerzo? ➡ ⓐ Sí, tengo un compromiso. (선약 있는데요.) ⓑ No, estoy libre. (없습니다.)
점을 본 적이 있습니다.	He ido a que me adivinaran el futuro.
점잖빼기는.	No te hagas el caballero. (신사인척 하지마.)

| 점잖게 굴어! | ¡Pórtate bien! |

| 점잖게 좀 행동합시다. | [예의] Vamos a ser respetuosos.
= Seamos respetuosos. (모두들~) |

| 점잖게 행동하세요. | ① [신사답게] Sea un caballero.
② [배운 사람답게]
　Compórtese como una persona educada.
③ [예의 있게] Compórtese con cortesía. |

접

| 접니다. | Soy yo. |

| 접수는 며칠까지입니까? | [등록] ¿Hasta qué fecha es la inscripción?
➡ Hasta el día veinticinco. (25일입니다.) |

| 접수는 어디서 합니까? | [병원] ¿Dónde hay que registrarse?
➡ En la entrada. (입구에서요.) |

| 접수는 어디에 가서 해야 합니까? | ¿Dónde se hace la denuncia de extravíos?
(분실물~) |

| 접시 닦을게. | Fregaré los platos.
= Lavaré los platos. |

| 접시 하나만 주세요. | Deme un plato, por favor.
// Deme un plato pequeño, por favor. (작은~) |

젓가락을 사용할줄 압니까?	¿Sabe usar los palillos? ➡ ⓐ Sí, sé usarlos. (사용할 줄 압니다.) ⓑ No, no los sé utilizar. (사용할 줄 모릅니다.)

정 각각 흉 각각이라 했어요.	Por mucho que lo quiera, reconozca sus defectos.
정각입니다.	Son las doce en punto. (12시~)
정들려고 했는데.	Me estaba encariñando contigo. (너랑~)
정리 끝났습니다.	He terminado de ordenar.
정리 다 했습니까?	¿Ha terminado de ordenar las cosas? (물건은~) ➡ Sí, terminé. (다 했어요.)
정리 하겠습니다.	① [정돈] Voy a ordenar mis cosas. (내 물건 좀~) ② [청소] Voy a limpiar mi cuarto. (제 방을~)
정말 좋겠다!	[축하] ¡Qué bueno por ti! (너~)
정말이지!	¡En serio!
정말일까요?	[가능] ¿Será verdad? ➡ No sé. (글쎄요.)
정말입니까?	[사실] ¿Es verdad? // ¿Es verdad eso? (그것은~)

| 정말입니다. | Es verdad. // Esto es verdad. (이건~) |

정반대입니다.
Al contrario.

정상대로 문을 엽니다.
Abre normal.

정상이 아닙니다.
[성격·성질] Su carácter no es normal.
// Esa mujer es rara. (그녀는 약간~)

정시도착입니다.
Llegaré a la hora prevista.

정시에 가겠습니다.
[도착] Llegaré a tiempo.
= Llegaré a la hora indicada.

정시에 출발합니까?
[비행기] ¿El vuelo novecientos dos partirá a la hora señalada? (902편은~)
➡ El vuelo saldrá a la hora prevista.
(정시에 이륙합니다.)

정식으로 식사초대를 했습니다.
[저녁식사] Me ha invitado formalmente a una cena. (그가 나를~)

정신 똑바로 차려!
① [집중] ¡Concéntrate!
② [주의요망] ¡Pon atención!

정신빠진 놈!
¡Has perdido la cordura! (너)

정신 좀 봐!
¡Ay, caray! (내~)

정신 좀 차려.
① [격려] Anímate.
② [잠깨움] Despiértate.
③ [현실직시] Pon los pies en la tierra.
④ [주의요망] Pon atención.
⑤ [이성을 잃음] Manten la cabeza fría.

정신없었습니다.	Estuve muy ocupado por el trabajo.
	= He estado muy ocupado por el trabajo.
	(일이 바빠서~)
정신을 집중해!	¡Concéntrate!
정신이 드니?	¿Estás bien? // ¿Te sientes bien? (좀 괜찮니?)
	➡ Sí, estoy bien. (응.)
	// Sí, me siento bien. (좀 괜찮아.)
정신이 들 겁니다.	[의식] Le va a volver la conciencia.
정신이 듭니까?	¿Está bien?
	➡ Sí, estoy mejor. (네, 좋아졌어요.)
정신이 있는 거냐?	[행동에] ¿Tienes conciencia de lo que haces?
정신이 정상이 아닙니다.	Estoy loco. = Me volví loco.
정액권이 있습니다.	Tengo el abono del metro. (지하철~)
정을 붙여야 합니다.	Hay que encariñarse.
정직이 최선이다.	La honestidad es la mejor política.
정직하면 두려울 게 없다.	Si eres honesto, no hay nada que temer.
정찰제입니다.	El precio es fijo.
	// Aquí se maneja el precio fijo. (여긴~)
정확한 대답입니다.	Es la respuesta exacta.
정확한 말씀입니다.	Es correcto lo que dice.

| 젖먹던 힘까지 다 쏟아. | Esfuérzate al máximo. |

제 갈길 가도록 내버려 둬.	Deja que siga su camino.
제 꾀에 제가 넘어갔어.	Cayó en su propia trampa. (그는~)
제 눈에 안경이다.	Sobre gustos no hay nada escrito. = Cada uno con sus gustos.
제 명에 못 살 것 같아.	No creo vivir como me marca mi destino.
제 밑들어 남 보이기야.	[약점을 드러냄] Es como mostrar su punto débil por sí mismo.
제 버릇 개 못 준다더니!	Las malas costumbres son difíciles de dejar. ☞ 세살 버릇 여든까지 간다.
제 버릇 개 줄까.	Las malas costumbres no se quitan.
제 얼굴에 침 뱉기야.	Es como escupirse al cielo.
제 탓입니다.	Es mi culpa.
제가 낼게요.	[지불] Yo pago la cuenta.
제가 받을게요.	① [전화] Yo contesto el teléfono. ② [물건] Yo lo recibo.
제가 알기로는 그래요.	Si no me equivoco.
제가 해 드릴게요.	Yo se lo hago.
제기랄!	⟨속어⟩ ¡Maldita sea! = ¡Carajo!
제대로 되는 일이 없습니다.	No sale nada bien.

제때에 돌아와주세요.	Regrese a tiempo.
제때에 드세요.	[약] Tómela a la hora indicada.
제때에 왔구나.	Llegaste a tiempo. = Has llegado a tiempo.
제멋대로야.	Haces todo a tu manera. (넌~)
제발 나가주세요.	Por favor, salga de aquí.
제발 늦지 마세요.	① [지체] Por favor, no se demore. ② [도착] Por favor, no llegue tarde.
제발 신경 좀 꺼주세요.	Por favor, no se meta en mis asuntos. (제 일에~)
제발 이러지마!	① [행동] ¡No hagas esto! ② [성격] No seas así.
제발!	¡Por favor!
제법인데!	① [행동] ¡Lo haces muy bien! = ¡Bien hecho! ② [실력] ¡Qué bueno eres!
제삿날이다.	Hoy será tu peor día. (오늘이 네~)
제안에 반대합니다.	Me opongo a su propuesta. (그의~)
제안하고 싶습니다.	Tengo una sugerencia. (한가지~)
제의가 있습니다.	Tengo una propuesta. ➡ ¿Otra? ¡Cuántas tienes! (또 건의야? 무슨 놈의 건의가 그렇게 많아.)
제일 잘하는 노래가 뭐야?	¿Qué cantas bien? ➡ Ninguna. (없는데요.)

제일 좋아하는 영화입니다.	Es mi película favorita. // Ésta es mi película favorita. (이것은 제가~)
제자가 스승보다 낫다.	A veces es mejor el alumno que el maestro.
제자로 받아주세요.	Acépteme como su discípulo. (저를~)
제자리에 갖다놔요.	Déjelo donde estaba.
제정신이 아니구나!	¡Estás demente! = ¡No estás bien de la cabeza! = ¡Estás loco!

젠

젠장!	〈속어〉 ¡Maldita sea!

졌

졌습니다.	① [결과] Hemos perdido. (우리팀이~) // Me has vuelto a derrotar. (너한테 또 졌다.) ② [패배 인정] Acepto la derrota. ③ [승복] Me doy por vencido.

조

조건이 맞아요.	Las condiciones son aceptables.

조금도 말할 줄 모릅니다.　　[말솜씨] No sabe hablar para nada. (그는~)

조금만 더 참아!　　¡Aguanta un poco más!
= ¡Resiste un poco más!

조금만 마셔.　　No tomes mucho.

조금만 먹어.　　No comas tanto.

조금만 참아(라).　　Aguanta un poco.

조급해 하지 마.　　No seas impaciente.

조마조마해 죽겠어요.　　Estoy nervioso.

조만간에 성공할 겁니다.　　Pronto tendré éxito.

조만간에 찾아뵙겠습니다.　　Lo visitaré pronto.

조심성이 없었습니다.　　Fui muy descuidado. (너무~)

조심하겠습니다.　　Tendré cuidado.

조심하세요.　　Tenga cuidado.
// Tenga más cuidado la próxima vez. (다음에 더~)
// Tenga cuidado con esa persona. (그 사람 좀~)

조심하지 않았습니다.　　No he tenido cuidado.

조심해서 가세요.　　Vaya con cuidado.

조용한데 가서 얘기 좀 합시다.　　Vamos a hablar en un lugar tranquilo.

조용!	① [명령] ¡Silencio!
	② Es muy silencioso este lugar.
	(여기는 너무 조용해.)
조용히 못하겠어?	¿No puedes guardar silencio?
조용히 처리합시다.	Vamos a resolverlo discretamente.
조용히 해주세요.	Silencio, por favor.
조퇴했습니다.	Se retiró temprano. (그가~)
조회끝!	¡Fin de la reunión matutinal!

존

존경스럽습니다.	[탄복] Es admirable.
존경합니다.	Lo respeto mucho. (그를 매우~)
존함은 많이 들었습니다.	[첫 대면 인사] He escuchado mucho de usted.
존함이 어떻게 되십니까?	¿Cuál es su nombre?
	☞ 성함이 어떻게 되십니까?

졸

| 졸려. | Tengo sueño. |

| 졸려 죽겠어요. | Me muero de sueño. |

| 졸업 축하한다. | ¡Felicitaciones por la graduación!
// Te has graduado con honores. ¡Felicidades!
(전교 1등으로~) |

| 졸업장은 따라. | Por lo menos obtén el título de bachillerato.
(고등학교~) |

| 졸업합니다. | Me gradúo el próximo año. (내년에~) |

| 졸업했습니다. | Me he graduado.
// He terminado los estudios. (학업을 끝냈습니다.)
// Se ha graduado de la Universidad de Colombia. (그는 콜롬비아 대학을~) |

| 졸음밖에 안 옵니다. | Sólo me da mucho sueño.
// Sus palabras sólo me provocan sueño.
(그의 말은~) |

| 졸지 마세요. | No se duerma.
☞ 꾸벅꾸벅 졸지마세요. |

좀

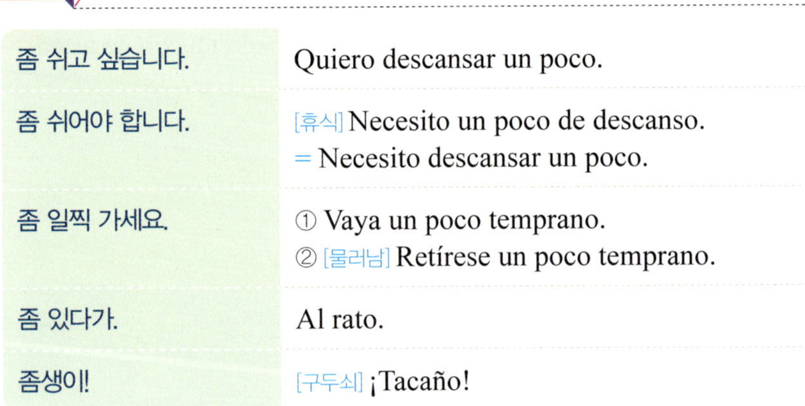

| 좀 쉬고 싶습니다. | Quiero descansar un poco. |

| 좀 쉬어야 합니다. | [휴식] Necesito un poco de descanso.
= Necesito descansar un poco. |

| 좀 일찍 가세요. | ① Vaya un poco temprano.
② [물러남] Retírese un poco temprano. |

| 좀 있다가. | Al rato. |

| 좀생이! | [구두쇠] ¡Tacaño! |

| 좀스럽기는! | [왕졸] ¡Qué mente tan pequeña! |

종로에서 뺨 맞고 한강 가서 눈 흘긴다.	Se desquita con alguien que no tiene nada que ver.
종류별로 하나씩 주세요.	Deme uno de cada tipo.
종아리 걷어라.	Saca las pantorrillas.
종업원 좀 불러주세요.	Llame a un empleado, por favor.
종이봉투에 넣어주세요.	Póngalo en una bolsa de papel, por favor.
종이와 펜을 가져올게요.	Traeré papel y bolígrafo.
종일 바빴어요.	Estuve todo el día ocupado.
종잡을 수 없습니다.	No entiendo lo que dice. (그 사람 말을~) // No entiendo lo que me quiere decir esa mujer. (그녀가 제게 뭘 말하고자 하는지~)
종점은 어디입니까?	¿Cuál es la última parada de este autobús? (이 버스의~) ➡ Es el aeropuerto. (공항입니다.)
종종 모입시다.	Espero que nos veamos más frecuentemente. (앞으로~)

좋게 말할때, 비켜!	[명령] ¡Hazte a un lado!
좋게 보입니다.	Se ve bien.
좋게 생각해.	Piensa positivamente. (긍정적으로 생각해.)
좋겠다!	① [축하] ¡Bien por ti! ② [부러움] ¡Te envidio! = ¡Qué envidia!
좋기는 뭐가요!	[좋지 않음] No es nada bueno.
좋기는 좋은데 너무 비쌉니다.	Me gusta pero es muy caro.
좋다고 생각합니다.	Pienso que es bueno. // Pienso que éste es el mejor libro. (이 책이 제일~)
좋습니까?	① [의향] ¿Le parece bien? ② ¿Cuándo le gustaría? (언제가~) ➡ ⓐ Cuanto antes mejor. (빠를수록 좋습니다.) ⓑ Está bien cuando sea. (언제든 다 괜찮아요.)
좋습니다.	① [동의] De acuerdo. = Me parece bien. ② [만족] Estoy conforme. ③ [어쩔 수 없는 용인] Ni modo. ④ [맘에 듦] Me gusta. ⑤ [기분] Me siento bien. ⑥ [옷·그림·꽃 등] Se ve muy lindo.
좋아는 마세요.	No se alegre tanto. (너무~)

좋아서 기절하는 줄 알았어요.	Casi me desmayaba de la alegría.
좋아서 난리입니다.	Están todos muy contentos. (모두들~)
좋아서 이러는 줄 아세요?	[행동] ¿Cree que lo hago porque me gusta? (누군~)
좋아서 하는 일인데.	Lo hago por mi gusto. (내가~)
좋아서요.	[이유] Porque me gusta.
좋아죽는다.	Se muere de alegría. (그 사람~)
좋아질 겁니다.	① [상황] Se mejorará la situación. ② [건강] Se va a mejorar.
좋아하는 거면 다 좋아해.	[음식] Si te gusta, también me va a gustar. = Me gusta todo lo que te guste. (네가~)
좋아하는 것 같습니다.	Creo que le gusto. = Creo que está enamorado de mí. (그가 나를~)
좋아하는 사람 생겼니?	¿Hay alguien que te guste? ➡ ⓐ No, por ahora no. (아직 없습니다.) ⓑ Claro que sí. (당연히 있지.) ⓒ ¿Quién te lo ha dicho? = ¿Quién lo dice? (누가 그래?)
좋아한 적 있습니다.	Antes estuve enamorada de él. (전에 그를~)

좋아합니다.	Lo quiero.
	// Lo quiero mucho. (아주~)
	// Yo también lo quiero. (저도~)
	// La quiero mucho. (정말 그녀를~)
	// Te quiero de todo corazón. (진심으로 당신을~)
	// Te quiero sólo a ti. (당신만을~)

좋았어! [감탄] ¡Estupendo! = ¡Excelente! = ¡Genial!

좋으면세! ¡Sí te gusta!

좋은 곳을 알고 있습니다. Conozco un lugar muy bueno.

좋은 기회 놓치지 마세요. No pierda la oportunidad.

좋은 기회입니다. Es una buena oportunidad.

좋은 꿈 꾸세요. Que sueñe bonito.

좋은 날씨네요. ¡Qué bonito día! = Hace buen tiempo.

좋은 남자 만나서 결혼해. Cásate con un buen hombre.

좋은 놈이라곤 한놈도 없다. Entre tus amigos no hay ni uno bueno. (네 친구 중에~)

좋은 놈이야. Eres un buen tipo. (넌 참~)

좋은 말도 세번 하면, 저도 듣기 싫어한다. Por tan bien que suene, cansa si se repite.

좋은 분입니다. Es una buena persona.

좋은 사람 같지 않습니다. No parece buena persona. (그는~)

좋은 사람 만나서 잘 살자. Deseo que podamos encontrar a la persona indicada y así ser felices. (우리~)

좋은 생각이 있습니다. Tengo una buena idea.

436

| 좋은 생각이야. | ¡Qué buena idea! |

좋은 소식 기다리겠습니다.
Estaré esperando buenas noticias.
= Estaré en espera de buenas noticias.

좋은 시간 되십시오.
Que la pase bien.

좋은 시절이 다 갔습니다.
La buena época ha pasado.
= Han pasado los buenos tiempos.

좋은 아침입니다.
[아침인사] Buenos días. = Buen día.

좋은 약은 입에 쓰다.
La buena medicina sabe amarga.

좋은 의견입니다.
Es una buena opinión.

좋은 일이 있습니까?
¿Le ha pasado algo bueno? (무슨~)
➡ No pasó nada. (아무 것도 없습니다.)

좋은 쪽으로 생각하세요.
Piénselo positivamente.

좋은 책입니다.
Es un buen libro.

좋은 하루 되세요.
Que tenga un buen día.

좋을 게 뭐가 있어?
¿Qué hay de bueno para mí? (나한테~)
➡ No hay nada bueno para ti. (너한테 좋을게 없어.)

좋을 대로 하세요.
Como quiera.

좋지.
① Bueno.
② [대만족] Me encanta.
③ Comamos espagueti hoy. (오늘 스파게티 먹자.)

좋지 않습니다.
No es bueno.

좌

좌석은 오른쪽 창가에 있습니다.	Su asiento está a la derecha junto a la ventana.
좌석을 바꿀 수 있을까요?	¿Podría cambiar de asiento? ➡ ⓐ Sí, como no (그러세요.) ⓑ No es posible. (안됩니다.)
좌석을 예약하기 어렵습니다.	Es difícil reservar el asiento. // Es difícil reservar el asiento porque es temporada alta. (지금은 성수기라~)
좌석이 있습니까?	¿Hay asiento disponible? // ¿Hay asiento para el tren a Seúl? (서울 가는 기차~) ➡ Sí, hay asiento. (있습니다.)
좌절하지 마세요.	No se desanime.
좌측	El lado izquierdo.
좌회전하세요.	Gire a la izquierda.

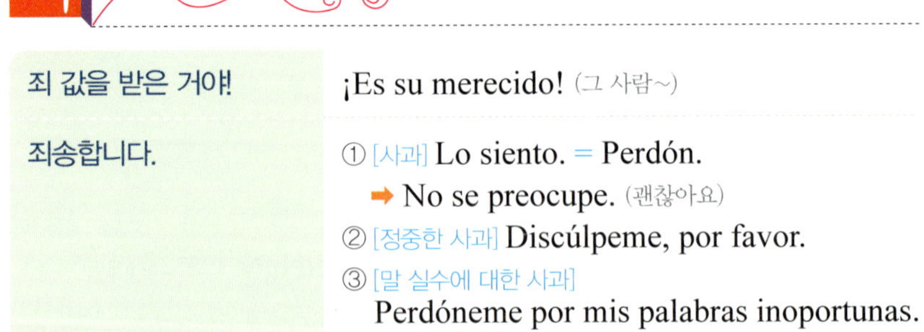

죄

죄 값을 받은 거야!	¡Es su merecido! (그 사람~)
죄송합니다.	① [사과] Lo siento. = Perdón. ➡ No se preocupe. (괜찮아요) ② [정중한 사과] Discúlpeme, por favor. ③ [말 실수에 대한 사과] Perdóneme por mis palabras inoportunas. ☞ 미안합니다.

주둥이나 깨끗이 닦고 말해.	Límpiate bien la boca antes de hablar.
주량껏 드십시오.	Tome cuanto pueda.
주량이 셉니다.	Tengo mucha tolerancia al alcohol.
주량이 약합니다.	No puedo tomar mucho alcohol.
주량이 정말 세구나.	Realmente toleras bien el alcohol.
주말 질 보내세요.	Buen fin de semana.
주말에 시간이 있습니까?	¿Tiene tiempo este fin de semana? (이번~) ➡ Sí. (있습니다.)
주머니 사정이 안 좋습니다.	Económicamente no estoy bien.
주먹은 가깝고 법은 멀다.	Es mas fácil juzgar con el puño que con la ley.
주목해!	¡Atención! = ¡Escucha! ☞ 들어봐!
주무세요.	Que duerma bien. = Que descanse. ☞ 잘 주무세요.
주문 받으세요.	① [음식점] Tome la orden. ② [물품] Tome el pedido.
주문을 바꿔도 됩니까?	① [음식점] ¿Puedo cambiar la orden? ➡ Sí, claro. (그럼요.) ② [물품] ¿Puedo hacer una modificación en el pedido?

주문을 해도 됩니까? | ① [음식점] ¿Puedo ordenar?
➡ Sí. (예.)
② [물품] ¿Puedo hacer el pedido?

주문하실래요? | [음식점] ¿Qué desea ordenar? (뭘~)

주문하지 않았는데요. | No he ordenado.
// Este plato no lo he ordenado. (이 요리는~)

주문한 것 좀 빨리 갖다주세요. | [물품] Por favor, entrégueme rápido el pedido.

주문한 요리가 아닙니다. | Esto no es lo que he pedido. (이것은 제가 ~)

주문한 요리가 아직 안 나왔는데요. | Todavía no me ha servido la comida que ordené.

주문했습니다. | [물품 등] He hecho el pedido.

주부입니다. | Soy ama de casa.
// Mi madre es ama de casa. (어머니는~)

주사맞기 싫어요. | No quiero inyecciones.

주사가 없습니다. | [술버릇]
Me comporto bien aún cuando estoy ebrio.

주사위는 던져졌습니다. | La suerte está echada.
= El dado tirado está.

주세요. | [요구] Démelo.
// Deme dinero. (돈 좀~)
// Deme un libro. (책 한 권~)
// Muéstramelo. (좀 보여줘.)
// Quiero tres de esto. (이거 3개~)

주소로 가주세요.	[택시기사에게] Por favor, lléveme a esta dirección. (이~)
주소로 배달해주세요.	Por favor, entréguelo a esta dirección. (이~)
주스 주세요.	[특정] Quiero el zumo. = Quiero el jugo.
주워오세요.	Recójalo.
주워들었어요.	[이야기를] Lo escuché por ahí.
주유소에서 기름넣고 갑시다.	Pasemos a la gasolinera para poner la gasolina. = Vamos a la gasolinera para llenar el tanque.
주의시키겠습니다.	Le diré que tenga más precauciones. (그에게~)
주의하세요.	[조심] Tenga cuidado.
주의할게요.	[조심] Tendré cuidado.
주인 마음대로 하세요.	Lo que usted diga.
주인을 찾고 있습니다.	[분실] Estoy buscando el dueño de esto. (이 물건~)
주저말고 말해보세요.	No dude en expresarlo.
주제넘게 참견은!	¡No te metas! = ¡No es tu asunto!
주제넘었지요.	Fui un atrevido. = He sido un atrevido. (제가~)

| 주제를 벗어났습니다. | Se ha desviado del tema. |

| 주제파악을 못하는구나! | [과대평가] ¡Te sobrevalúas! (넌~) |

| 주차금지입니다. | Está prohibido aparcar.
// Está prohibido estacionar en este lugar.
(여기는~) |

| 주차하지 마세요. | ① [경고문] PROHIBIDO APARCAR
② No aparque aquí. (여기에~) |

| 주차해드리겠습니다. | Me encargo a estacionar su coche. |

| 주책부리지 마세요. | No se porte indecentemente. |

죽

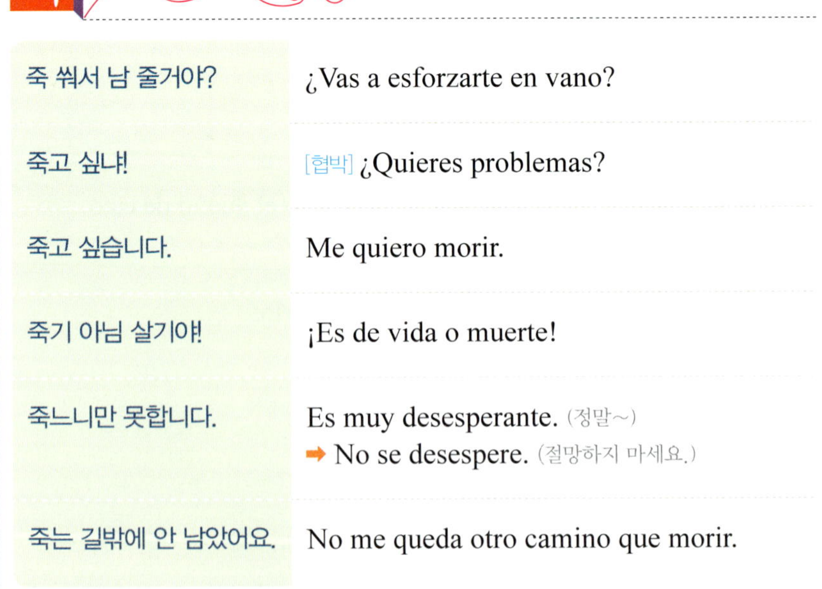

| 죽 쒀서 남 줄거야? | ¿Vas a esforzarte en vano? |

| 죽고 싶냐! | [협박] ¿Quieres problemas? |

| 죽고 싶습니다. | Me quiero morir. |

| 죽기 아님 살기야! | ¡Es de vida o muerte! |

| 죽느니만 못합니다. | Es muy desesperante. (정말~)
➡ No se desespere. (절망하지 마세요.) |

| 죽는 길밖에 안 남았어요. | No me queda otro camino que morir. |

| 죽어야 돼! | [자신을 탓함] ¡No merezco estar vivo! |

| 죽었다! | ① 〈속어〉 ¡Joder!
② Te metiste en problemas. (너 이제~) |

| 죽었어요. | Falleció. = Murió. = Ha muerto. (그 사람~) |

| 죽여버려! | [살인] ¡Mátalo! (그 놈을~) |

| 숙여준다! | [감탄] ¡Buenísimo! (정말~) |

| 죽은 정승이 산 강아지만 못하다. | Es mejor estar vivo aunque sea un perro, que estar muerto siendo rico. |

| 죽이는데! | ① [몸] ¡Qué buen cuerpo!
② [감탄] ¡Qué maravilla! |

| 죽일 놈! | 〈속어〉 ¡Hijo de puta! |

| 죽지 못해 산다. | Vivo por no morir. |

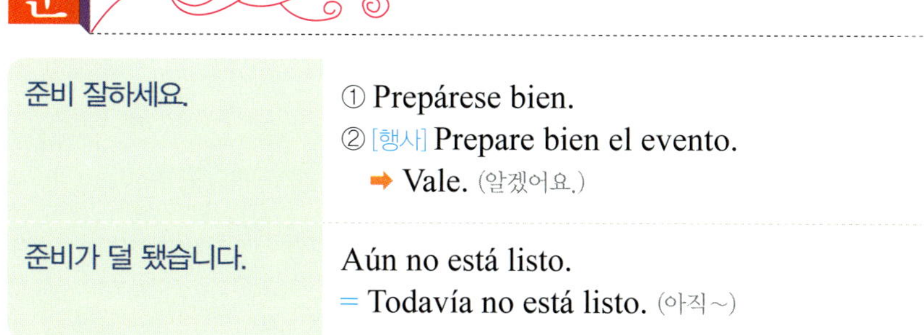

준

| 준비 잘하세요. | ① Prepárese bien.
② [행사] Prepare bien el evento.
➡ Vale. (알겠어요.) |

| 준비가 덜 됐습니다. | Aún no está listo.
= Todavía no está listo. (아직~) |

준비됐습니까?	① ¿Está listo?

준비됐습니까?
① ¿Está listo?
   // ¿Está lista la mercadería para mañana?
   (내일 물건은 다~)
   ➡ ⓐ Está todo listo. (다 준비됐어요.)
      // Ya está todo listo. (벌써 준비됐어요.)
      ⓑ No, todavía no está listo.
         (아직 준비가 덜 됐어요.)
② ¿Listo para la natación? (수영할~)
   ➡ ⓐ Estoy listo. (준비됐어요.)

준비하세요.
Prepárese.

준치는 썩어도 준치다.
[녹슬지 않은 실력] El buen talento no se pierde.

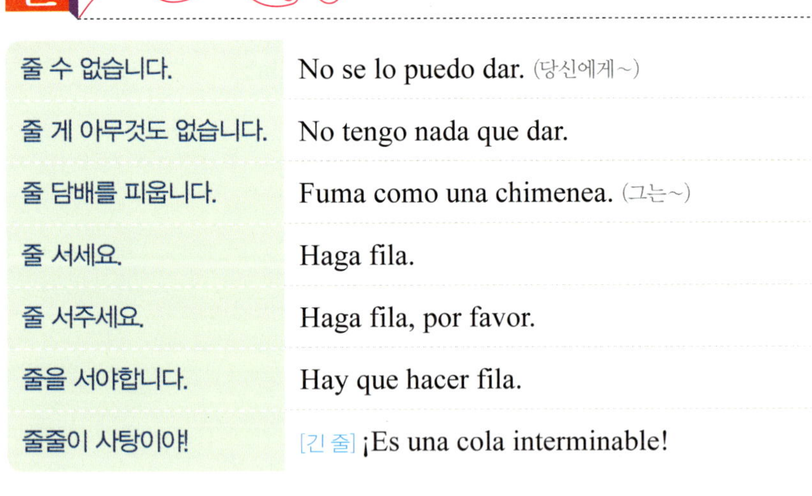

줄 수 없습니다.
No se lo puedo dar. (당신에게~)

줄 게 아무것도 없습니다.
No tengo nada que dar.

줄 담배를 피웁니다.
Fuma como una chimenea. (그는~)

줄 서세요.
Haga fila.

줄 서주세요.
Haga fila, por favor.

줄을 서야합니다.
Hay que hacer fila.

줄줄이 사탕이야!
[긴 줄] ¡Es una cola interminable!

줏대없는 놈!
¡Indeciso!

중간에서 입장 곤란해요.	Estoy en una situación incómoda.
중간입니다.	① [실력 · 수준] Soy de nivel medio. ② Estoy en el medio.
중고등학교에 다닙니다.	① [중학교] Voy a la secundaria. ② [고등학교] Voy al bachillerato.
중국 어디어디를 가봤습니까?	¿Qué lugares de China conoce? = ¿A qué parte de China ha viajado? ➡ Conozco muchos lugares de China. (많은 곳을 가봤어요.)
중국노래 부를줄 압니까?	¿Sabe cantar en chino? ➡ Sé dos canciones en chino. (두 곡 할 줄 압니다.)
중국대사관은 어디에 있습니까?	¿Dónde está la Embajada de China? ➡ Está en Myeong-dong. (명동에 있습니다.)
중국말을 잘합니까?	¿Habla bien el chino? ➡ ⓐ Lo hablo un poco. (조금 합니다.) ⓑ No sé hablar bien el chino. (잘 못합니다.) ⓒ Lo hablo fluidamente. (유창하게 합니다.)
중국사람입니까?	¿Es usted de nacionalidad china? = ¿Es usted de China? (당신은~) ➡ Sí, soy chino. (예. 중국사람 입니다.)
중국생활에 익숙합니까?	¿Está acostumbrado a la vida en China? ➡ Sí, ya estoy acostumbrado. (익숙해졌어요.)

중국어로 어떻게 말하는지 가르쳐주세요.	Dígame cómo se dice esto en chino. (이 말을~)
중국어를 아는 사람 있습니까?	¿Hay alguien que hable chino?
중국어를 얼마나 배웠습니까?	¿Cuánto tiempo ha estudiado el idioma chino? ➡ Lo he estudiado un año. (1년 배웠어요.)
중도에 포기하지 마세요.	No lo deje a la mitad del camino. = No se renuncie a mitad de camino.
중독되었습니다.	① [집착] Soy adicto. ② [병] Estoy intoxicado.
중량을 초과한 짐들은 꺼내서 들고 가겠습니다.	Lo que esté de sobrepeso lo llevaré a mano.
중량초과 비용을 내야합니다.	Deberá pagar la multa por el sobrepeso de su equipaje.
중량초과입니다.	El equipaje tiene sobrepeso.
중립을 지키겠습니다.	Me mantendré neutral.
중매 보고 기저기 장만한다.	No vendas la piel antes de cazar el oso.
중요하지 않습니다.	Eso no es importante. (그건~)
중요한 것은 여권입니다.	Lo importante es el pasaporte.
중요한 것은 외모가 아니고 마음씨입니다.	Lo importante es el corazón, no la apariencia.

중요한 약속이 있어서 그만 가봐야겠습니다.	① [모임·회식] Tengo una reunión importante. Así que, ya me despido. ② [데이트] Me despido porque debo ir a una cita importante.
중요한 약속이라도 있습니까?	① [모임] ¿Tiene algún compromiso importante? ➡ Sí. (예.)
중요합니다.	Eso es realmente importante. (그건 정말~)
중학교 동창입니다.	Fue mi compañero de la secundaria. (그는~)
중학교에 다닙니다.	Está cursando la secundaria. (그는~) // Mi hermano está cursando la secundaria. (남동생은~)

관련표현

primer año de la secundaria. (중학교1학년)
segundo año de la secundaria. (중학교 2학년)
tercer año de la secundaria. (중학교 3학년)

쥐

쥐 죽은 듯 고요합니다.	Hay un silencio impresionante.
쥐구멍에도 볕들날이 있다.	A todos les llega su momento de gloria.
쥐구멍이라도 들어가고 싶은 심정입니다.	Quisiera desaparecer ante esta situación.
쥐도 새도 모르게.	Sin que nadie se dé cuenta.

| 쥐뿔도 모른다. | No sabe ni jota. (그는~) |
| 쥐새끼 같은 놈들! | ¡Qué desgraciados! |

즉 

| 즉각 돌아오겠습니다. | Ya vuelvo. = Volveré pronto.
= Regresaré en seguida. |

즐 

즐거운 시간됐습니까?	¿Ha disfrutado? = ¿La ha pasado bien? ➡ Sí, me he divertido mucho. (아주 즐거웠어요.)
즐거운 시간되세요.	Que se divierta.
즐거운 여행되세요.	Que tenga buen viaje.
즐거운 하루되세요.	Que tenga un buen día.
즐거워요.	Me estoy divirtiendo.
즐거웠던 적이 없습니다.	Nunca he estado tan alegre como ahora. (이처럼~)
즐거웠어요.	Me la he pasado muy bien. (정말~)
즐겁게 노세요.	Diviértase.
즐겁게 놀았습니까?	¿Se ha divertido? ➡ Sí, me divertí mucho. (즐거웠어요.)

| 즐겁게 지냈습니까? | ¿Se ha divertido hoy? (오늘~)
➡ Sí, me divertí mucho. (즐겁게 지냈어요.) |

| 증명사진을 8장
찍어주세요. | Sáqueme ocho fotos para el carnet, por favor. |
| 증상이 심각합니까? | ¿Es grave su síntoma?
= No es grave. (큰 문제는 없습니다.) |

지각이야.	Sin duda llegaré tarde. (틀림없이~)
지각하면 야단맞을 거야.	Me regañaría si llego tarde.
지각하지 마라.	No llegues tarde.
지각하지 않을게요.	No volveré a llegar tarde. (앞으로 다시~)
지각했어요.	Llegué tarde. // Llegué sólo cinco minutos tarde. (다만 5분~)
지갑 챙기는 거 잊지 마세요.	No se olvide de su cartera.
지갑과 여권을 도둑맞았어요.	Me robaron la cartera y el pasaporte.

지갑과 열쇠를 빠뜨리지 마세요.	No se olvide de la cartera y la llave.
지갑을 깜빡했어요.	Se me olvidó la cartera.
지갑을 도둑맞았어요.	Me robaron la cartera.
지갑을 떨어뜨렸어요.	Se me cayó la cartera.
지갑을 잃어버렸어요.	Perdí la cartera.
지갑이 없어졌어요.	Desapareció la cartera. // Desapareció el monedero. (동전~)

지겨워.

① [지겨움] Estoy harto.
　// Me tiene harto esto. (이 일은 정말~)
② [귀찮음] Me tiene cansado. (정말~)
　// No me cansa para nada. (하나도 안~)
　// Ya estoy cansado de esto. (이젠 이거~)
　// Esto me cansa de verdad. (이 일은 정말~)
③ [혐오] Me tiene enfermo.
④ [스트레스 받음] Ya no aguanto. (정말~)

지금 가야합니다.	Me tengo que ir ahora.
지금 갈게!	¡Ahora voy!
지금 막 왔어.	Acabo de llegar.
지금 몇시입니까?	¿Qué hora es? ☞ 몇시입니까?
지금 이대로가 좋아.	Está bien así.
지긋지긋해.	Estoy harto y cansado.

| 지기 싫어 그러는 거야? | ¿No quieres darte por vencido? |

지껄여봐.

Sigue hablando.

지나가겠습니다.

① Perdón. Voy a pasar.
② Con permiso.

지나가는 길이라
들렸습니다.

Pasé porque estaba de camino.

지나가는 길입니다.

[불특정] Estoy pasando por una zapatería.
(신발가게를~)

지나갑니까?

¿Pasa este autobús por Dongdaemun?
(이 버스는 동대문을~)
➡ Sí, pasa por ahí. (지나갑니다.)

지나는 길이었습니다.

Estaba pasando por acá. (여기를~)

지난 일에 연연하지 마라.

No te quedes en el pasado.

지난 일은 잊어버리세요.

Lo que pasó olvídelo.

지난 일이야.

Ya es cosa del pasado. = Ya pasó. (다~)

지난 달에 왔습니다.

Llegué el mes pasado.

지난번 수업을 빠졌어요.

Falté a la clase anterior.

지난번 여행 같이
갔었죠?

Hemos viajado juntos la vez pasada, ¿no?
(우리~)
➡ No, está equivocado.
(아니요. 잘못 알고 있는 것 같습니다.)

지난주에 어디 갔습니까?

¿Adónde se fue la semana pasada?
➡ Fui a Busan por un asunto pendiente.
(부산에 일보러 갔습니다.)

semana pasada. (지난주)

el lunes de la semana pasada. (지난주 월요일)

el martes de la semana pasada. (지난주 화요일)

el miércoles de la semana pasada. (지난주 수요일)

el jueves de la semana pasada. (지난주 목요일)

el viernes de la semana pasada. (지난주 금요일)

el sábado de la semana pasada. (지난주 토요일)

el domingo de la semana pasada. (지난주 일요일)

지낼만 합니까?

¿Cómo la está pasando?

// ¿Cómo la está pasando aquí? (여기서~)

➡ Bien. (지낼 만 합니다.)

지냈습니까?

¿Cómo ha pasado el día de hoy? (오늘 어떻게~)

➡ ⓐ Fue divertido. (즐거웠어요.)

ⓑ Más o menos. (그런대로요.)

ⓒ No tan bien. (별로입니다.)

지당한 말씀입니다.

Tiene toda la razón.

지도편달 바랍니다.

Espero contar con sus consejos. (앞으로~)

지독하게 굴지 마라.

① [엄격함] No seas estricto.

② [구두쇠] No seas tacaño.

지독하네요.

[엄격함] Es muy rígido. (정말~)

지독합니다.

① [엄격함] Es muy estricto. (정말~)

② [날씨] Está horrible el tiempo hoy.

(오늘 날씨가~)

지랄들 그만해!	¡Ya basta!
지랄하네!	¡Qué estupidez! // ¡Qué demonios dices!
지렁이도 밟으면 꿈틀한다.	Hasta el pobre se ofende si lo humillas.

지루합니다.	Estoy aburrido.
	// Esta materia es muy aburrida. (이 과목은 정말~)
	// Esta clase es realmente aburrida. (이 강의는 정말~)

지방에 출장 중입니다.	Estoy de viaje de negocios fuera de la capital.
지식은 힘이다.	Saber es poder.
지어낸 이야기입니다.	Es una historia inventada.
지역번호를 누르세요.	Marque nuevamente el código local. = Vuelva a marcar el código local. (다시~)
지연되었습니다.	Se ha demorado una hora. (한 시간쯤~)
지저분하네요.	Está sucio.
지적받았습니다.	[꾸짖음] Me ha reprendido. (그에게~)
지적인 사람입니다.	Es una persona culta. (그는~)
지지합니다.	Lo apoyo. (당신을~)

지체했습니까?	¿Se ha demorado? // ¿Por qué se ha demorado? (어째서 시간을~) ➡ Hubo mucho tráfico. (차가 한참 막혔어요.)
지켜봅시다.	Sigamos observándolo. (더~)
지켜봐주세요.	Espero su atención.
지켜줄게.	① [보호] Te protegeré. ② [돌봄] Te cuidaré.
지퍼가 열렸어.	Tienes el cierre abierto.
지피지기면 백전백승.	Conociendo a ti mismo y a tu enemigo, ganarás todas las batallas.
지하도로 내려가면 됩니다.	Baje por el paso subterráneo.
지하철 3호선을 탑니다.	Tomo la línea tres del metro.
지하철역은 어디에 있습니까?	[특정] ¿Dónde está la estación de metro? ➡ Siga todo derecho. (쭉 직진하시면 됩니다.)
지하철은 얼마 간격으로 다닙니까?	¿Cada cuándo viene el metro? = ¿Con qué frecuencia viene el metro? ➡ Cada dos o tres minutos. (대략 2~3분에 한 대요.)
지하철을 잘못 탔어요.	He tomado mal el metro.

직

| 직선적이지요. | Es muy directo. (그는 매우~) |

직업은 무엇입니까? | ¿A qué se dedica? = ¿Cuál es su profesión?
➡ ⓐ Soy funcionario público. (공무원입니다.)
　ⓑ Soy maestro. (교사입니다.)
　ⓒ Soy vendedor de autos. (차 팔아요.)

직업학교에 다니고 있습니다. | Estoy estudiando en un colegio vocacional.

직장 구한 것 축하합니다. | Felicitaciones por el nuevo trabajo. (새로운~)
// Felicitaciones por haber conseguido el trabajo deseado. (원하는~)
// Felicitaciones por conseguir un buen trabajo. (좋은~)
// Felitaciones por haber conseguido tan rápido el trabajo. (이렇게 빨리~)

직장은 어디 다닙니까? | ¿Dónde trabaja?
➡ Trabajo en una empresa de comercio exterior. (무역회사에 다닙니다.)

직장을 찾고 있는 중입니다. | Estoy buscando trabajo.

직접 가야합니까? | ¿Tengo que ir personalmente?
➡ Sí, tiene que ir personalmente. (예, 직접 가야합니다.)

직접 말씀드리는 게 좋을 것 같아요. | Sería mejor decírselo personalmente.

직접 물어봐요. | Pregúntale directamente.

직접 할게요. | [행위] Lo haré yo. (제가~)

직진하다가 첫번째 길목에서 왼쪽으로 돌면 바로 나옵니다. | Siga derecho. En la primera calle doble a su izquierda y lo encontrará en seguida.

| 직진하세요. | Siga derecho. |

| 직진해서 우회전한 다음에 다시 직진하세요. | Siga derecho, doble a la derecha y luego otra vez siga derecho. |

진 

| 진동으로 해놔야지. | ① Voy a fijar el teléfono móvil en vibrador. (핸드폰을~)
② [충고] Deberías fijar tu móvil en vibrador. (너 핸드폰~) |

| 진땀이 납니다. | Empiezo a sudar cada vez que pienso en aquel momento. (그때만 생각하면 지금도~) |

| 진실을 밝혀야합니다. | [사건의 진상] Hay que descubrir la verdadera historia del caso. |

| 진심으로 사과를 드립니다. | Le pido disculpas sinceramente. |

| 진심으로 용서를 빕니다. | Le pido perdón de verdad. |

| 진심으로 축복합니다. | Le deseo toda la bendición. |

| 진심입니까? | ¿Es en serio?
➡ Sí, es en serio. (그렇습니다.) |

| 진심입니다. | ① Es en serio.
② Lo que digo es verdad. (내가 하는 말은~) |

| 진인사대천명. | Haz todo lo mejor de tu parte y Dios hará el resto. |

| 진작 깨웠어야지. | Me hubieras despertado antes.
= Tenías que despertarme antes. |

| 진정들 하세요. | Cálmense. = Tranquilos. |

진정하세요.
Tranquilo.
// No se enfade y tranquilícese. (화내지 말고~)

진지는 잡수셨습니까?
[저녁] ¿Ha cenado?
➡ Sí, he cenado. (먹었습니다.)

진지할 수 없어?
¿No podrías estar un poco más serio?
// Te estoy contando algo muy personal. ¿No pordrías estar un poco más serio?
(남은 속마음을 털어놓고 있는데 좀~)

진짜 별로야.
[수준] No es nada bueno.

진짜로 받아들이지 마세요.
Fue una broma. No se lo tome en serio.
(농담입니다. ~)

진짜야.
① [상표] Es original.
② [말이] Es verdad.

진짜야?
[사실] ¿Es verdad? = ¿Es cierto?
➡ Claro que sí. (그럼.)

진찰받으러 갑시다.
Vamos al hospital para hacer una consulta.
(병원에~)

진퇴양난입니다.
Es un dilema.
// Estoy en un dilema. (진퇴양난에 빠졌어.)

진행중입니다.
Está en progreso.

질

질게 뻔해.
Esta vez seguro que pierde. (그가 이번엔~)

질뻔했어요.	Casi perdía. = Estuve a punto de perder.
질렸어요.	Estoy cansado de sus bromas. (그 사람 농담은 이제~)
질린다.	Estoy cansado. = Estoy harto. = Estoy hasta las narices.
질문 있습니까?	¿Alguna pregunta? ➡ Ninguna. (없습니다.)
질문 있습니다.	① Tengo una pregunta. ② ¿Le puedo hacer una pregunta? (질문 하나 해도 됩니까?)
질문이 참 많네요.	Tiene muchas preguntas. ➡ Perdón. (미안합니다.)
질투 난다.	Estoy celoso. = Me pongo celoso.
질투심이 많아.	Eres muy celoso. (넌 정말이지~)
질투하고 있는 겁니까?	¿Está celoso? ➡ No, nada de eso. (그런 거 없습니다.)

짐

짐 가지고 나올게.	Saldré con mi equipaje.
짐 꾸려요.	Haga la maleta.
짐 좀 내려주시겠습니까?	¿Me ayuda a bajar la maleta? ➡ Sí, lo ayudo. (예.)

| 짐 좀 옮겨주세요. | ① [이동] Por favor, cambie de lugar su equipaje. (당신의~) |
| | ② [호텔] Por favor, lleve mi equipaje al vestíbulo. (로비로 제~) |

| 짐가방을 찾지 못했어요. | No he encontrado mi maleta. |

| 짐가방이 없어졌어요. | Desapareció mi equipaje. |

| 짐보관소는 어디에 있습니까? | [분실] ¿Dónde se guardan los equipajes? |
| | ➡ A la derecha del pasillo. (복도 우측에 있습니다.) |

| 짐승! | ¡Animal! |

| 짐승도 은혜를 안다. | Hasta los animales saben agradecer. |

| 짐승도 제새끼는 사랑한다. | Hasta los animales saben cuidar a sus crías. |

| 짐승만도 못한 놈! | ¡Eres peor que una bestia! (너) |

| 짐은 어디에 넣을까요? | ¿Dónde dejo los equipajes? |
| | ➡ Póngalos en el maletero. (트렁크에 넣으세요.) |

| 짐은 좌석아래 두시면 됩니다. | Puede dejar el equipaje debajo del asiento. |

| 짐을 덜어드리고 싶습니다. | [부담] Quisiera ayudarlo para que no se le haga tan pesado. |

| 짐을 열어보세요. | Abra la maleta, por favor. |

| 짐을 옮겨야합니다. | Hay que mover el equipaje. |

| 짐을 저한테 주시죠? | Deme su equipaje.
➡ Bueno. (그래요.) |

| 짐을 찾으면 바로 연락해주세요. | Llámeme en cuanto encuentre mi equipaje, por favor. |

| 짐을 호텔로 보내주세요. | Cuando encuentre mi equipaje, envíemelo al hotel, por favor. (찾으면 제~) |

| 짐이 나오지 않았습니다. | [공항] No ha salido mi equipaje. |

| 짐이 많아서 걱정입니다. | Me preocupa tener tanto equipaje. |

| 짐이 보이지 않습니다. | No veo mi equipaje. |

| 짐이 중량초과입니까? | [공항] ¿Ha superado el límite de equipaje?
➡ Ha superado cinco kilogramos.
(5킬로그램 초과입니다.) |

| 짐작은 했어요. | Lo suponía. |

| 짐작이 맞았어. | Es tal como lo suponía. |

집

| 집세를 못 내겠으면, 방빼. | Si no puedes pagar el alquiler, desocúpalo. |

| 집안망신 좀 시키지 마라. | No avergüences a la familia. |

| 집안에 할일이 산더미처럼 쌓였어요. | Hay un montón de quehaceres en la casa. |

| 집안이 차이가 난다. | Hay diferencia entre ambas familias. (양~) |

집안이 화목해야 만사가 잘 된다.
La paz en la familia es la clave para tener éxito en todo lo demás.

집안이 환하고 깨끗하네요.
La casa es luminosa y limpia.

집안일은 정말 힘들어요.
Los quehaceres domésticos son muy duros.

집어주세요.
[물건] Recójamelo, por favor.

집에 가봐야합니다.
① Me tengo que ir a casa.
② [시간이 됨] Es hora de irme a casa.

집에 가서 애나 봐라.
Mejor ve a casa y cuida a los niños.

집에 가서 죽을줄 알아.
En cuanto lleguemos a casa, vas a ver.

집에 가셔서 푹 쉬세요.
Vaya a casa y descanse.

집에 갑시다.
Vamos a casa.

집에 계시냐?
¿Está tu padre en casa? (아빠~)
➡ ⓐ Sí, está en casa. (집에 계십니다.)
　 ⓑ No, no está en casa. (집에 안계십니다.)

집에 놀러오세요.
Venga a vistarme a mi casa. (우리~)

집에 데려다줄게.
Te llevo a casa.

집에 도둑 들었어요.
Hubo un asalto en mi casa.
= Robaron en mi casa.

집에 돌아가는 게 좋겠어요.
Es mejor regresar a casa.

집에 돌아가도 좋습니다.　Ya puede regresar a casa. (이제 그만~)

집에 들려주세요.　Cuando quiera, puede visitarme a casa.
(언제든지~)

집에 아무도 없습니다.　No hay nadie en casa.

집에 안 계십니다.　No está en casa. = No se encuentra en casa.

집에 연락했습니까?　¿Ha llamado a casa?
➡ Sí, lo he hecho. (했어요.)

집에 있지도 않고, 날마다 밖으로만 싸돌아다니냐.　Nunca estás en casa. Siempre estás vagando en la calle. (년~)

집에 전화하고 싶어요.　Quiero llamar a casa.

집에 전화해야 합니다.　Necesito hacer una llamada a casa.

집에 좀 일찍 가려고요.　Quisiera volver a casa temprano.

집에 처박혀있지 말고, 밖에 좀 돌아다녀.　No te quedes encerrado en casa. Sal a tomar aire.

집에 한번 놀러오세요.　Visite mi casa alguna vez.

집에만 있으면 병납니다.　Encerrado siempre en casa, se enfermará.
(만날~)

집에만 처박혀 있습니다.　Estoy siempre encerrado en casa.

집에서 가까운게 최고야.　[직장출근] Lo mejor es vivir cerca del trabajo.

집에서 놀지요?　No trabaja, ¿verdad? (저사람~)
➡ No, está como ama de casa. (네, 살림해요.)

집에서 놉니다.	① [실직] No trabajo. ② [여가] Paso el tiempo en casa. (그냥~)
집에서 만든 겁니다.	Está hecho en casa. // Este pan es casero. (이 빵은~)
집은 어디입니까?	¿Dónde vive? ➡ Vivo en Myeong-dong. (명동입니다.)
집은 어떻습니까?	[의견] ¿Qué le parece la casa? ➡ ¡Excelente! (훌륭합니다.)
집은 학교에서 멉니까?	¿Está lejos su casa del colegio? ➡ ⓐ No está muy lejos. (별로 멀지않습니다.) ⓑ Está muy cerca. (매우 가깝습니다.)
집을 나갔어요.	[가출] Se fue de casa. = Se fugó de casa. (그가~)
집이 아담합니다.	Es una casa pequeña.
집이 최고야.	La casa es lo mejor.
집적거리지 않는 게 좋을 거다.	Será mejor que no te acerques a ella. (그녀한테~)
집전화를 쓰세요.	Use el teléfono de casa.
집전화입니다.	Éste es el teléfono de mi casa. (이게 제~)
집주소입니다.	Ésta es la dirección de mi casa. (이게 제~)
집중력이 떨어집니다.	Si estudias más de dos horas, se acaba la concentración. (공부는 2시간 이상하면~)
집중해!	¡Concéntrense todos! (모두들~) *스페인에서는 ¡Concentraos todos!

집중해서 일을 할 수 없습니다.　No me puedo concentrar en el trabajo.

집처럼 생각해.　Estás en tu casa. (편하게 네~)

집합 5분전이야.　Faltan cinco minutos para la reunión.

징

징그러워!
① [혐오] ¡Es horrible!
② [구역질] ¡Es asqueroso!

짖

짖는 개는 물지 않는다.　Perro que ladra no muerde.

짚

짚신도 제 짝이 있어요.
Todo tiene su par.
= Todos tienen su media naranja.

짚신도 짝이 있다.　☞ 짚신도 제 짝이 있어요.

짜

짜고 치는 고스톱이 아닌가요?　[놀이·경기] ¿No estará arreglado ya?

짜고 치는 고스톱이네.	[놀이·경기] Es un juego arreglado.
짜증 좀 내지 마.	No te enfades.
짜증나.	[언짢음] Estoy molesto.
짜증나게 하네.	¡Cómo me fastidia! (정말 사람~)
짜증나게 했어?	¿Quién te fastidió? (누가 너를~)

짜증난다.	Me fastidia.
	= Me pone molesto.
	// El tráfico de este lugar es horrible.
	(이곳의 교통정체는~)
	// Este asunto me está acabando.
	(이 일은 정말~)

짝

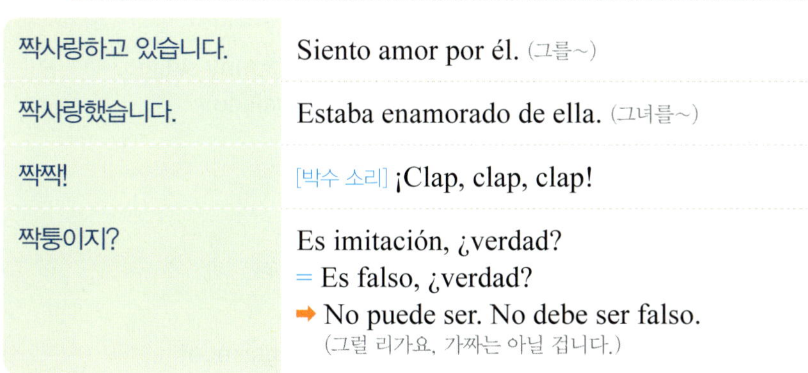

짝사랑하고 있습니다.	Siento amor por él. (그를~)
짝사랑했습니다.	Estaba enamorado de ella. (그녀를~)
짝짝!	[박수 소리] ¡Clap, clap, clap!
짝퉁이지?	Es imitación, ¿verdad? = Es falso, ¿verdad? ➡ No puede ser. No debe ser falso. (그럴 리가요, 가짜는 아닐 겁니다.)

짠

| 짠! | ① [건배] ¡Salud!
② [갑자기 모습을 드러내며] ¡Sorpresa! |

짠 것을 좋아합니다.   [음식] Me gusta la comida salada.

짠돌입니다.   Soy tacaño.

짧

짧게 깍지 마세요.   [두발] Que no sea muy corto. (너무~)

짧게 좀 잘라주세요.   [두발] Bien corto, por favor.

짧게 할까요?   ¿Qué tan corto quiere? (얼마나~)

짧아졌어요.   Ya está bastante corto. (이젠 많이~)

짭

짭니다.   ① [본질] Es salado.
② [상태 · 주관적 의견] Está muy salado. (너무~)
// Está realmente salado. (정말~)

짱

짱이다!   [칭찬] ¡Excelente!
= ¡Magnífico! = ¡Fantástico!

째

째려보면 어쩔 건데?   ¿Qué pretendes hacer con esa mirada agresiva?
(그렇게~)

짹

| 짹짹 | [새소리] Pío, pio |

쨍

| 쨍그랑! | [물건 깨지는 소리] ¡Crash! |

쩨

| 쩨쩨합니다. | [인색함] Es tacaño. (그는~) |

쪼

| 쪼그려 앉아. | Siéntate de cuclillas. |

쪽

쪽박신세다.	Estoy completamente en quiebra.
쪽지를 남깁니다.	Luego de haber pensado mucho, dejo escrita esta nota. (한참 고민하다가 이~)
쪽팔려!	[창피함] ¡Qué vergüenza!
쪽팔려 죽겠어.	Me muero de vergüenza.
쪽팔리게!	¡Qué vergüenza!
쪽팔리게 왜 그래?	[창피함] ¿Por qué me haces pasar vergüenza? (너~)

쪽팔리게 하지마라.	No me hagas pasar vergüenza.
쪽팔린 건 아냐?	[부끄러움] ¿Sí sientes vergüenza?
쪽팔린 것도 모르냐!	[부끄러움] ¡Cómo no sientes vergüenza!

쫄

| 쫄딱 망했어요. | Estoy totalmente arruinado. |
| 쫄지 마! | ¡No tengas miedo! |

쫓

| 쫓겨났어요. | He sido expulsado.
// Mi abuela echó a mi madre de la casa.
(우리 어머니가 할머니한테~) |
| 쫓아내지 마세요. | No me expulse, por favor. (저를~) |

짝

| 짝 빼입었네. | Está muy elegante. = ¡Qué elegante! (그 사람~) |

쭉

| 쭉 가세요. | Siga derecho dos cuadras. (두 블럭~) |

| 쭉 드세요. | Tómelo todo. |

찌

| 찌개 다 식어요. | Se enfría la sopa. |
| 찌개 좀 들어보세요. | Pruebe esta sopa. (이~) |

찍

찍습니다.	[사진] ¿Listo?
찍어요.	[사진] Tomémonos una foto juntos. (같이~)
찍어주세요.	Saque una foto con esta cámara también. (이 카메라로도 한 장~)
찍었다.	[연애] Le he echado el ojo. (그 사람 내가~)
찍혔어.	Ya le caíste mal al profesor Kim. (넌 김 선생님한테~)

찐

| 찐하게 한번 놀아봅시다. | Vamos a divertirnos esta noche a lo grande. |

찜질방에 놀러올 돈은 있어.	Dinero para venir a la sauna lo tengo.
찜찜했어요.	[기분] Tenía una sensación desagradable.
찜했다.	① [사물] Lo tengo visto. = Ya lo tenía visto. ② [사람] Le eché el ojo.

| 찝쩍거리지 마라. | No intentes seducir a las mujeres.
(여자들에게~) |
| 찝찝합니다. | [날씨] Hoy el tiempo está desagradable.
(오늘 날씨가~) |

| 찡그리지 마세요. | No frunza el ceño.
// No frunza esa bella cara. (예쁜 얼굴~) |

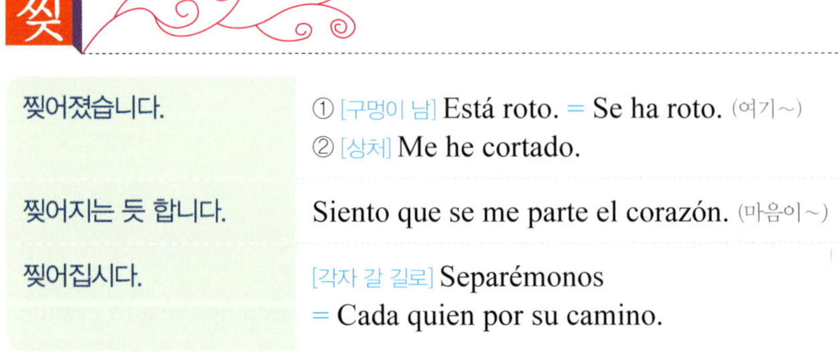

찢어졌습니다.	① [구멍이 남] Está roto. = Se ha roto. (여기~) ② [상처] Me he cortado.
찢어지는 듯 합니다.	Siento que se me parte el corazón. (마음이~)
찢어집시다.	[각자 갈 길로] Separémonos = Cada quien por su camino.

차 가지고 왔어요.
Traje mi coche.
= He traído mi coche.

차 같은 것을 좀 마십시다.
Tomemos algo.
= Tomemos té o algo por el estilo.

차돌려요.
[유턴] Dé la vuelta. = Cambie de dirección.

차 세워!
[명령] ¡Para el coche! = ¡Frena el carro!

차 조심하세요.
Cuidado con los coches.

차 좀 빼주실래요?
¿Podría mover el coche?
➡ Sí, en un momento. (잠시 만요.)

차 좀 타올게요.
Traeré té. = Voy a preparar té.

차 좀 태워줄래요?
¿Me podría llevar en coche?
// Ya que le queda de paso, ¿me podría llevar? (가는 길에~)
➡ ⓐ Sí, suba. (타세요.)
ⓑ Sí, lo llevo. (데려다 드릴게요.)

차 한 잔 합시다.
Vamos a algún lugar para tomar té.
(어디 가서~)

차가 막히는 모양입니다.
Parece que hay tráfico.
*스페인에서는 tráfico 대신 atasco를 쓴다.

차가 막힙니다.
Hay mucho tráfico.

차라리 날 죽여라.
Mejor mátame.
= ¿Por qué mejor no me matas?

차렷! ¡Firmes!

차례야. Es tu turno. // Ahora te toca a ti. (이제 네~)

차로 바래다줄게요. Lo llevo a casa en coche. (집까지~)

차를 갈아탑니까? ¿Hay que hacer transbordo?
// ¿Dónde hay que hacer el transbordo? (어디서~)
➡ En la última parada. (종점에서요.)

차를 거꾸로 탔습니다. [버스] Hemos tomado el autobús en dirección contraria. (우리가~)

차를 렌트하려고 합니다. Quiero alquilar un coche.

차를 바로 빼드리겠습니다. En seguida muevo el coche.

차를 빼주세요. Mueva el coche lo antes posible. (빨리 좀~)
➡ Sí. (예.)

차를 저기에 세워도 될까요? ① [정지] ¿Podría parar el coche allí?
② [주차] ¿Podría aparcar allí?
➡ Sí, puede. (그러세요.)

차를 타오겠습니다. Traeré té. = Voy a preparar té.
➡ No se moleste. (신경 쓰지 마세요.)

차를 한 번 갈아타세요. Tiene que hacer un transbordo.

차린 건 없지만 많이 드십시오. No es mucha comida pero disfrútela.

차림새가 죽인다. Te ves fenomenal hoy. (너 오늘~)

차멀미를 합니다. Me mareo en el coche.

| 차버렸어요. | Lo corté. = Lo abandoné. = Lo dejé.
(그 사람을~) |

차 봐.
① [시계] Ponte el reloj.
② [차 조심] Cuidado con el coche.

차분히 얘기해 봐.
[진정하고] Cálmate y cuéntame tranquilamente.

차분히 잘 생각해봐.
Piensa con calma.
= Piensa tranquilamente.

차비는 얼마입니까?
¿Cuánto cuesta el pasaje?
➡ Son doce dólares. (12불입니다.)

차에서 내리세요.
Bájese del coche.

차 타세요.
Súbase al coche.

차표를 보여주세요.
Muéstreme el billete, por favor.

차표를 어디서 삽니까?
¿Dónde se compra el billete?
➡ En la taquilla. (매표소요.)

착

착각하지 마세요.
① [착각] No se equivoque, por favor. (제발~)
② [오해] Por favor, no me malinterprete.
　(제발 제 말을~)
③ [혼동] No se confunda.

착각했습니다.
Me he equivocado.

착하게 굴어.
Sé bueno. = No seas malo.

착하지!   [아이에게] ¡Buen niño!

착한 여자입니다.   Es una buena mujer. (그녀는~)

찬

찬 물도 위아래가 있다.   [순서] Primero los mayores.

찬 밥 더운 밥 가릴때냐.   Cuando hay hambre, no hay pan duro.

찬성합니까?
반대합니까?
     ¿A favor o en contra?
// ¿Está de acuerdo con la opinión de ella o no? (그녀의 의견에~)
➡ ⓐ Estoy de acuerdo. (찬성합니다.)
   ⓑ Estoy totalmente de acuerdo. (적극 찬성입니다.)
   ⓒ Estoy en contra. (반대합니다.)

참

참가하고싶어요.   También quiero participar. (저도~)

참견하지마세요.   No se meta.
= No es asunto suyo.
// No se meta en mis asuntos. (제 일에~)
// De ahora en adelante no se meta en mis asuntos. (앞으로 제 일에~)

참는 자에게 복이 있다.   El que persevera triunfa.

참석해 주셔서
감사합니다.
     Gracias por su participación.

| 참으세요. | Aguante. = Tenga paciencia. |

참지못하겠어.

No puedo soportar más.
= No aguanto más. ☞ 못 참겠어!

창

창가 쪽에 앉고 싶습니다.

Quiero un asiento junto a la ventana.

창문 좀 닫아줄래요?

¿Podría cerrar la ventana, por favor?
➡ Sí, claro. (그러죠.)

창문 좀 열어도
되겠습니까?

¿Podría abrir la ventana?
➡ Sí, adelante. (그러세요.)

창피해.

① [체면] ¡Qué vergüenza! = ¡Qué pena!
　 = Me da vergüenza.
② [입장이 곤란함] Es incómodo.
③ [말하기가] Es difícil de contar.

창피해 죽겠네.

Es realmente vergonzoso. (정말~)

찾

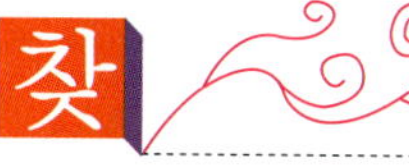

찾아보겠습니다.

Lo buscaré. = Trataré de buscarlo.

찾아오지 마세요.

No venga más.
// Jamás vuelva a buscarme. (앞으로 다시는 날~)

찾아주신 것을
환영합니다.

[방문] Gracias por su visita.

찾았습니다.

Lo he encontrado.

찾으면
연락드리겠습니다.

Me comunico con usted cuando lo encuentre.

찾을 수 없습니다.

① No lo encuentro.
② [불가] No se puede encontrarlo.

찾지못했습니다.

Aún no lo encuentro. (아직~)

채

채널을 바꿔도 됩니까?

¿Puedo cambiar el canal?
➡ Sí, claro. (그러세요.)

채였어요.

[헤어짐] Me dejó. = Me cortó. = Me abandonó.

책

책 한 권 주세요.

Deme un libro.
// Deme uno de este libro. (이~)

책망하지 마세요.

No se eche la culpa. (자신을~)

책상이 지저분합니다.

[정리] Está desordenado el escritorio.

책임을 전가하지 마세요.

No delegue responsabilidad a otra persona.
(다른 사람에게~)

처리하겠습니다.	① [일처리] Yo lo manejo. ② [맡아서] Yo me encargo. ③ [문제해결] Yo resuelvo este problema. (이 문제를 제가~)
처리해 드리겠습니다.	[해결] Se lo resolveré.
처신 똑바로 해!	¡Compórtate bien!
처음 듣습니다.	Es la primera vez que lo escucho. ☞ 금시초문입니다.
처음 만났습니다.	Es la primera vez que nos vemos. (우린~)
처음 본 순간 사랑하게 되었어요.	Me enamoré de usted a primera vista. (당신을~)
처음 뵙겠습니다.	Mucho gusto. A sus órdenes. (~잘 부탁드립니다.)
처음부터 끝까지 발언하지 않았습니다.	No he dicho nada desde el principio hasta el final.
처음부터 다시 시작합시다.	Empecemos de nuevo. = Empecemos nuevamente.
처음부터 초를 쳐요.	Desde el comienzo estás echando mala suerte. (너)
처치해.	Encárgate de ése. (그놈~)

척 보면 압니다.	Se ve a simple vista.

| 척하면 척이지! | No hace falta comprobarlo. (확인할 필요없음.) |

천

천기를 누설하면 안 됩니다.	El secreto profundo no debe ser revelado.
천 길 물속은 알아도 여자 마음속은 모른다.	El melón y la mujer son difíciles de conocer.
천냥 빚도 말로 갚는다.	Cortesía de boca gana mucho a poca costa.
천리길도 한걸음부터.	A camino largo, paso corto.
천만에요.	① [감사에 대해] De nada. ② [칭찬에 대해] No es nada. ③ [사과에 대해] No se preocupe. ④ [부상 정도에 대해] Estoy bien. ⑤ [사실과 부합하지 않음] No es cierto.
천박해.	Es muy vulgar. (그 사람 너무~)
천벌을 받은거야.	Es tu merecido. (너~)
천벌을 받을거야.	Recibirás tu castigo. = Serás castigado. (넌~)
천생연분이다.	Son el uno para el otro. = Es la pareja ideal. = Son almas gemelas. (그들은~)
천적	Enemigo natural
천천히 가세요.	Vaya despacio.

| 천천히 드세요. | Disfrute de la comida tranquilamente. |

| 천천히 말씀해주세요. | Hable despacio, por favor.
// Por favor, repítalo lentamente. (다시~) |

| 천천히 합시다. | No nos apresuremos. |

철

| 철 좀 들어라. | Madura, por favor.
= Por favor, no seas un niño. (제발~) |

| 철썩같이 믿었는데. | Confié en ti completamente. (너를~) |

| 철이 없습니다. | Aún no ha madurado.
= Todavía es inmaduro. (그는~) |

첫

| 첫단추를 꼈어. | [진행] Di el primer paso. |

| 첫눈이 내린다고
했는데... | Habían pronosticado la primera nevada del año. (올해의~) |

| 첫사랑도 못 해봤습니다. | Nunca estuve enamorado de alguien. |

| 첫술에 배부르랴. | No esperes mucho del primer intento. |

청각에 문제가 있나요?	¿Tiene problemas auditivos? ➡ Sí, no puedo oír. (네, 듣지를 못해요)
청소나 해.	Ponte a limpiar. (어서~)
청소해주세요.	Por favor, limpie el cuarto. (방을~)
청출어람.	A veces el discípulo es mejor que el maestro.
청혼했나요?	¿Le propuso matrimonio? = ¿Le pidió la mano? (당신께~)

체구는 작아도 담이 크다.	No es una persona corpulenta, pero tiene mucha valentía. (그는~)
체면깎이는 일은 하지마세요.	No haga nada que pueda deshonrarlo.
체면도 없군요.	Realmente es un descarado. (정말~)
체온 좀 재볼게요.	Le voy a tomar la temperatura.
체크아웃하려고 합니다.	[호텔] Vengo a dejar la habitación. = Quiero hacer el check out.
체크인 해주세요.	[호텔] Quiero registrarme.

| 체하려고 합니다. | [소화] Creo que tengo una indigestión. |

| 체하지 않을까
걱정입니다. | Me preocupa por si tengo indigestión. |

| 쳐다봐요. | Él no para de mirarme.
= Me sigue mirando. (그가 계속 날~) |

| 초대장은 보냈습니까? | ¿Ha enviado la invitación?
➡ ⓐ Ya se la envié. (벌써 보냈어요.)
　ⓑ Todavía no. (아직이요.) |

| 초대장이 있습니다. | Tengo la invitación. |

| 초대해 주셔서
감사합니다. | Gracias por la invitación. |

| 초등학교에 다닙니다. | Está en primaria.
= Está cursando la escuela primaria. (그는~) |

관련표현

primer grado de la primaria. (초등학교 1학년)
segundo grado de la primaria. (초등학교 2학년)
tercer grado de la primaria. (초등학교 3학년)
cuarto grado de la primaria. (초등학교 4학년)
quinto grado de la primaria. (초등학교 5학년)
sexto grado de la primaria. (초등학교 6학년)

초보운전	[표어] Conductor principiante
초보입니다.	① Soy principiante. ② [견습] Soy aprendiz.
초조해하지 마세요.	No esté nervioso. = No se ponga nervioso.

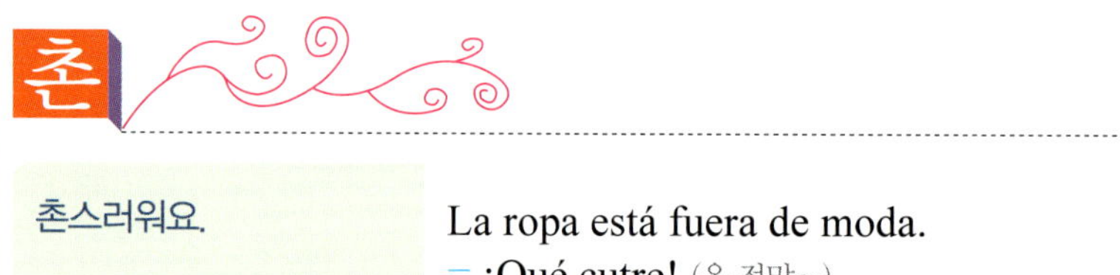

촌

촌스러워요.	La ropa está fuera de moda. = ¡Qué cutre! (옷 정말~)

총

총각입니까?	¿Es aún soltero? (아직도~) ➡ Sí. (예.)

최

최고다!	[감탄] ¡Es excelente! // ¡Eres el mejor! (네가~)
최선을 다하겠습니다.	Haré todo lo que esté a mi alcance.
최선을 다해 돕겠습니다.	Haré todo lo posible para ayudarlo.
최선을 다해라.	Haz todo lo que puedas. = Haz todo lo posible.

최소한 10시간은 걸립니다.	Tarda como mínimo diez horas.
최신 영화입니다.	Es una película que se ha estrenado recientemente.
최후에 웃는 자가 승자다.	El que ríe último ríe mejor.

추남!	¡Hombre feo!
추억은 아름답습니다.	Los recuerdos son hermosos.
추우니까 감기조심하세요.	Cuidado con gripe, que hace mucho frío.

추워요.	① [사람] Tengo frío.
	  // Tengo un poco de frío. (약간~)
	  // Tengo mucho frío. (너무~)
	② [날씨] Hoy hace mucho frío. (오늘은 정말~)

추워졌어요.	Está haciendo frío. (날씨가~)
추워 죽겠어요.	① [추위] Me muero de frío. ② [몸이 얼 정도로] Este frío me está congelando.
추월 금지.	[도로표지판] Prohibido adelantarse. = Prohibido rebasar.

추천 좀 해주세요.	Recomiéndeme.
추위를 타요.	Soy friolero.
추태를 부립니다.	Siempre que toma, se comporta indecentemente. (그는 술 먹고~)

축구경기를 자주 봅니다.	Veo partidos de fútbol a menudo.
축구를 잘 합니까?	¿Es buen jugador de fútbol? = ¿Sabe jugar bien al fútbol? (그는~) ➡ ⓐ Es bueno. (잘합니다.) ⓑ Más o menos. (보통입니다.) ⓒ No sabe jugar. (잘 못합니다.)
축복합니다.	Que Dios le bendiga.
축제는 언제 시작합니까?	¿Cuándo comienza el festival? ➡ El nueve de octubre. (10월 9일이요.)
축하합니다!	¡Felicitaciones! = ¡Felicidades! = ¡Enhorabuena! ➡ De tanta felicidad no puedo ni hablar. (기뻐서 말도 잘 나오지 않아요.)

출가외인.
La mujer casada pertenece a la familia de su esposo.

출국신고서를 써주세요.
Rellene el registro de salida.

출근합니까?
¿A qué hora sale a trabajar? (몇 시에~)
➡ A las siete y media de la mañana.
(오전 7시 반에요.)

출발합니까?
¿Cuándo salimos? (우리 언제~)
➡ Mañana a las seis de la mañana.
(내일 아침 6시요.)

출산 예정일이 언제입니까?
¿Para cuándo espera el bebé?
= ¿Cuándo es su fecha probable de parto?

출산했습니다.
Dí a luz. = Nació mi hijo.

출생지는 어디입니까?
¿Dónde nació?
➡ Nací en Seúl. (서울 태생입니다.)

출세하시길 바랍니다.
Le deseo mucho éxito.

출세했네요.
Ha logrado muchos éxitos.

출입국신고서를 쓰셨습니까?
¿Ha rellendo el formulario de declaración de entrada y salida del país?
➡ Hace tiempo que lo tengo listo.
(일찌감치 썼어요.)

출입금지
[경고문] PROHIBIDO ENTRAR
= PROHIIBIDO EL PASO

| 출장갑니다. | Voy de viaje de negocios. |

| 출장갔다왔습니다. | ① [불특정] Acabo de volver de un viaje de negocios. (방금~)
② [특정] Acabo de volver del viaje de negocios. (방금~) |

| 춤을 못 춥니다. | No sé bailar. |

| 춤을 잘 추네요. | Baila muy bien. |

| 춤추실 줄 압니까? | ¿Sabe bailar?
➡ ⓐ Sé bailar un poco. (조금 합니다.)
ⓑ No sé bailar bien. (잘 못합니다.) |

| 춥습니다. | Hoy hace mucho frío. (오늘은 날씨가 아주~) |

| 춥지 않습니다. | Hoy no hace tanto frío. (오늘은 그렇게~) |

| 충격이 컸던 것 같습니다. | Parece que le ha producido un fuerte impacto. |

| 충고 감사합니다. | Gracias por el consejo que me ha dado.
= Gracias por su consejo. |

충분합니다.	Es suficiente con eso. (그 정도면~)
	// Es suficiente con cincuenta dólares.
	(50불 이면~)

취

| 취급주의 | FRÁGIL |

취미가 뭡니까?

① ¿Cuál es su pasatiempo?
→ ⓐ Mi pasatiempo es coleccionar sellos.
(우표수집입니다.)
ⓑ No tengo ningún pasatiempo.
(아무 취미도 없습니다.)
ⓒ Mi pasatiempo es la lectura.
(취미가 독서입니다.)
ⓓ Me gusta jugar al ajedrez.
(체스에 취미가 있습니다.)
ⓔ Mi pasatiempo es ver películas.
(영화감상입니다.)

취소하겠습니다.

① [말] Retiro lo dicho.
② [약속 · 예약 등] Lo cancelo.

취중진담.

Los borrachos y los niños dicen la verdad.

취직 좀 시켜주세요.

Consígame un trabajo.

취직됐습니다.

Conseguí un trbajo.
// Esta compañía me contrató. (이 회사에~)

취하지 않도록 조금만 드세요.

No tome mucho para que no se embriague.

취한 것 같습니다.

Creo que estoy borracho.

| 취할 때까지 마셔 봅시다. | Hoy vamos a emborracharnos.
(오늘 우리~) |

치

치료보다는 예방이 중요합니다.	Mas vale prevenir que curar.
치러 갔다가 맞기도 한다.	A veces sale golpeado en lugar de vengarse.
치사하다.	① [인색함] ¡Qué mezquino! ② [구두쇠] ¡Qué tacaño!
치약은 어디에 있습니까?	¿Dónde está la pasta dental? ➡ Está en el baño. (화장실이요.)
치우세요.	① [정리] Arregle el lugar. ② [청소] Limpie el lugar. ③ [제거] Quítelo. ④ [가져감] Llévelo.
치우지 말고 그냥 놔 두세요.	[물건 등] No hace falta que lo quite. Déjelo en su lugar.
치즈!	[사진촬영] ¡Patata! = ¡Whiskey!
치즈버거 하나 주세요.	Deme una hamburguesa con queso.
치즈하고 웃으세요.	Sonría.
치킨 좀 포장해 주세요.	Envuélvame un pollo frito para llevar.

친구는 사귀어봐야 안다.	Al amigo hay que conocerlo, y al caballo montarlo.
친구는 옛친구가 좋고 옷은 새옷이 좋다.	El mejor amigo es el viejo amigo, la mejor ropa es la nueva.
친구를 만났어요.	Me encontré con un amigo.
친구를 보면 그 사람을 알 수 있다.	Dime con quién andas, y te diré quién eres.
친구를 사귀고 있습니다.	Tengo un amigo chileno. (칠레~)
친구를 소개해 드리겠습니다.	Le presento a mi amigo. (제~)
친구야, 고맙다!	¡Gracias, amigo!
친구와 술은 오래될수록 좋다.	Amigo y vino, el más antiguo.
친구일 뿐입니다.	Somos simplemente amigos. (우린~)
친구잖아.	Somos amigos.
친구합시다.	Vamos a ser amigos.
친절에 감사를 드립니다.	Gracias por su amabilidad.
친절한 것 같습니다.	Son todos muy amables. (사람들이 다~)
친하게 지내서 나쁠 것 없어.	No hay nada malo en que seas amigo de los chicos de la escuela. (학교 애들하고~)

| 친합니까? | ¿Esa persona es su amigo?
= ¿Tiene amistad con él? (그 사람과~)
➡ No tenemos ningún vínculo. (친하지 않아요.) |

| 친합니다. | Somos amigos. (우린~) |

| 칠면조 같다. | [생김] Parece un pavo. |

| 침 뱉지 마세요. | No escupa. |

| 침대가 둘인 2인실로 주세요. | Quiero una habitación con dos camas individuales. |

| 침착하세요. | Cálmese. |

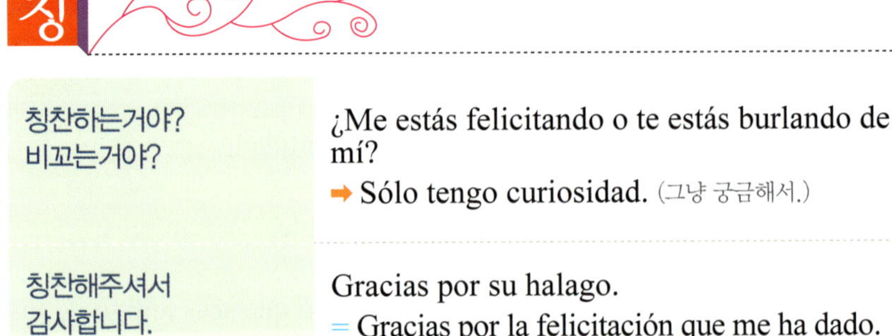

| 칭찬하는거야? 비꼬는거야? | ¿Me estás felicitando o te estás burlando de mí?
➡ Sólo tengo curiosidad. (그냥 궁금해서.) |

| 칭찬해주셔서 감사합니다. | Gracias por su halago.
= Gracias por la felicitación que me ha dado. |

| 카드 됩니까? | ¿Se puede pagar con tarjeta?
➡ No, sólo aceptamos efectivo.
(우린 현금만 받습니다.) |
| 카드도 결제됩니다. | [신용카드]
Se acepta pago con tarjeta de crédito. |

| 칼로 흥한 자 칼로 망한다. | Quien a hierro mata a hierro muere. |

| 캠퍼스 커플입니다. | Esa pareja se conoció en el campus universitario. (그들은~) |

커닝하다 걸렸어.	Me pillaron con mi acordión.
커서 훌륭한 사람 되라.	Debes ser una persona admirable cuando crezcas.
커튼을 쳐 주세요.	Por favor, cierre la cortina.
커피 마시고 싶습니다.	Quiero tomar café.
커피 마시면 잠이 안 옵니다.	El café me quita el sueño.

커피 좀 타 오세요.

Traiga café, por favor.

커피 한 잔 주세요.

Quiero una taza de café.
= Deme un café.

커피를 마시겠습니까?

¿Desea tomar café?
// ¿Qué tipo de café quiere? (어떤~)
➡ Lo que tenga. = Lo que sea.
= Me viene bien cualquier café. (아무 거나요.)

컴

컴퓨터 그만해라.

Deja de usar el ordenador.
= Deja de usar la computadora.

컴퓨터가 이상합니다.

[작동] Está raro el ordenador.
= No funciona bien el ordenador.

컴퓨터를 잘 합니까?

¿Sabe manejar bien la computadora?
➡ ⓐ Sí, sé manejarla bien. (잘합니다.)
ⓑ Normal. (보통입니다.)
ⓒ Más o menos. (별로입니다.)
ⓓ No sé usar la computadora. (못합니다.)

컴퓨터를 할 줄 압니까?

¿Sabe manejar el ordenador?
➡ ⓐ Sí, lo sé. (할 줄 압니다.)
ⓑ No, no lo sé. (모릅니다.)

컵

컵라면 하나 먹었습니다.

Acabo de comer un bol de fideos instantáneos.
(방금~)

컷!	[영화 촬영] ¡Corte!

케이크 먹으면 살찝니다.	El pastel engorda.
케첩과 겨자를 넣어주세요.	Ponga la mostaza y el ketchup, por favor.

코 파지 마세요.	No se hurgue la nariz. = No se rasque la nariz. = No se saque los mocos.
코 푼 것 뿐입니다.	Sólo me soné la nariz.
코 골면 안 됩니다.	No ronque de noche. (밤에~)
코를 곱니다.	Ronco. // Siempre que duermo, ronco. (잠 잘 때 늘~)
코피가 납니다.	Con frecuencia me sangra la nariz. (자꾸~)

콕 찍어서 말해요.	Hable claramente. // No me confunda y hable claramente. (사람 헷갈리게 하지 말고. ~)

콘

콘돔 사용해 봤습니까?	¿Ha probado el preservativo? ➡ Nunca lo he usado. (사용해본 적 없습니다.)

콧

콧물이 납니다.	Me sale moco de la nariz. = Tengo flujo nasal.

콩

콩심은 데 콩 나고 팥 심은 데 팥 난다.	Lo que siembras cosecharás. = Cosecharás lo que siembres. (그 사람~)
콩깍지가 씌었어요.	[사랑] Está ciegamente enamorado. (그 사람~)
콩밭에 가서 두부 찾는다.	A su tiempo maduran las brevas.

쿨

쿨럭쿨럭	[기침 소리] Cof, cof

크

크게 말씀해 주세요.	Hable más fuerte. (좀 더~)
크리스마스 잘 보내세요.	Que pase una feliz navidad. // Que pase una navidad llena de alegría y felicidad. (기쁘고 즐거운 ~)
크림을 많이 넣어 주세요.	Póngame mucha crema.

큰

큰 것 같습니다.	[옷이] Parece que la ropa me queda grande. (옷이~)
큰 것은 없습니까?	¿No hay algo más grande? (좀~) ➡ Sí, hay. (있습니다.)
큰 방축도 작은 개미 구멍으로 무너진다.	Una pequeña grieta puede hundir al barco más grande.
큰소리로 떠들지마세요.	No hable en voz alta.
큰일났어요.	① [나쁜 소식] ¡Mala noticia! ② [심각한 상황] Está realmente mal. (정말~) ③ [예상보다 좋지 않은 상황] 　Es peor de lo que esperaba. ④ [망함] Está todo arruinado.

키

키가 얼마나 됩니까?	¿Cuánto mide de estatura? ➡ Mido un metro ochenta. (180cm정도입니다.)

| 키득키득! | Ja, ja, ja |

키스는 어떤 느낌인지 모르겠어.

No sé qué se siente al besar.

키스하자.

Vamos a besarnos.
= Démonos un beso. (우리~)

키스해 줘.

Dame un beso.

킬로그램까지는 무료입니다.

Hasta veinte kilogramos es gratis. (20~)

킬로미터마다 1불 씩 추가됩니다.

Se agrega un dólar por cada kilómetro.

타고난 체질이에요.	[튼튼] Soy fuerte.
타산지석.	Por muy insignificante que sea para ti, a mí puede serme útil.
타이르겠습니다.	① [충고] Le aconsejaré. ② [비난] Lo regañaré. ☞ 주의시키겠습니다.

탁구를 상당히 잘 하네.	Juegas muy bien el tenis de mesa. (너)

탈의실은 어디에 있습니까?	① [옷가게] ¿Dónde está el probador? ② [학교 · 체육관] ¿Dónde está el vestuario?

탑승구는 몇 번입니까?	¿Cuál es el número de la puerta de embarque? ➡ Es la puerta veintiocho. (28번 탑승구입니다.)
탑승권 좀 보여주세요.	Muéstreme su billete de embarque.
탑승은 언제부터 합니까?	¿Cuándo comienza el embarque? ➡ Empieza a las tres de la tarde. (오후 3시에 탑승을 시작합니다.)

| 탓하지 마세요. | ① No me culpe.
　= No me eche la culpa. (저를~)
② No se culpe.
　= No se eche la culpla. (자신을~) |

태어났습니까?	① ¿En qué año nació? (몇 년도에~) 　= ¿Cuándo nació? (언제~) ➡ ⓐ Soy del año ochenta y dos. 　　(82년생입니다.) 　ⓑ Soy del año dos mil uno. 　　(2001년생입니다.) ② ¿En dónde nació? (어디서~) ➡ Nací en Seúl. (서울에서요.)
태우지마세요.	[음식] No queme la comida.
태클을 겁니까?	[공격적] ¿Por qué me agrede? = ¿Por qué me ataca? // ¿Por qué nos agrede a cada rato? 　(어째서 우리한테 자꾸~) ➡ ¿Quién te agredió? (누가 그랬다고!)
태클 좀 걸지마세요.	No nos moleste. = No nos impida. (우리 일에~)

| 택배회사에서 배달 온 물건입니다. | Es lo que llegó por el servicio de mensajería. |

| 택시를 불러주세요. | Llámeme un taxi. |
| 택시타고 가세요. | Vaya en taxi. |

| 터 놓고 얘기해 봅시다. | Hablemos sinceramente. |
| 터무니 없는 소리. | No tiene sentido.
= Es ridículo.
= Es una tontería. |

턱 좀 닦아요.	[침] Límpiese la saliva.
턱도 없는 소리!	¡Ni lo sueñes! (꿈도 꾸지마!)
턱도 없어요.	[양] No alcanza para nada.

| 털도 돋지 않은 것이
날기부터 하려한다. | Ni ha comenzado a gatear y quiere correr. |
| 털어놓고 말해보세요. | Hable francamente. |

텅빈 것 같습니다.　　Siento el corazón vacío. (마음이~)

테니스를 잘 합니까?
¿Juega bien al tenis?
➡ ⓐ (잘합니다.) Juego bien al tenis.
　ⓑ (별로입니다.) No tan bien.
　ⓒ (못합니다.) No sé jugar al tenis.

테이블 좀 치워주세요.
① [청소] Limpie la mesa, por favor.
② [제거] Quite la mesa, por favor.

테이블을 예약하고
싶습니다.
Quiero reservar una mesa para ocho personas.
(여덟 석~)

텔레비전 끄세요.　　Apague el televisor.

텔레비전 보고 있습니다.　　Estoy viendo la televisión.

텔레비전 켜세요.
Prenda el televisor.
= Encienda la tele.

텔레비전에서 봤어요.　　Lo he visto en la televisión.

토 달지마!	¡No contestes! = ¡No seas contestón!
토끼 둘 잡으려다 하나도 못 잡는다.	Quien mucho abarca poco aprieta.
토끼를 다 잡으면 사냥개를 삶는다.	Aprecias las cosas sólo cuando las necesitas. = Lo aprecias cuando lo necesitas.
토하려고 합니다.	Tengo ganas de vomitar. // Frecuentemente tengo ganas de vomitar. (자주~)
토할 것 같습니다.	Siento náuseas.

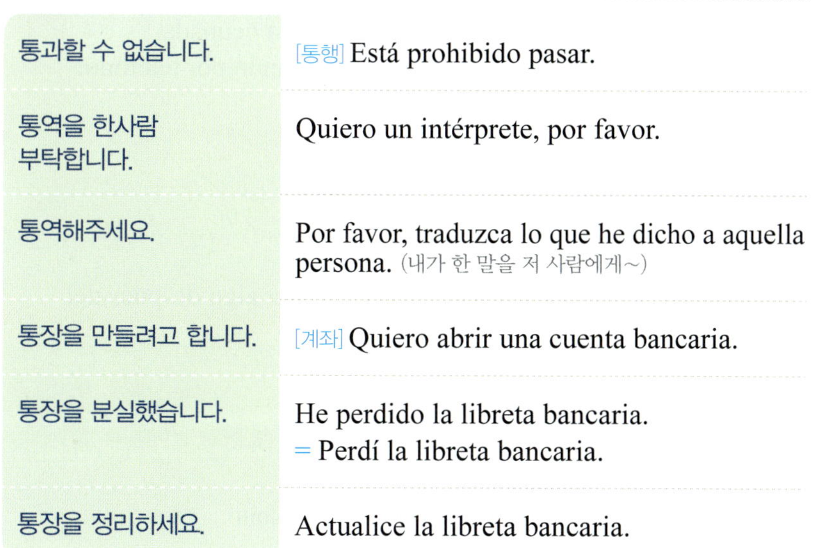

통과할 수 없습니다.	[통행] Está prohibido pasar.
통역을 한사람 부탁합니다.	Quiero un intérprete, por favor.
통역해주세요.	Por favor, traduzca lo que he dicho a aquella persona. (내가 한 말을 저 사람에게~)
통장을 만들려고 합니다.	[계좌] Quiero abrir una cuenta bancaria.
통장을 분실했습니다.	He perdido la libreta bancaria. = Perdí la libreta bancaria.
통장을 정리하세요.	Actualice la libreta bancaria.

| 통증이 없어졌습니다. | Se me quitó el dolor.
= Ya no me duele. |

| 통쾌합니다. | ① [기쁨] ¡Qué gusto!
② [한숨 돌림] ¡Qué alivio! |

| 통하지 않아요. | [방법] Esto no funciona conmigo.
(나한테는 이런 거~)
// Este método ya no funciona.
(이 방법은 이젠~) |

| 통행금지 | ① [시간] Toque de queda
*일정한 시간동안 일반인이 거리를 지나다니거나 집 밖에서 활동하는 것을 못하게 하던 일.
② [장소] Cerrado el paso. |

| 통화가 안되는군요. | No me puedo comunicar con él. (그와~) |

| 통화를 여러 번 했는데요. | Lo llamé varias veces por teléfono. |

| 통화중입니다. | ① [전화선] La línea está ocupada.
② [전화중] Estoy hablando por teléfono. |

퇴

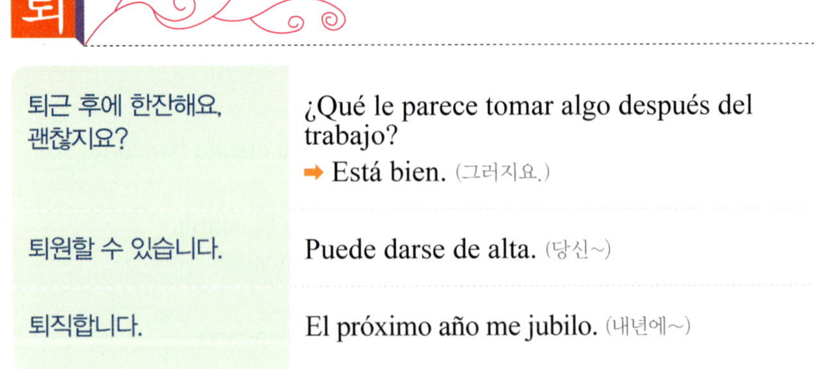

| 퇴근 후에 한잔해요, 괜찮지요? | ¿Qué le parece tomar algo después del trabajo?
➡ Está bien. (그러지요.) |

| 퇴원할 수 있습니다. | Puede darse de alta. (당신~) |

| 퇴직합니다. | El próximo año me jubilo. (내년에~) |

투정부리지 마세요.　[불평] No se queje.

투표로 결정합시다.　Tomemos la decisión por medio de una votación.

툭하면 화냅니다.　Se enoja por nada. (그는~)

툭하면 웁니다.　Llora por cualquier cosa. (그녀는~)

튀자!　¡Corre!

튀지않아요?　¿No es muy llamativo?
☞ 눈에 튀지 않아요?

팅기지마라.　Ya no te hagas el interesante.

트렁크 좀 열어 보세요.　[차량] Abra el maletero.

트림하지 마세요.	No eructe.
트집만 잡아요.	Es un criticón. // Siempre critica lo que hago. (그는 내가 하는 일에 이러쿵저러쿵~)
트집잡지 마세요.	No critique.

특별대우를 해줄 수 없습니다.	[예외] No se puede hacer una excepción.

튼튼합니다.	① [제품 등] Es resistente. // Este zapato es resistente. (이 신발은~) ② [신체] El niño es muy fuerte. (애가 참~)

틀렸습니다.	① [행위나 일 등이] Está mal. (그건~) // Está todo mal. (완전히~) ② [가망이 없음] No hay esperanza. ③ [상황이] La situación es pésima. ④ [부정확] Es incorrecto.

| 틀림없습니까? | ¿Seguro?
➡ Sí, seguro. (틀림없습니다.) |
| 틀림없습니다. | ① [사실 확인] Estoy casi seguro. (거의~)
② [의심의 여지가 없음] No hay duda. |

티켓 두 장 예약해 주세요.	Quiero reservar dos tigues.
티켓을 못 구해서 정말 아쉽네요.	¡Qué lástima que no pude conseguir la entrada para el partido de fútbol! (축구~)
티끌 모아 태산.	Cada día pon un grano, y harás un montón.

| 팀의 실력은 말이 아닙니다. | Nuestro equipo es pésimo.
= Nuestro equipo juega malísimo. (우리~) |
| 팀을 나누자. | Nos dividamos en dos equipos. (우리 두 팀으로~) |

| 팁 주지 마세요. | ① [봉사료] La próxima vez no dé propina. (다음에는~)
② [힌트] No me dé pista. (제게~) |

파렴치하다! ① [뻔뻔] ¡Qué sinvergüenza!
② [극악무도] ¡Qué atroz!

파마해 주세요. Quiero hacerme la permanente.

파산했어요. Estoy en bancarrota.

파세요. [판매] Véndalo.

파손 주의라고 표시해 주세요. Por favor, ponga la señal de advertencia de frágil.

파이팅! ¡Vamos!

파트너는 어떻습니까? [연애] ¿Qué tal su pareja?
➡ ⓐ Me ha abandonado. (차였어요.)
ⓑ Estamos conociéndonos. (알아가는 중이에요.)

파트타임 아르바이트 합니다. Tengo un trabajo a tiempo parcial.

파티하기로 했어요. Vamos a hacer una fiesta. (우리~)
// Tengo una fiesta este fin de semana en mi casa. (이번 주말에 우리 집에서~)

팍팍 좀 먹어요. Coma con ganas.

판에 박은 듯하다.	Es idéntico a su padre. (그는 그의 아버지를~)

팔렸습니다.	Se vendió todo. = Está todo vendido. (다~)
팔방미인 치고 무엇 하나 제대로 하는 경우가 없다.	Aprendiz de mucho, maestro de nada.
팔을 벌리세요.	Estire el brazo.
팔이 무척 아픕니다.	Me duele mucho el brazo.
팔자 좋다!	① [부러움] ¡Qué buena vida! ② [비난] ¡Qué vida la tuya!
팔자 걸음 좀 고치세요.	Corrija su forma de caminar.
팔자소관이지.	Es lo que el destino indica.

팝니까?	① ¿Esto está en venta? (이거~) ➡ No está en venta. (안 팝니다.) ② ¿A cómo lo da? (얼마에~) ➡ ⓐ A diez dólares el kilo. (킬로에 10불입니다.) ⓑ A dos dólares cada uno. (한 개에 2불이요.)

③ ¿Dónde lo vende? (어디서~)
➡ ⓐ Allí. (저쪽이요.)
　ⓑ Lo venden en cualquier lugar.
　(어디든 다 있습니다.)

패

패 다시 돌려.	[화투·포커등] Reparta las cartas de nuevo. = Vuelve a repartir las cartas.
패배를 인정합니다.	Acepto la derrota. = Me doy por vencido.
패션에 대한 센스가 있네요.	Tiene buen gusto para vestirse.
패스트푸드점에 가서 햄버거 먹자.	Vamos a comer hamburguesa en una tienda de comida rápida.

팩

팩스 받았습니까?	[특정] ¿Ha recibido el fax? ➡ Sí, lo he recibido. (받았어요.)
팩스로 보내주세요.	Por favor, envíelo por fax. // Envíeselo por fax. (이것을 그에게~)

펑

펑펑!	[폭죽] ¡Pummm!

펜

펜 좀 빌려주세요.	Por favor, présteme un bolígrafo.
펜은 칼보다 강하다.	Más puede la pluma que la espada.

펴

펴세요.	① [책] Abra el libro. ② [다리] Estire las piernas. (이불을~)

편

편도로 하나 주세요.	Un billete de ida, por favor.
편리하네요.	Es muy cómodo de usar. (사용이~)
편리한 시간은 언제입니까?	¿A qué hora le conviene? ➡ Cuando quiera. (언제든지 다 됩니다.)
편식 하나 봅니다.	Parece que come sólo lo que le gusta. // Ese niño no come de todo. (저 아이~)
편안히 다녀 오십시오.	[여행] ¡Buen viaje!
편안히 하세요.	① [마음을] Relájese. ② [긴장하지 말고] No esté nervioso.

편지 잘 받았습니다.	Recibí la carta. = He recibido la carta. // He recibido la carta que me envió el diez de septiembre. (9월10일에 보낸~)
편지 좀 전해주세요.	Por favor, entregue esta carta. = Por favor, hágale llegar esta carta. (이~)
편지를 부치려고 합니다.	Quiero enviar esta carta. (이~)
편지 주세요.	① [건네줌] Deme la carta. (저에게~) ② [부침] Envíeme cartas. (저에게~)
편히 가십시오.	[고인에 대한 인사] Que en paz descanse. = Que descanse en paz.
편히 쉬세요.	Descanse.
편히주무세요.	Que descanse. = Que duerma bien. ☞ 안녕히 주무세요.

평

평범한 것 같습니다.	[정상] Parece normal.
평범한 사람입니다.	Soy una persona normal.
평생 당신을 잊지 않을 겁니다.	Nunca me olvidaré de usted.

| 평생 당신의 은혜를 못 잊을 겁니다. | Nunca olvidaré todo lo que ha hecho por mí. = Nunca podré olvidar su amabilidad. |

| 평생 사랑하며 행복하게 사시기를 바랍니다. | [신혼부부] Les deseo mucho amor y felicidad para toda la vida. |

| 평소 재주도 멍석 펴 놓으면 안 한다. | Siempre muestra su talento, pero no cuando uno lo espera. |

| 폐를 끼쳐드려 정말 죄송합니다. | Disculpe las molestias.
➡ ⓐ No se preocupe. (아닙니다.) |

| 폐를 끼쳤습니다. | Le he causado molestias.
➡ No diga eso. (천만의 말씀입니다.) |

| 폐를 많이 끼쳤습니다. | Le he causado muchas molestias.
➡ No se preocupe. (필요.) |

| 포기만 하지 않으면 뭐든 해낼 수 있다고 생각합니다. | Si no se rinde, creo que todo es posible. |

| 포기하지 마세요. | No se dé por vencido = No se rinda. |

| 포기해! | ① [항복] ¡Ríndete! = ¡Date por vencido!
② [포기] ¡Abandónalo! |

포기했어요.

Lo abandoné por completo.
= Me he rendido por completo. (완전히~)

포스터를 봤습니다.

Ví el póster. = Ví el cartel.
// He visto el cartel en la escuela.
(학교에 붙어있는~)

포옹해줘요.

Abráceme. = Deme un abrazo.

포인트카드입니다.

Ésta es la tarjeta para acumular puntos. (이것은~)

포장할까요?

¿Quiere que se lo envuelva?
// ¿Cómo quiere que lo envuelva? (어떻게~)
➡ Envuélvalo por separado.
(따로따로 싸주세요.)

포장해 드릴까요?

[음식점] ¿Lo quiere para llevar?
➡ Sí, por favor. (그러세요.)

포장해 주세요.

Envuélvalo, por favor.

포즈 잡아.

[사진] Haz tu pose. // Posa para la foto.

포커합시다.

Juguemos al póquer.

표

표 두장 구했습니다.

He conseguido dos entradas para el concierto de Ricky Martin. (리키 마틴 콘서트~)

표 두장 주세요.

Deme dos entradas para el tres de octubre.
(10월3일~)

표가 있습니까?	① ¿Quedan entradas?
	② ¿Cuándo podré conseguir las entradas? (표를 언제 구할 수 있을까요?)
	➡ Mañana. (내일이요.)
	③ ¿Para qué fecha hay entradas? (언제~)
	➡ Para después del día diez. (10일 이후 것 있습니다.)
표정 짓지 마.	No hagas gestos raros. (이상한~)
	➡ ¿Pues qué? (내 표정이 어쨌다고?)
표정만 봐도 알아.	Puedo leer tu rostro. (네~)

| 푸대접 한 적 없습니다. | Nunca lo he maltratado.
 = Nunca lo he tratado mal. |
| 푸석푸석해졌어. | Tengo la piel áspera. (피부가~) |

| 푹 쉬세요. | Descanse mucho este fin de semana. (이번 주말엔~) |
| 푹 쉬어야 합니다. | Necesito reposo. = Tengo que descansar. |

| 푼수! | ¡Idiota! |

풀어주세요.   Suélteme.

품위를 지키세요.   Conserve la dignidad.

품질은 보증합니다.   Garantizo la calidad.

풋내기네.   Es un novato.

풍경이 너무 아름답습니다.   El paisaje es espléndido.

프

프러포즈했어요.   Le propuse matrimonio. = Le pedí la mano.

프림 두 스푼 넣어주세요.   [커피] Dos cucharaditas de crema, por favor.

프림과 설탕을 넣을까요?   [커피] ¿Le pongo azúcar y crema?
➡ No, gracias. (괜찮아요.)

| 프림은 넣지 말고, 설탕만 넣어 주세요. | [커피] Por favor, con azúcar y sin crema. |

피

피가 자꾸 납니다.	Sangro frecuentemente.
피검사도 해야 합니까?	¿También necesito hacerme un análisis de sangre? ➡ Es necesario. (필요합니다.)

피곤합니다.	Estoy cansado.
	// Estoy cansado de verdad. (정말~)
	= Estoy muy cansado. (너무~)
	// Todavía estoy cansado. (아직도~)
	// Tengo un poco de cansancio. (약간~)

피곤해 보입니다.	Se ve cansado. // Se ve muy cansado. (많이~)
피곤해 죽겠어요.	Me muero del cansancio.
피골이 상접하다.	Pareces un esqueleto. (너~)
피서가고 싶습니다.	Quiero irme de vacaciones.
피시(PC)방 가서 인터넷을 합니다.	Habitualmente voy al cibercafé a navegar por Internet. (보통~)
피아노를 잘 칩니까?	¿Toca bien el piano? ➡ ⓐ Toco bien el piano. (잘 칩니다.) ⓑ No sé tocar bien. (잘 못 칩니다.) ⓒ No sé tocar. (못 칩니다.)
피자를 제일 잘 먹습니다.	La pizza es mi comida favorita.
피차일반입니다.	Mutuamente igual.

| 피하지 마세요. | ① [피함] No lo evite. |
| | ② [숨음] No se esconda. |

| 피하지 않을 겁니다. | [숨음] No me esconderé. |

| 피해! | [숨음] ¡Escóndete! |

필 

| 필(feel)이 안 옵니다. | No siento nada por ella. |
| | = No me atrae. (그녀와는~) |

| 필름있습니까? | ¿Tiene rollo fotográfico? |
| | ➡ Sí, lo tengo. (있습니다.) |

| 필름팝니까? | ¿Vende rollo fotográfico? |

| 필름 한 통만 주세요. | Deme un rollo fotográfico. |

| 필름을 현상해 주세요. | Quiero revelar este carrete de fotos. (이~) |

| 필름이 끊겼어요. | [음주] No recuerdo nada. |

| 필요는 발명의 어머니. | La necesidad hace maestros. |
| | = No hay mejor maestra que la necesidad. |

| 필요없어요. | ① No hace falta. |
| | ② [거절] No, gracias. No lo necesito. (감사합니다만~) |

| 필요한 것 있으면 뭐든지 말씀하세요. | Puede decirme todo lo que necesite. |
| | ➡ Está bien. (알겠어요.) |

필요합니까?	[금전] ¿Cuánto necesita? (얼마나~) ➡ Más o menos doscientos dólares. (2백불 정도요.)
필요합니다.	Necesito su ayuda. (당신의 도움이~) // Necesito este libro. (이 책이~)
필요해.	Te necesito. (네가~)

핑

핑계대지 마세요.	No diga excusas.
핑계 없는 무덤 없다.	Para todo existe un pretexto.
핑계라면 그럴싸하게 대라.	Si quieres dar un pretexto, di algo que tenga sentido.

하고 싶은대로 해!	¡Haz lo que quieras!
하긴!!	[가벼운 동의] ¡Pues sí!
하나 더 주세요.	Deme uno más.
하나 드릴까요?	¿Quiere uno de esto? ➡ Deme uno. (하나 주세요.)
하나 먹어 보세요.	Pruebe uno.
하나, 둘, 셋, 됐어요.	[사진 촬영] ¡Uno, dos, tres! ¡Listo!
하나, 둘, 셋, 세봐요.	Cuente uno, dos y tres.
하나도 모르겠습니다.	[이해] No entiendo nada.
하나도 모르겠어요.	No entiendo nada de lo que dice. (무슨 말인지~)
하나도 변한 게 없어요.	Nada ha cambiado.
하나면 됩니다.	Con uno es suficiente. = Con uno basta. = Con uno es más que suficiente.
하나씩 포장해 주세요.	[순서] Envuélvalos uno por uno, por favor.
하나에 얼마입니까?	¿Cuánto cuesta cada uno? ➡ Cuesta un dólar. (1달러입니다.)
하나에 이달러입니다.	Cuesta dos dólares cada uno.
하느님!	¡Dios mío!
하느님 감사합니다.	Gracias, Dios.

하느님, 맙소사!	¡Santo Cielo! = ¡Santo Dios!
하는거 봐서.	Depende de ti. (너~) = Veré cómo te comportas.
하는 일 없이 바빠.	Estoy ocupado sin hacer nada.
하는 일마다 되는 일이 없습니다.	Estos días nada me sale bien. (요즘~)
하는 짓거리 좀 봐라.	Mira lo que haces. (네가~)
하늘 높은 줄 모르는구나!	¡Qué ambicioso! (욕심이~)
하늘과 땅 차이.	Mucha diferencia.
하늘도 무심하시지.	Dios es indiferente conmigo.
하늘보다 높고 바다보다 깊다.	Es más alto que el cielo y más profundo que el mar.
하늘에 맡기는 수 밖에.	Que sea lo que Dios quiera. = Está en las manos de Dios. ☞ 운명을 하늘에 맡기는 수밖에.
하늘에 맹세해!	¡Lo juro por Dios!
하늘은 스스로 돕는 자를 돕는다.	Dios ayuda a quien se ayuda.
하늘을 봐야 별을 따지.	No se presenta la oportunidad.
하늘을 찌를 듯해.	Está muy animado. (그의 사기가~)
하늘의 별따기.	Es imposible.

하늘이 무너져도 솟아날 구멍이 있다.	Aún en medio de una enorme calamidad se puede hallar una salida de salvación.
하늘이 준 절호의 기회입니다.	Es una oportunidad que ha dado Dios. (이건~)
하던 짓도 멍석 펴 놓으면 안 한다.	Demuestra su talento en cualquier momento pero no en el momento más preciso.
하라는 대로 해.	Obedece. = Haz lo que te digo. ☞ 시키는 대로 해!
하려면 하고 말면 말고 .	Si quieres hacerlo adelante, sino déjalo.
하루 이틀이 아니야.	[잘못] Ya van varias veces que comete error. (그사람~)
하루종일 시간만 허비했어요.	He perdido el tiempo todo el día.
하루가 멀다하고.	Frecuentemente. (자주) // Casi todos los días. (거의 매일)
하루는 몇시간입니까?	¿Cuantás horas tiene un día? ➜ Tiene veinticuatro horas. (24시간입니다)
하루도 편할 날이 없다.	No hay ni un solo día que pueda estar en paz por tu culpa. (너 때문에~)
하루 아침에 유명해졌습니다.	Se ha hecho famoso de un día para otro. (그는~)
하루에 몇시간 공부합니까?	¿Cuántas horas estudia por día? ➜ Seis horas diariamente. (하루에 6시간 공부합니다.)

하마터면 기차를 놓칠 뻔했어요.	Por poco perdía el tren.
하숙하고 있습니다.	Vivo en una casa de huéspedes. = Vivo en una pensión.
하이(Hi)!	[인사] ¡Hola! ☞ 안녕!
하자는 대로 할게.	Haré lo que tu quieras. (네가~)
하지말라는 건 기어코 하는구나.	Haces oídos sordos a mis advertencias.
하품이 나옵니다.	Todavía tengo bostezos. (아직도~)
하하!	[웃음소리] Ja, ja, ja
하혈합니다.	Tengo flujo vaginal.

학

학교갑니다.	[등교] Voy al colegio.
학교 다녀왔습니다.	Llegué del colegio.
학교를 나오지 않았습니다.	[중퇴] Él no terminó el colegio. (그는~)
학교선생님입니다.	Mi esposa es profesora. (제 아내는~)
학교정문에서 만나요.	Nos vemos en la entrada del colegio.
학교에 다닙니까?	¿En qué escuela estudia? (어떤~) ➡ Estudio en la Universidad Hankook. (한국대학교에 다닙니다.)

학벌이 없습니다.	Él no tiene estudios realizados. = Él no tiene formación académica. (그 사람~)
학생여러분, 안녕하세요?	¿Qué tal, todos? = ¡Hola! ¿Cómo están todos?
학생은 할인됩니까?	¿Hay descuentos para estudiantes? ➡ Sí, hay cincuenta por ciento de descuento. (50% 됩니다.)
학생입니까?	¿Es estudiante? ➡ ⓐ Sí, soy estudiante de bachillerato. (예. 고등학생입니다.) ⓑ Sí, soy universitaria. (예. 대학생입니다.)

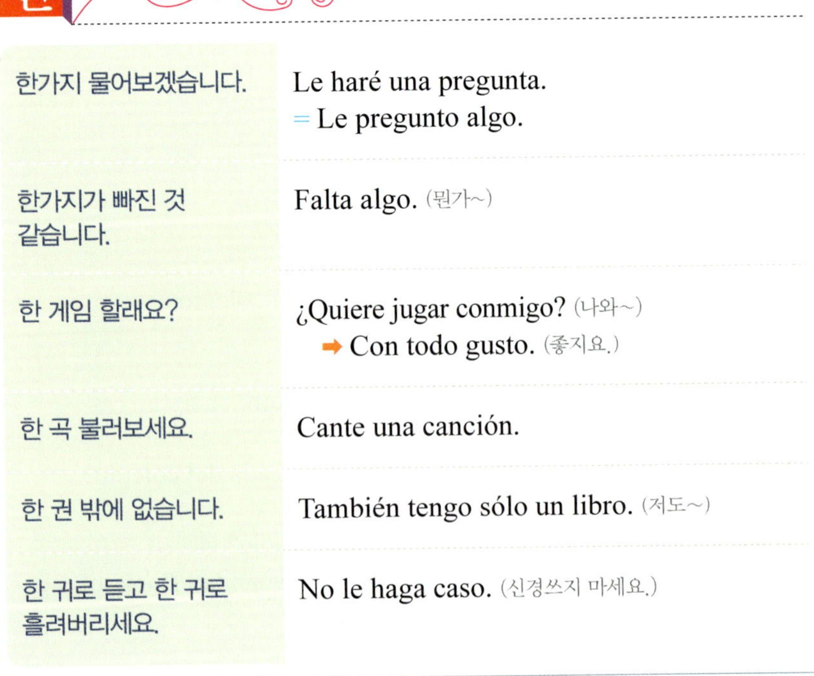

한가지 물어보겠습니다.	Le haré una pregunta. = Le pregunto algo.
한가지가 빠진 것 같습니다.	Falta algo. (뭔가~)
한 게임 할래요?	¿Quiere jugar conmigo? (나와~) ➡ Con todo gusto. (좋지요.)
한 곡 불러보세요.	Cante una canción.
한 권 밖에 없습니다.	También tengo sólo un libro. (저도~)
한 귀로 듣고 한 귀로 흘려버리세요.	No le haga caso. (신경쓰지 마세요.)

한끼에 얼마입니까?	¿Cuánto cuesta la comida? ➡ Cuatro dólares. (4달러 입니다.)
한달에 얼마나 법니까?	¿Cuánto gana por mes? = ¿Cuánto es su ingreso mensual? ➡ Gano mil quinientos dólares por mes. (1500달러요.)
한달은 며칠입니까?	¿Cuántos días tiene un mes? ➡ ⓐ Tiene treinta o treinta y un días. (30일 혹은 31일입니다.)
한달은 몇 주입니까?	¿Cuántas semanas tiene un mes? ➡ Tiene aproximadamente cuatro semanas. (약 4주입니다.)
한 말 취소해!	¡Retira lo dicho!
한말은 끝까지 책임집니다.	Me hago cargo de mis palabras.
한바퀴 돌고 오겠습니다.	Voy a dar una vuelta. = Daré una vuelta.
한번 더 말씀해 주세요.	Repítalo, por favor.
한번 더 시도해 보세요.	Intente una vez más.
한번 더!	¡Otra vez!
한번 웃으면 십년 젊어집니다.	Una sonrisa te rejuvenece diez años.
한번도 못 봤습니다.	Nunca lo he visto.
한번도 안해 봤습니다.	Nunca había practicado este deporte. (이 운동을~)

| 한번도 이곳에 와 보지 않았어요. | Nunca antes había visitado este lugar. (전에~) |

| 한벌에 얼마입니까? | ¿Cuánto cuesta el conjunto?
➡ Cuesta cien dólares el conjunto.
(한 벌에 100달러 입니다.) |

| 한병 더 주세요. | Quiero una botella más. |

| 한 사람 가는 길로 가지 말고 열 사람 가는 길로 가라. | Debe elegir el camino que toma la mayoría, no el camino de la minoría. |

| 한 사람당 1달러 입니다. | Un dólar por persona. |

| 한 사이즈가 작은 걸로 주세요. | Deme una talla menos grande.
= Deme una talla más pequeña. |

| 한 사이즈가 큰 거 있습니까? | ¿Tiene una talla más grande?
➡ Sólo tengo esta talla. (이 사이즈밖에 없습니다.) |

| 한 시간 안에 마칠 수 있습니까? | ¿Puede terminar en una hora?
➡ No es suficiente una hora .
(한 시간으로는 충분치 않습니다.) |

| 한 시간은 몇 분입니까? | ¿Cuántos minutos tiene una hora?
➡ Una hora tiene sesenta minutos.
(60분입니다.) |

| 한쌍이 되신 것을 축하드립니다. | [결혼] Felicitaciones por la boda. |

| 한 알 먹어보겠습니다. | [약] Voy a probar una pastilla. |

한 우물을 파야한다.	Hay que especializarse en una sola cosa.
한 일을 후회합니다.	Me arrepiento de lo hecho. = Estoy arrepentido.
한 잔 더 드세요.	Tome otra copa.
한 잔 더 따라드리겠습니다.	Le sirvo una copa más.
한 잔 더 주세요.	Sírvame una copa más, por favor.
한 잔 드십시다.	Tome una copa conmigo. (나랑~)
한 잔 들겠습니다.	Tomaré una copa.
한 잔 올리겠습니다.	Le sirvo una copa.
한 장에 얼마입니까?	[종이] ¿Cuánto cuesta una hoja? ➡ Cincuenta centavos. (50 센트입니다.)
한 접시 주세요.	① [접시] Un plato, por favor. ② [요리] Un plato de ensalada, por favor. (샐러드~)
한 줄로 서세요.	Pónganse en una fila.
한 짓이지!	¡Es tu obra! = ¡Has sido tú! (네가~) ➡ No, yo no fui. (아닌데요.)
한치 앞을 못 본다.	No sabe ver lo que está por venir. (그는~)
한 판 더 합시다.	① [경기] Un partido más. ② [놀이] Un juego más.
한 푼도 못 받을 거야.	Seguro que no recibirá ni un centavo. (그 사람~)

| 한 푼도 없습니다. | No tengo ni un centavo. |

| 한 집에 살고 있습니다. | Vivimos juntos.
(우리는~) |

| 한가하게 이러고 있을
시간이 없습니다. | No deberíamos estar perdiendo el tiempo.
(우리~) |

| 한가하면 전화 좀 주세요. | Cuando tenga tiempo, llámeme. |

| 한가하지 않습니다. | No tengo tiempo.
// A nadie le sobra el tiempo. (다들~) |

| 한가한 시간이 있습니까? | ¿Tiene tiempo libre?
➡ No, tengo la agenda muy apretada.
(아니요. 스케줄이 아주 빡빡합니다.) |

| 한가합니까? | ¿Está libre esta noche? (오늘 저녁~)
➡ ⓐ Sí, tengo el día libre hoy.
(오늘 한가합니다.)
ⓑ En este momento estoy libre.
(지금 한가합니다.)
ⓒ Discúlpeme. No tengo tiempo.
(미안합니다, 시간이 없습니다.) |

| 한국 음식은 뭐가
유명합니까? | ¿Cuál es la comida más famosa de Corea?
➡ Es el bulgogi. (불고기입니다.) |

| 한국 사람입니까? | ¿Es usted coreano?
➡ ⓐ Sí, soy coreano. (예, 저는 한국사람 입니다.)
ⓑ No. Soy chino. (아니요. 저는 중국인입니다.) |

| 한국어로 어떻게
합니까? | ¿Cómo se dice esto en coreano? (이거~)
➡ No sé. (모르겠어요.) |

| 한국어를 잘 못합니다. | No sé hablar bien el coreano. |

한국어를 할 줄 압니까?	¿Sabe hablar coreano? ➡ Sí, hablo un poco de coreano. (조금 할 줄 압니다.)
한국에서 온 김민수입니다.	Soy Min-su Kim y vengo de Corea.
한 눈 팔까봐 불안해?	[불륜] ¿Tienes miedo de que te engañe con otro?
한 눈에 너를 알아봤어.	[면식] Te reconocí a primera vista.
한 눈에 알아봤습니다.	[면식] Lo reconocí a primera vista.
한다면 합니다.	Si me lo propongo, lo cumplo.
한동안 소식이 없더니.	① [소식] No había tenido noticias sobre ti durante un tiempo. (너에 대해~) ② [편지] No mandabas cartas durante un tiempo.
한 동안 안 보이더라.	No te he visto desde hace mucho tiempo. (너~)
한 마디도 안 들립니다.	No se escucha ni una sola palabra.
한마디로 급소를 찔렀습니다.	[약점] En una palabra, puse el dedo en la llaga.
한마디로 다 말씀드릴 수 없습니다.	Es imposible explicarlo en una sola palabra.
한마음 한뜻이 되어야 합니다.	Necesitamos tener el mismo deseo y un solo corazón. (우린~)
한 물 갔습니다.	[유행] Ya pasó de moda.
한 발 늦었습니다.	Llegué tarde.
한 번 가 보세요.	Visítelo una vez.

한 번 다녀왔습니다.	He viajado una vez a Francia. (프랑스에~)
한 번 보세요.	Venga a verlo. (와서~)
한 번 봅시다.	Veamos.
한 번 엎지른 물은 다시 담지 못한다.	Lo hecho, hecho está.
한 번 해봐요.	Inténtelo. // Inténtelo otra vez. (다시~)
한 번만 눈 감아 주세요.	[용서] Perdóneme sólo por esta vez.
한 번만 믿어 주세요.	Créame por esta vez.
한 번만 봐 주세요.	[용서] Perdóneme sólo por esta vez. (이번~)
한 수 배우고 싶습니다.	Quiero aprender de usted. (당신에게~)
한술에 배가 부르랴.	El primer intento nunca es satisfactorio.
한 숨 돌렸어요.	Me sentí aliviado después de saber mis calificaciones. (성적을 알고 나서야~)
한 숨도 못 잤어요.	No pude dormir toda la noche. = No pude pegar un ojo toda la noche.
한 시가 바빠.	[시간 없음] No hay tiempo.
한심한 녀석!	¡Qué estúpido!
한 일을 보면 열 일을 안다.	Conociendo una sola parte, se deduce el resto.
한 입 건너 두 입.	[소문] El rumor salta de boca en boca.

한 입 먹어 봐.	① [음식] Prueba un bocado. ② [입을 갖다대고 물기] Dale un mordisco.
한 입에 두 말 안 한다.	No soy de cambiar las palabras.
한 잔 더 합시다.	Tomemos otra copa.
한 잔 합시다.	Vamos a tomar algo.
한 잔 하러 갑시다.	Vamos a tomar una copa. (우리 함께~)
한 쪽으로 빠져 있어.	① [방해] ¡No estorbes! ② [참견] ¡No te metas! ☞ 빠져있어!
한참 기다렸어요.	He esperado mucho.
한참 됐습니다.	[시간경과] Ya ha pasado mucho tiempo.
한참 말렸어요.	① [행동제지] La detuve para que no lo hiciera. (그녀를~) ② [설득] La traté de convencer. (그녀를~)
한 턱 내겠습니다.	Hoy invito yo. (오늘 제가~)

할

| 할만 합니까? | ① ¿Qué tal el negocio? (사업~)
➡ ⓐ Más o manos. (그럭저럭.)
ⓑ No como yo quisiera.
(뜻대로 잘 안되네요.)
② [일 등이] ¿Cómo va? = ¿Cómo le va?
➡ Todo bien. (잘 되갑니다.) |

할 말 다했습니다.	He dicho todo lo que quería decir.
할 말 더 뭐있겠어요?	¿Qué más podré decir?
할 말 많다.	Tengo mucho que contarte. (너한테~)
할 말 없습니다.	No tengo nada que decir.
할 말 없으면 돌아가세요.	Si no tiene nada que decir, retírese.
할 말 있습니까?	¿Tiene algo que decir? ➡ No. (없습니다.)
할 말 있습니다.	Tengo que decirle algo. (당신에게~)
할 말 있어서 전화했어.	Te llamé porque tengo que decirte algo. (너한테~)
할 말 있으면 하세요.	Hable lo que quiera decir. // Si tiene que decirme algo, dígamelo. (제게~)
할 말은 합니다.	Si tengo algo que decir, lo digo.
할 수 없습니다.	① [일] No puedo hacer este trabajo. (이 일~) ② [취급] No puedo manejar esto. ③ [방법] No hay manera de hacer esto.
할 수 없이 샀습니다.	No me quedaba otra opción más que comprarlo.
할 수 없이 이렇게 했습니다.	No hubo otra manera. ➡ Está bien. Ha hecho lo que podía. (괜찮아요, 최선을 다하신 걸요.)
할 수 있어.	Puedes hacerlo. = Tú puedes. (넌~)

할 일 없습니까?	¿No tiene nada que hacer? ➡ No, no tengo nada que hacer. (네, 없어요.)
할 일 없습니다.	No hay nada que hacer aquí. (여기서는~) // No tengo nada que hacer ahora. (지금~)
할 일을 한 것뿐입니다.	Hice lo que tenía que hacer.
할 일이 그렇게 없어?	¿No tienes nada que hacer?
할 일이 꽤나 없는 모양이네.	Parece que no tienes nada que hacer.
할 일이 많습니다.	Tengo mucho que hacer.
할 일이 좀 남았습니다.	Me queda algo por hacer.
할일이나 해.	[간섭에 대해] Ocúpate de lo tuyo. (네~)
할 줄 모릅니다.	No sé hacerlo. // No sé hablar inglés. (영어를~)
할 줄 압니다.	Sé un poco. (조금~)
할거야? 말거야?	¿Lo vas a hacer o no? = ¿Lo harás o no? ➡ No quiero. (싫어.)
할게요.	Yo lo hago. = Yo lo haré. (제가~)
할머니에게 자리를 양보해 주세요.	Ceda el asiento a la abuela, por favor.
할머니입니다.	Es mi abuela. (이분이 제~)

할부됩니까?	¿Se puede pagar a plazos?
	➡ Por supuesto. (그럼요.)
할부로 샀습니다.	Lo compré a plazos.
	= Lo he comprado a plazos.
할아버지에게 자리를 양보해주세요.	Por favor, ceda el lugar al abuelo.
할아버지입니다.	Es mi abuelo. (이분이 제~)
할인권으로 살 생각입니다.	Pienso comprar con el cupón de descuento.

함

함부로 까불지 마.	① [경고] No te atrevas.
	② [위험함] Ten cuidado.
함부로 돈 쓰지 마세요.	No gaste el dinero a lo loco.
	= No gaste el dinero con imprudencia.
함부로 만지지 마세요.	[주의] No lo toque. Es frágil. (~깨집니다.)
함부로 말하지 마세요.	No hable como le da la gana.
함부로 믿지 마세요.	No confíe fácilmente.

합

| 합격한 걸 축하합니다. | Felicitaciones por el ingreso a la Universidad Nacional de Seúl. (서울대에~) |

합계가 얼마입니까?

¿Cuánto es en total?
➡ En total son doscientos dólares.
(모두 합쳐 200달러 입니다.)

합석해도 될까요?

¿Me puedo sentar con usted?

= ¿Me puedo sentar a su lado?
➡ Sí, claro.
= Sí, adelante. (그러세요.)

핫도그 두개 주세요.

Deme dos perros calientes.

항공사로 하겠습니까?

[선호] ¿Qué aerolínea prefiere? (어느~)
➡ ⓐ Me gustaría viajar por Korean Air. (
대한항공이 좋습니다.)
ⓑ Me gustaría viajar por la aerolínea Asiana. (아시아나항공이 좋습니다.)

항공편 시간을 좀 알고 싶은데요.

Quisiera saber el horario de vuelos a España.
(스페인행~)

항공편을 말씀해 주세요.

Dígame el número de vuelo.
// Por favor, dígame su nombre y el número de vuelo. (성함과~)

항복해?

¿Te rindes?
➡ ⓐ No me rindo. (항복 못해.)
ⓑ Me rindo. (항복이야)

| 항상 이런 식이야! | ¡Siempre lo mismo! |
| 항상 좋을 수만은 없어. | No hay mal que por bien no venga. |

해가 서쪽에서 뜨겠네.	Pareciera que el sol vaya a salir por el oeste.
해결하겠습니다.	Lo resolveré. // De él me encargo yo. (그는 제가 알아서~)
해고 됐습니다.	Me despidieron.
해낼 수 있습니다.	Puede hacerlo. = Usted puede. (당신은~)
해냈어!	① [성취] ¡Lo logré! ② [경기의 승리] ¡Gané!
해도해도 너무합니다.	Esto es demasiado.
해명할 필요 없습니다.	No tiene que dar explicaciones.
해보겠습니다.	Lo intentaré. = Haré el intento.
해보세요.	Inténtelo. // Inténtelo otra vez. (다시 한 번~)
해 본 적이 없습니다.	Nunca lo he hecho antes.

| 핸드폰도 꺼져있습니다. | Tiene apagado el móvil.
= Tiene apagado el celular. (그사람~) |

핸드폰 사용이 금지되어있습니다.
Está prohibido el uso de teléfonos móviles en el avión. (기내에서는~)

핸드폰에 배터리가 나갔습니다.
Mi teléfono móvil está sin batería.
= No tiene batería mi celular.

핸드폰으로 연락주세요.
Hábleme a mi teléfono móvil. (제~)

핸드폰은 몇번입니까?
¿Cuál es su número de teléfono móvil?

핸드폰을 꺼 놨어요?
¿Ha dejado apagado el celular?
➡ Se acabó la batería. (배터리기 나갔어요.)

핸드폰을 하나 사려고 합니다.
Quiero comprar un teléfono móvil.

햄버거 하나와 콜라 한 잔 주세요.
Deme una hamburguesa y un vaso de Coca Cola.

했습니다.
① [완료] Lo he terminado. = Lo terminé.
② [행동] Lo he hecho. = Lo hice.

행방이 묘연합니다.
Nadie sabe dónde está él.
= Se desconoce su paradero. (그 사람~)

행복하세요.	[신혼부부에게] Que sean felices para siempre. （영원히~）
행복하시길 바랍니다.	Le deseo mucha felicidad en su familia. （가정이~）
행복한 신혼 되세요.	Que tengan un buen comienzo como matrimonio.
행복했습니다.	En aquella época fui feliz. （그때가~）
행운을 빕니다.	Le deseo mucha suerte.
행운입니다!	¡Qué suerte!

향

| 향수하나 주세요. | Deme un perfume. |

허

허락합니다.	Lo permito. = Lo autorizo. （이 일을~）
허락해 주세요.	① [결재] Su autorización, por favor. ② [결혼] Denos el permiso para contraer matrimonio.
허리 펴세요.	Enderece la cintura.
허리가 아픕니다.	Me duele la cintura.

| 허세부리긴! | ¡Qué fanfarrón! |

| 허튼소리! | ¡Qué ridículo! |

| 허튼 소리하지 말랬지! | ¡Te dije que no dijeras tonterías!
➡ No es una tontería. (허튼소리 아니야.) |

| 허튼소리 하지마세요. | ① No diga tonterías.
② [중지] Basta de tonterías. |

| 허튼수작 부리지 마세요. | No haga trampa. |

| 허풍떠네! | ¡Qué fanfarronada! |

| 허풍떨지 마세요. | Basta de mentiras. |

| 허풍쟁이! | ¡Es un fanfarrón! = ¡Es un mentiroso! |

헐

| 헐값에 팝니다. | Lo vendo a precio regalado. |

| 헐값에 샀어. | Lo compré a precio regalado. |

| 헐값입니다. | Está regalado. |

| 헐뜯지 마세요. | No maldiga. |

험

| 험담을 하지마세요. | [비난] No critique a otros. (다른 사람~) |

헛

헛걸음하게 해서 정말 죄송하게 됐습니다.	Discúlpeme por haberlo hecho venir para nada.
헛고생만 했습니다.	Fue infructuoso el esfuerzo.
헛물만 켜는 거야.	Es como esforzarse para nada. = Son esfuerzos en vano.
헛배부르다.	[소화불량] Tengo el estómago inflamado.
헛소리!	¡Es una tontería!
헛소리하지 마세요.	[중지] Basta de decir tonterías. = No más tonterías.

헤

헤어졌습니까?	¿Se han separado? (두 사람~) ➡ Nos separamos. (우리 헤어졌어요.)
헤어지고 싶어요.	Me quiero separar de usted. (당신과~)
헤어집시다.	① Terminemos la relación. = Terminemos esta relación. ② [작별인사] Despidámonos. = Nos despedimos.
헤엄을 잘 칩니다.	Soy buen nadador. = Soy bueno en natación. ☞ 수영을 잘합니다.
헤이 (Hey)!	¡Oye!

| 헤헤 | Je, je, je |

| 헬로(Hello)! | ¡Hola! |
| 헬스장 잘다니나요? | ¿Frecuentas el gimnasio? |

| 혀 아래 도끼 들었다. | En boca cerrada no entran moscas. |
| 혀를 내밀어 보세요. | Saque la lengua. |

현금결제입니까, 카드결제입니까?	¿Va a pagar con tarjeta o en efectivo? ➡ Con tarjeta de crédito. (신용카드요.)
현금만 받습니다.	[거래] Sólo aceptamos efectivo. (우리는~) // Disculpe. Sólo aceptamos efectivo. (미안합니다. 저희는~)
현금 카드를 잃어버렸습니다.	Perdí la tarjeta de débito.

| 혈압이 낮습니다. | Tengo la presión baja. |

| 혈압이 높습니다. | Tengo la presión alta. |

| 혈액형이 O형입니까? | ¿Su tipo sanguíneo es O? |
| | ➡ No. Soy del tipo sanguíneo B.
 (아니요. B형이요.) |

혐

| 혐오스러워요. | Es asqueroso.
 // Este hombre es repugnante. (이 남자는 정말~) |

협

| 협조해주셔서 감사합니다. | Gracias por su colaboración. |

| 협조해주세요. | Necesito su colaboración. |

형

| 형제자매는 몇입니까? | ¿Cuántos hermanos tiene? |
| | ➡ Tengo dos hermanos mayores y dos hermanitas menores. Somos cinco en total. (형 둘. 여동생 둘 그리고 저 다섯입니다.) |

| 형편없는 영화입니다. | Es una película malísima. |

| 형편없어! | ¡Es malísimo! = ¡Es terrible! |

호들갑 떨지마세요.　No haga alborotos.

호랑이 굴에 들어가야 호랑이를 잡는다.　El que no se arriesga no pasa la mar. = El que no arriesga no gana.

호랑이 없는 산에 원숭이가 대장 노릇 한다더니.　Hasta el mono lidera en medio de tigres ineptos.

호랑이도 제 말하면 온다.　Hablando del rey de Roma, éste asoma.

호랑이를 잡으려면 호랑이 굴로 들어가야 한다.　El que quiera peces, que se moje el culo.

호미로 막을 것을 가래로 막다.　Más vale prevenir que curar.

호박에 줄 긋는다고 수박 되나.　Aunque la mona se vista de seda, mona se queda.

호실을 말씀해 주세요.　Dígame el número de habitación. (방~)

호의를 몰라주다니!　[비난] ¡Cómo puedes despreciar mi buena voluntad! (너)

호의에 감사드립니다.　Le agradezco su amabilidad.

호칭은 어떻게?

¿Cómo lo llamo?
➡ Llámeme por mi nombre.
(이름 부르면 됩니다.)

호텔은 어떻게 갑니까?

¿Cómo se llega al hotel?
➡ Vaya derecho. No queda lejos.
(직진하세요. 멀지 않습니다.)

호텔 하나를 추천해
주시겠습니까?

¿Me puede recomendar un hotel?
// ¿Me recomienda un hotel económico?　(
값싼~)

혹시나 해서 당신에게
말한 겁니다.

Se lo dije por si acaso.
= Se lo dije por si las dudas.

혼 좀 내줘!

¡Castígalo! = ¡Dale una buena lección!

혼나고 싶어?

¿Quieres que te castigue? (나한테~)

혼자 가는거야?

¿Voy solo? (나~)
➡ ⓐ Sí. (그래.)
　　ⓑ No. Nos vamos los dos. (아니, 같이.)

혼자 내버려 두지 마세요.

No me deje solo. (날~)

혼자 배웠습니다.

Fui autodidacto.

| 혼자삽니까? | ¿Vive solo? ➡ Vivo solo. (혼자 삽니다.) |

혼자있게 내버려둬요.

Déjeme en paz.
   = No me moleste. (저 좀 귀찮게 하지마세요.)

혼자있게 해서
미안합니다.

Perdón por dejarlo solo.

혼자있고 싶습니다.

Quiero estar solo.
// Quiero estar solo un rato. (잠시   )

혼자 있으면 너무
답답합니다.

Me asfixia estar solo.

혼자 지낼만 합니까?

¿Qué tal vivir solo?
➡ Más o menos. = Se vive. (그런대로요.)

혼자입니까?

① ¿Está solo?
➡ ⓐ Sí. (예.)
   ⓑ Sí, estoy solo. (혼자입니다.)
   ⓒ No. Hay una persona más.
     (아니요. 한사람 더 있습니다.)
② ¿Todavía es soltero? (지금도 아직~)
➡ ⓐ Sí. (예!)
   ⓑ Me casé. = Estoy casado. (결혼했어요.)

홀

홀아비 신세를 면하게
됐네.

① [연애] Por fin sale con alguien. (그사람~)
② [결혼] Por fin se casa.

홈페이지 있습니까?
¿Tiene página web?
➡ Claro que sí. (물론이지요.)

홈페이지에 사진을 올려놓았습니다.
Subí las fotos a la página web.

화푸세요.
Deje de enfadarse. = Ya no se enfade.

화가 났어요.
① Está enojado. (그가~)
// Está enojado conmigo. (그분 저한테~)
② No sé por qué me enfadé.
= Me he enfadado sin querer. (저도 모르게~)

화끈하게 놀아 봅시다.
Vamos a divertirnos mucho esta noche. (오늘밤~)

화나게 하지 마세요.
No lo haga enfadar. (그 사람~)
// No me haga enfadar más. (날 더~)

화나 죽겠어요.
Me muero de rabia.
➡ No se enoje. (화내지 마세요.)

화내는거야?
¿Estás enfadado conmigo? (나한테~)
// ¿Por qué te enojas con él? (어째서 그에게~)
➡ No me enojé. (화 안 냈어요.)

화내지 마세요.
No se enoje. // No se enoje conmigo. (나한테~)

화낼 줄 모릅니다.
No sé enojarme.
// Ella no sabe enfadarse. (그 여자는~)

화냅니까?	¿Por qué se enfada? (왜~) // ¿Por qué se enoja conmigo? (왜 저한테~) ➡ ¿Quién dice que estoy enojado? (누가 화냈다고 그래!)
화려한 싱글로 살기로 했어요.	He decidido quedarme soltero y disfrutar de la vida.
화장 좀 하세요.	Maquíllese un poco.
화장실 갈 때 마음 다르고 나올 때 마음 다르다.	Con la panza llena, nadie se acuerda de Dios.
화장실 갔습니다.	Fue al baño. (그는~)
화장실 다녀왔습니다.	Fui al baño.
화장실 좀 다녀오겠습니다.	Voy al baño.
화장품은 어디서 샀습니까?	[크림] ¿Dónde ha comprado esa crema? ➡ La compré en Myeong-dong. (명동에서요.)
화장하고 있습니다.	Se está maquillando. (그녀는~)
화제를 바꿉시다.	Cambiemos de tema.
화제를 벗어났습니다.	Se ha desviado el tema.
화풀이 한 겁니다.	Sólo me desquité un poco. (그냥~)
화풀이 하지 마세요.	No se desquite conmigo. (저한테~)
화해합시다.	Reconciliémonos.

ㅎ

확률은 반반이야.	Las posibilidades son de cincuenta y cincuenta.
확실한 답을 주세요.	Deme una respuesta segura.
확실합니까?	[확신] ¿Está seguro? ➡ ⓐ Sí, estoy seguro. (확실합니다.) 　　ⓑ Estoy cien por cien seguro. 　　　= Absolutamente seguro. (100% 확실합니다.) *100%는 ciento por ciento라고 읽는 것이 스페인 한림원의 규정이나 cien por cien, cien por ciento 라고도 통용된다.
확실히 말씀드릴 수 없습니다.	Ahora no se lo puedo decir exactamente. （지금은~)
확인해 보세요.	Compruébelo. = Verifíquelo.

환기 좀 합시다.	Vamos a abrir la ventana para que se ventile un poco. (창문 좀 열고~)
환대해 주셔서 감사합니다.	Gracias por la bienvenida.
환불됩니까?	[반품] ¿Acepta devoluciones? ➡ Claro que sí. (그럼요.)
환송회를 마련했습니다.	[멀리 떠나는 사람을 위해] Preparamos una fiesta de despedida. (우리가~) // Esta noche el jefe ha preparado la despedida para ustedes dos. (오늘저녁 사장님이 두 분을 위해~)

환영 받지 못합니다.	No soy bienvenido. (저는~) // En mi casa usted no es bienvenido. (우리 집에서 당신은~)
환영합니다.	① Bienvenido. ② Es siempre bienvenido. = Es bienvenido en cualquier momento. (당신을 언제든지~)
환율은 얼마입니까?	¿A cuánto está el tipo de cambio? ➡ Mil cien wones por cada dólar. (1달러 매입에 한화 1,100원입니다.)
환전합니까?	¿Hace cambio de moneda? // ¿Dónde puedo hacer cambio de moneda? (어디서~) ➡ En cualquier banco. (아무 은행이나 다 됩니다.)
환전해주세요.	Cámbiemelo, por favor.

홧김에 그랬어.	Fue por el enfado.

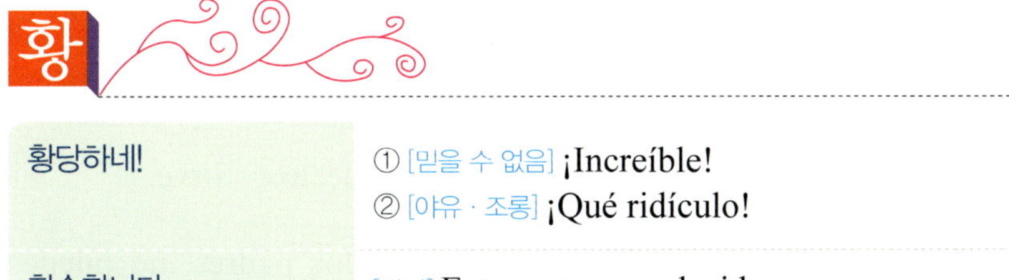

황당하네!	① [믿을 수 없음] ¡Increíble! ② [야유 · 조롱] ¡Qué ridículo!
황송합니다.	[감사] Estoy muy agradecido.

회답을 드리겠습니다.	Mañana le doy una respuesta. (내일~)
회복하셨네요.	Se ha recuperado.
회사 그만뒀습니다.	He renunciado al trabajo. = Dejé el trabajo.
회사 당장 때려 치워!	¡Renuncia al trabajo!
회사에 출근합니다.	Voy al trabajo. = Voy a trabajar.
회사에서 잘린 거야?	¿Te despidieron? ➡ ¿Quién te lo dijo? (누가 그래요?)
회사원입니까?	¿Trabaja en una empresa? = ¿Es oficinista? ➡ Sí, trabajo en una empresa. = Sí, soy oficinista. (예. 회사원입니다.)
회식이 있습니다.	Tengo una cena con los compañeros del trabajo. (오늘~)
회의 끝냅시다.	Terminemos la reunión.
회의중입니다.	Estoy en una reunión. // El jefe se encuentra en la junta. (사장님은~)

효과가 있네.	Funciona. = Tiene efecto. = Sirve.
효도도 다 때가 있는 법이다.	Una vez muertos los padres, no puedes atenderlos.

후덥지근합니다.	Está caluroso y húmedo. // Hoy está caluroso y húmedo. (오늘 매우~)
후반전이 방금 시작했습니다.	Acaba de comenzar el segundo tiempo.
후식 드릴까요?	¿Le sirvo el postre? ➡ Sí, por favor. (예.)

후회됩니다.	Me arrepiento.
	// Estoy muy arrepentido. (정말~)
	// Me arrepiento de lo que he cometido.
	(제가 저지른 일에 대해~)

후회해도 때는 이미 늦었어요.	Aunque te arrepientas, es tarde.
후회해도 소용 없습니다.	No sirve de nada arrepentirse.

훈계 좀 그만해!	¡Basta de sermones!

훌륭한 스승 밑에서 뛰어난 제자가 나온다.	De buenos maestros, salen excelentes alumnos.

훌륭합니다!	① [뛰어남] ¡Excelente! = ¡Genial!
	② [칭찬] ¡Muy bien!
	③ [완벽함] ¡Perfecto!
	④ [최고] ¡Eres el mejor! (네가 최고야!)
	⑤ [인상적임] ¡Impresionante!

| 훤하다. | [전문] Soy un experto. (나 전문가야.) |

휴가중입니다.	Estoy de vacaciones. // Está de vacaciones. (그는 지금~)
휴대폰을 꺼주세요.	Por favor, apague el teléfono celular.
휴식했습니까?	¿Ha descansado? ➡ Sí, descansé treinta minutos. (30분 쉬었어요.)
휴지 좀 갖다주세요.	Tráigame papel higiénico, por favor.
휴지를 함부로 버리지 마세요.	No tire papel higiénico en cualquier lugar.

| 흉보지 마세요. | No se burle. |

흐

흐르는 물은 썩지 않는다.	Agua que corre, nunca se pudre.

흐린 날입니다.

Hoy es un día nublado.
= Hoy está nublado. (오늘은~)

흐립니다.

Está nublado. = El día está nublado. (날이~)
// Hoy también está nublado. (날이 또~)
// El día está muy nublado. (날이 아주~)

흑

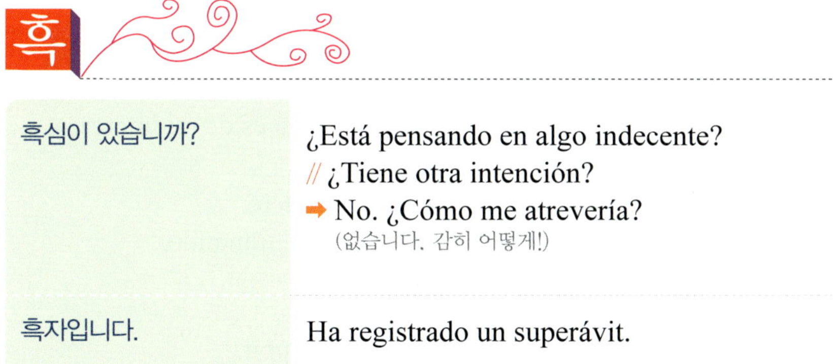

흑심이 있습니까?

¿Está pensando en algo indecente?
// ¿Tiene otra intención?
➡ No. ¿Cómo me atrevería?
(없습니다. 감히 어떻게!)

흑자입니다.

Ha registrado un superávit.

흔

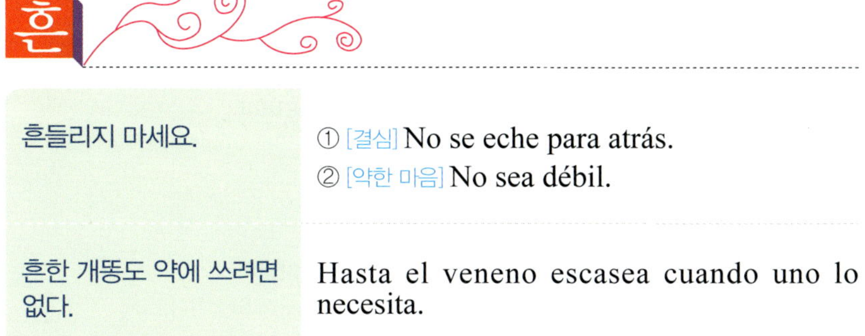

흔들리지 마세요.

① [결심] No se eche para atrás.
② [약한 마음] No sea débil.

흔한 개똥도 약에 쓰려면 없다.

Hasta el veneno escasea cuando uno lo necesita.

홈집이 있습니다.	① [결점] Tiene un defecto. ② [긁힌 자국] Hay un arañazo aquí. (여기~)

흡연금지	[경고문] PROHIBIDO FUMAR

흥미가 없습니다.	No me interesa. = No es de mi interés.
흥분하지 마세요.	Relájese. = No se altere. // Cálmese y escuche tranquilo. (~차분히 좀 들어봐요.)
흥을 깨서 미안합니다.	Perdone por interrumpir.

희망이 안 보입니다.	No veo esperanza alguna.
희망이 없습니다.	No hay esperanza.
희망이 있을 것 같습니까?	¿Cree que hay esperanza? ➡ Hay esperanza. (희망이 있습니다.)

힌트 좀 주세요.	Deme una pista.

힘 빼!	¡Relájate!
힘 좀 내!	[격려] ¡Vamos!
힘 좀 아껴두세요.	Conserve energía. = Ahorre energía.
힘 좀 줘!	¡Haz fuerza!
힘껏 도와드리겠습니다.	Lo ayudaré en todo lo que pueda.
힘내!	¡Ánimo! = ¡Vamos! ☞ 기운 내! · 파이팅!
힘냅시다.	Esforcémonos juntos. (우리 함께~)
힘들어보입니까?	① [피곤] ¿Me veo cansado? (제가~) ➡ Se ve cansado. (힘들어 보입니다.) ② [곤란] ¿Se ve difícil? ➡ No, no creo. (그렇게 안 보여요.)
힘들어 죽겠어요.	[피곤] Estoy muerto de cansancio. = Me muero de cansancio. = Estoy realmente cansado.
힘들어서 혼났어요.	Hoy ha sido un día realmente duro. (오늘~)

힘들어요.

① [스트레스] Estoy estresado.
② [고통] Tengo mucho dolor. (지금 너무~)
③ [피곤] Estoy cansado.
④ [어려운 시기]
　Estoy pasando un mal momento.
⑤ [고생] Estoy sufriendo.

힘듭니다.

Esto es difícil. (이건 좀~)

힘이 정말 세구나.

Eres realmente fuerte. (너~)

힘이 하나도 없습니다.

No tengo nada de fuerza.

힘 주지마.

No hagas fuerza.

힘 줘!

¡Haz fuerza!

색인